U0910761

『乡愁中国』研究丛书

记得住乡愁

xiang chou

乡村振兴的『大理路径』

黄振华 等著

江苏人民出版社

图书在版编目(CIP)数据

记得住乡愁 : 乡村振兴的大理路径 / 黄振华著.
—南京 : 江苏人民出版社,2023.3
("乡愁中国"研究丛书)
ISBN 978-7-214-27565-3

Ⅰ. ①记… Ⅱ. ①黄… Ⅲ. ①农村-社会主义建设-研究-大理白族自治州 Ⅳ. ①F327.742

中国版本图书馆 CIP 数据核字(2022)第 184021 号

书　　名　记得住乡愁:乡村振兴的"大理路径"
著　　者　黄振华 等
责任编辑　陈俊阳
装帧设计　许文菲
责任监制　王　娟
出版发行　江苏人民出版社
地　　址　南京市湖南路1号A楼,邮编:210009
照　　排　江苏凤凰制版有限公司
印　　刷　江苏凤凰数码印务有限公司
开　　本　652毫米×960毫米　1/16
印　　张　21
字　　数　270千字
版　　次　2023年3月第1版
印　　次　2023年3月第1次印刷
标准书号　ISBN 978-7-214-27565-3
定　　价　75.00元

大理乡愁研究院总编委会

序　言

2015 年 1 月，习近平总书记考察云南，在大理市湾桥镇古生村作出了“留得住青山绿水，记得住乡愁”的重要指示。为深入贯彻落实习近平总书记关于乡愁的重要指示精神，积极探索习近平总书记关于乡愁重要论述的理论研究，打造乡愁实践样本，2020 年 7 月，大理白族自治州、华中师范大学、大理大学，提出在大理合作共建“大理乡愁研究院”的构想。在合作三方的共同努力下，2020 年 8 月，大理乡愁研究院正式挂牌成立。

大理乡愁研究院自成立以来，在中共大理州委州人民政府、华中师范大学、大理大学的共同支持下，通过发挥合作三方的各自优势，立足乡愁理论研究、乡愁大理建设、助力乡村振兴等重点工作，在标识性的乡愁理论体系构建、品牌化的大理实践提升等方面进行了初步的探索与创新，并取得了显著成果。作为初步探索、长期目标，研究院于 2021 年 8 月 26 日，以线上线下相结合的方式，成功举办“2021 乡愁中国 · 大理论坛”。“乡愁中国 · 大理论坛”的举办，进一步宣传和深化了习近平总书记关于乡愁的重要论述，提升了大理作为乡愁之地的标识度、知名度，深化了省委、省政府提出的“打造中国最美乡愁带”的理念，向世界充分展示了“乡愁中国 · 乡愁实践”的大理样本。

开展乡愁理论研究、打造乡愁实践样本、助力乡村全面振兴,是大理乡愁研究院承担的一项重大任务。研究院的科研团队始终秉承深耕农村,扎根田野,将论著写在中国大地上的治学精神,在华中师范大学政治学世界一流学科建设的项目支持下,在深挖大理及其他地区的乡愁实践经验的同时,对乡愁进行了立体化的拓展式研究。乡愁理论研究书系的顺利出版便是乡愁理论研究的初步成果。这是在研究院共建三方通力合作、携手努力、集体攻坚而取得的。该书系的出版不但深刻阐释了习近平总书记关于乡愁重要论述的理论内涵,而且为破解乡愁这一世界性难题,提供了大理样本、中国经验。由此,这具有重大的理论价值与现实意义。

大理乡愁研究院

2022 年 5 月

目　录

第一章　导　论

2017年10月18日，习近平总书记在党的十九大上作了《决胜全面建成小康社会 夺取新时代中国特色社会主义伟大胜利》的报告，报告提出实施乡村振兴战略，并被写入党章。在后来的多次公开讲话中，习近平总书记又反复强调，乡村振兴战略是党的十九大提出的一项重大战略，是关系全面建设社会主义现代化国家的全局性、历史性任务，是新时代"三农"工作的总抓手。由此，乡村振兴已然成为学术界以及各级地方政府工作的重要议题，如何更好地实现乡村振兴也成为当下各界亟待破解的重大现实课题。

第一节　乡村振兴路在何方：问题的提出

"乡村振兴战略是关系全面建设社会主义现代化国家的全局性、历史性任务，是新时代'三农'工作总抓手。"①推进乡村振兴，既需要从战略上统筹谋划，也需要从路径上探索深入。2020年以来，随着脱贫攻坚战取得胜利，我国"三农"工作的重心已经转移到乡村振兴领域，如何推进

---

① 习近平：《把乡村振兴战略作为新时代"三农"工作总抓手》，《求是》2019年第11期。

乡村振兴成为各级地方政府亟待破解的重大现实课题。梳理已有的研究成果以及结合笔者的实地调查，当前地方政府在推进乡村振兴的路径选择上大体有三条主要路径，并形成相应的乡村振兴模式。

第一种路径是以统筹城乡关系为导向的城镇化路径。当前，我国正经历着从乡土中国到城乡中国的巨大转型。[①] 在城乡二元结构背景下，农村城镇化是缩小城乡差距，实现城乡协调发展的基本策略。随着乡村振兴战略的实施，农村城镇化也成为推动乡村振兴的重要手段。对此，有学者就明确主张持续推进“以城带乡”，通过新型城镇化引领乡村振兴发展。[②] 基于农村城镇化路径的乡村振兴有一个潜在预设，即乡村振兴的出路和方向是城市，通过新型城镇化实现农村向城市现代生活的转换，从而达成乡村振兴的战略目标。通过城镇化带动乡村振兴的另一重逻辑在于，农村城镇化本身也是地方经济发展的重要推力，从而形成新型城镇化与乡村振兴双轮驱动的格局。[③]

第二种路径是以发展乡村经济为导向的产业化路径。这一路径着眼于乡村自身产业的发展，试图以产业振兴带动乡村振兴，将产业兴旺作为乡村振兴的核心动力。[④] 产业化路径通常采取引入外部资本或者政府投入方式，发掘培育地方特色产业，尤其强调产业的规模化经营。在一些产业基础较好的地区，开始呈现从单一的规模化经营向专业化、品牌化方向转型的趋势。产业化路径从内在逻辑看，是以发展乡村经济和提高农民收入为出发点的，这无疑把握住了当前乡村振兴的要义，但从实践来看，产业化路径也存在盲目发展、政绩导向等问题，小农户在与市

① 刘守英、王一格：《从乡土中国到城乡中国：中国转型的乡村变迁视角》，《管理世界》2018 年第 10 期。

② 魏后凯：《扎实推进以城带乡 以新型城镇化引领乡村振兴》，《农村工作通讯》2021 年第 21 期。

③ 刘双双、段进军：《协调推进乡村振兴与新型城镇化：内在机理、驱动机制和实践路径》，《南京社会科学》2021 年第 11 期。

④ 董翀：《产业兴旺：乡村振兴的核心动力》，《华南师范大学学报(社会科学版)》2021 年第 5 期。

场的对接过程同样中面临诸多挑战。

第三条路径是以巩固脱贫成果为导向的兜底式路径。2020 年后，我国取得了脱贫攻坚战的胜利，绝对贫困问题得到历史性解决，但很多地区仍存在经济基础较为薄弱、低收入人口偏多等问题。为此，国家设立了 5 年过渡期，并推动实施巩固拓展脱贫攻坚成果同乡村振兴有效衔接。主张兜底式路径的学者认为，我国现阶段刚刚解决绝对贫困问题，实现乡村全面振兴的条件并不具备，不应对乡村振兴寄予过高期望，重点应放在“保底”上。① 兜底式路径以解决农村人口的基本生活保障为出发点，尤其关注脱贫地区人口的生活条件改善问题。相对于城镇化路径和产业化路径，兜底式路径是一种更为保守的乡村振兴路径。

城镇化路径、产业化路径和兜底式路径并不是截然分开的，在很多地方施政中常常交织在一起。从实际效果看，三条路径也不同程度地推动了乡村的发展，实现了乡村振兴的诸多目标。但需要注意到，既有的乡村振兴路径也存在一些不足。其中，较为突出的一点是，无论是城镇化路径、产业化路径抑或兜底式路径，都是以现代化为基本取向的，这一取向更加注重乡村向城市现代生活的转换，尤其侧重于物质层面的迭代更新，无形中忽视了乡村生活的自然生态属性和历史文化面向。基于现代化的乡村振兴路径无疑将带来乡村的经济发展和农民生活条件的改善，但也可能忽视了乡村特有的功能和价值，乡村面临“连根拔起”的潜在风险。我们需要乡村的现代化，但在这一过程中应如何对待乡村的自然生态风貌和历史文化传统？乡村的精神和价值又应何处安放？这是摆在实践工作者和学者面前的共同课题。针对这一问题，云南大理将“乡愁文化”作为平衡现代和传统的

① 贺雪峰：《未来十五年乡村振兴的时空维度、社会条件及预判》，《党政研究》2020 年第 5 期。

基本尺度，逐步形成了一条以"记得住乡愁"为核心理念的乡村振兴道路，为乡村振兴的路径选择提供了新的思考进路，具有较强的启示和借鉴意义。

第二节　记得住乡愁：乡村振兴的"大理路径"

大理白族自治州位于云南省中部偏西，是全国唯一的白族自治州。截至2020年末，大理总人口364万，少数民族人口占比超过一半，下辖1市11县。大理地处我国西南边陲，有着得天独厚的自然资源和历史文化要素，为乡愁文化提供了丰富的物质和精神载体，也使"记得住乡愁"成为可能。乡愁最初来源于人们对故乡的思念和留恋，是内心深处一种对家乡、对曾经生活过的地方的记忆、怀念与向往，是内心深处一份柔软的情感和精神需求。[①] 随着现代社会的发展，当下"乡愁"的内涵逐渐扩展到对乡村自然生态的追求、对传统乡土文化的依恋和对乡村生活方式的怀念等不同维度，进而使乡愁文化的重要性凸显出来。

乡愁属于情感认同的范畴，但这种情感必须通过"具象"的要素来承载和表现。只有通过这些承载物，才能够激发人们的乡愁意识，并寻得心灵的慰藉。从这个角度看，乡愁既需要保护和传承，也需要发掘和建构。近年来，在实施乡村振兴战略过程中，大理极为重视乡愁文化资源的保护与利用，并逐步探索形成了一条以"记得住乡愁"为核心理念的乡村振兴道路。具体来看，乡村振兴的"大理路径"可以概括为：以乡村生态环境整治为基础，以乡愁文化保护与开发并举为主线，将乡愁文化与脱贫攻坚、生态和谐、产业发展、文化传承、乡村善治有机结合的一种创新型乡村振兴道路。

---

① 刘沛林：《新型城镇化建设中"留住乡愁"的理论与实践探索》，《地理研究》2015年第7期。

一、在脱贫攻坚中引入乡愁

一是以乡愁促进驻村帮扶。向贫困村派驻帮扶工作队是中国共产党农村工作的传统，也是实施精准脱贫的重要机制，对脱贫攻坚任务的完美收官具有重要意义。同时，驻村帮扶又是一项长期而又艰苦的工作，因而各单位在选配驻村工作干部的时候，并不是所有人都心甘情愿前往，甚至在组织委派下村之后，部分干部会因环境艰苦而产生畏难情绪，这也是各地在落实驻村帮扶工作过程中不得不解决的一项重大难题。大理州为克服这一难题，不断激发党员干部的乡愁意识，以乡愁情结感染广大党员干部，引导他们树立“驻村就是驻家，建村就是建家”的意识，全心全意投身于驻村工作之中，勇担责任，共同建设美好大理。在乡愁的指引下，大理各单位党员干部高度自觉，积极担责，据统计，大理在脱贫攻坚时期前后共派出1.2万名驻村扶贫工作队员，他们白天走村串户、解决困难、宣讲政策，夜晚学政策学理论学科技、梳理心得体会、想强村富民路子，真正做到了“尽锐出战，全面驻村”。

二是以乡愁稳定对口帮扶。对口帮扶是由中央政府倡导、各级政府率先垂范、全社会广泛参与的一种扶贫模式。在脱贫攻坚时期，大理州积极与各定点帮扶单位相互配合，密切联系，建立了深厚的友谊。同时，在长期的工作交往过程中，也促使各定点帮扶单位及其人员对大理州产生了一种独特的乡愁，并且这种乡愁已经逐渐成为维护双方情谊的重要元素，在稳定对口帮扶工作方面起着重要作用。例如，华中师范大学作为大理州的对口支援单位之一，在双方长期的交往过程中，已经建立了深厚的友谊，大理给华中师范大学的工作人员留下了美好的乡愁记忆，这种乡愁记忆也进一步推动双方更深层的合作交流。例如，在双方的合作下取得了“洱海水专项研究”等一批科研成果，并且在2021年华中师范大学与大理州和大理大学三方高定位、高标准规划共建了“大理乡愁研究院”。

三是以乡愁激发内生动力。脱贫攻坚需要坚持开发式扶贫方针，把发展作为解决贫困的根本途径，既扶贫又扶志，调动扶贫对象的积极性，提高其发展能力，发挥其主体作用。在脱贫攻坚时期，大理州不断宣传共同建设美好大理，留住大理的乡愁，把内生动力激发、提升、培育作为精准扶贫、精准脱贫的重要内容和根本目标。通过激发贫困人口的主体性、能动性和创造性，增强当地居民对本地未来发展的认同，再次唤醒了他们对乡土的热情。例如，苍山西镇光明村在脱贫攻坚时期，通过唤醒村民的乡愁意识，激发其发展动力，让他们广泛参与到乡村建设的实践中来，并且最终探索出“五五模式”，不仅为推动农业转型、农村发展、农民增收找到了钥匙，也提升了他们对家乡发展的信心，再次激发了他们内心的乡愁。

二、在生态和谐中守住乡愁

人与自然的和谐共存是乡愁的重要内涵，只有推进生态文明建设，将乡村的自然生态特色充分释放出来，才能守住“乡愁”的根。[①] 在乡村振兴过程中，大理高度重视自然生态和人居环境问题，通过构筑村庄生态屏障、强化洱海水域保护、提升村级人居环境等方式，建设生活环境整洁优美、生态系统稳定健康、人与自然和谐共生的生态宜居美丽乡村。

一是构筑村庄生态屏障。只有看得见绿水青山，才能守得住乡愁。近年来，大理在推进乡村振兴过程中，坚持尊重自然、顺应自然、保护自然的发展思路，突出“山水林田湖草”生态环境保护和治理恢复，持续巩固村庄生态环境安全屏障，夯实乡村绿色发展的基础，实现人与自然的和谐共生。例如，凤羽镇振兴村位于洱海的源头，该村积极构建村庄生态屏障，通过推进绿色生态和智慧农业建设，实现大蒜零种植和禁售禁

① 许经勇、黄爱东：《寓生态文明建设于美丽乡村建设之中》，《福建论坛（人文社会科学版）》2014 年第 8 期。

用含氮磷化肥、高毒高残留农药，重点培育无公害蔬菜生产和绿色瓜果种植，并构筑起主要入湖河流两侧生态隔离带、截污沟、湿地库塘等多重保障，动员组织村民自发开挖生化处理池，实现对全村所有农户污水做到全覆盖全收集，入湖河流水质得到持续改善。

二是强化洱海水域保护。乡愁具有普遍性，每个地方都有属于它的乡愁；同时，乡愁也具有特殊性，每个地方的乡愁又有其各自特征。对于大理而言，洱海不仅是生态保护的重中之重，也是当地乡愁的独特载体。近年来，大理着力打造洱海生态廊道，实现了洱海保护与美丽乡村建设双促进、洱海与乡愁相交融，提升了村民的获得感和幸福感。在这一过程中，村民更加认同洱海保护，也积极参与到洱海保护的过程中来，使守住乡愁成为全体大理人的共同行动。例如，湾桥镇古生村将洱海水域保护作为村庄发展的基础性工程，先后建设环湖截污工程管网 11 千米，通过设立五级河长制，实施阳溪综合治理，完成河道核心区 106 亩土地流转，治理入湖沟渠 3.2 千米，并且在完成“绿线”范围内 53 户农户6112.5 平方米拆除的基础上，恢复新建湿地 3000 平方米，使得古生村水更干净了，洱海更美了，乡愁也更浓了。

三是改善村级人居环境。提升农村人居环境是守住乡愁的重要方式，也是乡村振兴的内在要求。近年来，大理以实施乡村振兴战略为总抓手，聚焦聚力村庄规划编制与实施管理、农村建房整治、农村生活垃圾治理、农村生活污水治理、农村“厕所革命”、村容村貌提升和长效管护机制建立等重点工作，层层压实责任，狠抓工作落实，着力改善农村人居环境。例如，刘厂镇王家庄社区以创建美丽庭院、美丽村庄为目的，以整治农村人居环境为抓手，以实施“两违整治”、“清四乱”、河长制、农户“门前三包”、农村“厕所革命”以及农村污水处理为载体，做到入户教育常态化、清洁卫生常态化、村貌整洁常态化，形成了“户户比清洁、家家讲卫生”的良好风气，营造了乡愁的良好氛围，使得王家庄社区的美丽庭院成为当地乡愁的有效载体。

三、在文化传承中活化乡愁

优秀的乡村文化是乡村振兴的精神内核,也是乡村文化振兴的内在要求。近年来,大理在推进乡村振兴时注重保护传统村落、传承乡村民俗民风民情和注重现代要素与乡愁文化相结合,不断促进乡风文明建设,在文化传承中活化乡愁。

一是注重保护传统村落原有风貌。传统村落是指形成较早,拥有较丰富的传统资源,具有较高历史、文化、科学、艺术、社会、经济价值的村落。传统村落是优秀传统文化的重要组成部分,也是承载乡愁情思的重要载体,同时,传统村落的发展需要将乡愁记忆作为内在推动力。[①] 大理作为全省乃至全国传统村落数量最多的地区之一,共有 130 个村落被列入中国传统村落名录,其传统村落历史源远流长,文化底蕴厚重,民族特色鲜明,生态环境优美,是乡愁文化的天然标本。近年来,大理高度重视传统村落保护工作,将传统村落保护与利用纳入各级各部门的重要议事日程,以极大力度推动大理的中国传统村落集中连片保护利用工作。例如,沙溪镇华龙村在与村民充分沟通的基础上,通过实施沙溪镇华龙村棚改基础设施建设项目,将水泥路改造成青石板、红砂石板路面,同步实施电网改造,将部分架空线路改为电缆入地,并进一步改善村内管网基础设施,实现了污水集中处理,从而这不仅改善了村民的原有居住环境,提升了居民的幸福感,还实现了有效恢复保护传统古村落风貌。

二是注重传承乡村民俗民风民情。民风民俗是传统乡土文化最为生动的表现形式,也是最容易勾起人乡愁情思的催化剂,传承乡村优秀民风民俗对当地的文化传承以及精神文明建设具有重要意义。大理作为一个多个少数民族聚居、古村落丰富的地区,其乡村民俗丰富,形态各

① 路璐、李嫣红:《留住乡愁:记忆理论视域下特色村镇保护与发展研究》,《中国农史》2018 年第 1 期。

有不同，具有浓厚的民族特色，给世人留下深刻印象。近年来，大理注重保持乡村民俗，支持社会各界举办各种民俗活动，传承包括民俗在内的各种非物质文化遗产，以其来丰富村民的生活，推动大理的乡风文明建设。例如，苍山西镇光明村是以彝族为主要居民的少数民族村庄，其依托鸡茨坪彝族文化广场，以大理漾濞核桃节、彝族火把节、奔龙会等为载体，通过开展各类庆祝活动，拓展乡愁形式，并且不断尝试挖掘传承本地传统民族歌舞，积极引进彝族大刀舞、路噜啧、白族霸王鞭等歌舞，丰富民族歌舞内容，培育壮大民族文艺队，挖掘、整理、传播如阿查阿红等故事，以故事吸引人，以乡愁留住人。

三是注重现代要素与乡愁文化相结合。传承文化不仅需要注重对传统文化的传承，还需要发展利用现代文化，实现现代文化与传统文化相结合，以满足对文化的多样性需求，从而进一步激发乡愁的文化价值。近年来，大理积极鼓励各地在传承传统文化的同时积极探索形成具有地方特色的文化，在以传统文化留住乡愁的同时，进一步塑造新的乡愁文化，形成一批具有核心竞争力的特色文化企业、产品和品牌，在历史文化名城、名镇、名村的基础上，进一步打造特色文化城镇和乡村。例如，凤羽镇佛堂村根据自身已有资源优势，回引银行行长陈代章返乡创业，成立了千宿文旅有限公司，吸引了国内外有影响力的封新城、黎瑞刚、于丹、李健等知名人士长期或不定期入驻佛堂村开展艺术创作，打造了一批具有佛堂村特色的“空中稻田剧场”文化、“退步堂”文化，给佛堂村带来全新的理念，打造了具有佛堂村特色的现代“名人文化”，不仅推动了佛堂村乡村文化振兴，也让佛堂村吸引了源源不断的游客慕名前来。

四、在产业发展中留住乡愁

乡村要振兴，产业必振兴。乡村最大的资源就是优美的田园风光，而通过田园风光让乡愁生根，吸引资本、精英归根，充分发挥其经济效益，成为乡村振兴的动力所在。[①] 在乡村振兴过程中，大理注重打造乡愁经济，通过保护传统产业、发展绿色农业、激活乡愁文旅等途径，最大程度留住乡愁。并且通过将乡愁元素融入产业发展，一方面实现了乡村产业的“绿色崛起”，另一方面也扩大和提升了大理乡愁文化的品牌效应，从而形成了乡愁文化与产业振兴的良性互动。

一是保护传统产业。传统产业通过长期发展，一般具有较为完善的产业基础，蕴含着丰富的乡愁要素，无论是乡村还是城市都需要发展和保护传统产业。近年来，大理在实施乡村振兴过程中注重保护具有历史文化价值的传统产业，将附着在传统产业中的乡愁元素保留下来。与此同时，大理将乡愁作为一种独特产业资源和新型生产要素融入到产品生产经营过程中，催生出充满乡村创造力、乡土想象力、文化感染力和消费吸引力的“乡愁产业”，使传统产业焕发生机。例如，龙门乡大坪坦村有着悠久的制茶历史，近年来大力发展“茶叶＋”，以“茶叶＋乡愁”赋予传统茶产业新的发展内涵，并且依托大坪坦村高原、生态优势，打造优质、高产、生态的“万亩茶园”，从而实现推动传统茶产业的转型升级。在由农业农村部主办的推介活动网络投票中，龙门乡大坪坦高原生态茶园高票入围“中国美丽田园”，被誉为“离天空最近的茶园”。

二是发展特色农业。乡愁从本源上看是农业文明的产物，农业产业成为乡愁元素的重要载体，而特色农业是新时期农业发展的需要，是实现农业增效、农民增收、农村发展最大化、最直接、最现实的途径。近年来，大理坚持农业农村优先发展布局，树立绿色发展理念，积极发展核桃、水果、乳牛、蔬菜等特色农业，形成了“县县有主导产业、村村有产业基地、户户有增收项目”的基本格局，并通过机制创新将农业产业与乡愁文化有机融合，推动特色农业持续化发展。例如，苍山西镇光明村是远

---

① 张劲松：《乡愁生根：发展不平衡不充分背景下中西部乡村振兴的实现》，《江苏社会科学》2018 年第 2 期。

近闻名的“核桃之乡”，当地充分挖掘古树核桃的市场价值，通过土地入股、核桃入社、产品入网、院子入景和劳力入园的“产业五入”模式推动核桃产业发展，采取“党支部＋合作社＋农户”的方式，将2500多颗树龄超过100年的古核桃树入股到合作社统一管护运营，并以高于市场参考价2倍的价格收购农户的核桃，到上海进行果实采摘权的扶贫义拍，同时将1320株核桃流转给漾濞光明云上村庄农业旅游公司，群众直接收益达170多万元，大大提高了核桃的产品附加值。依托核桃产业，村级集体经济突破20万元，达到群众和村集体经济“双增收”，真正让核桃树变成“摇钱树”。

三是激活乡愁文旅。乡愁文旅产业作为一种新的旅游产业模式，是依托乡愁情思，结合乡村内生文化资源和自然生态资源发展起来的新兴产业。[①] 大理作为我国旅游名城，旅游资源丰富，文化底蕴十足。近年来，大理在乡村振兴过程中充分利用当地丰富的乡愁文化资源，通过激活乡愁文旅，充分发掘乡愁文化的经济价值，打造“乡愁经济”的内生动力，实现推动乡村文化旅游产业的发展。在经济利益和文化价值的双重驱动下，人们不仅形成了对“乡愁文化”的自觉认同，也逐渐将“记得住乡愁”内化于实际行动中。例如，喜洲镇周城村依托区位优势以及民风民俗浓郁、民族工艺品丰富的优势，以文化、旅游、生态为依托，把白族扎染艺术有机融入乡村旅游产业发展的全过程，形成以文化与旅游深度融合带动乡村经济社会发展、群众增收致富的良好格局，留下了扎染乡愁。目前，全村拥有国家级非物质文化遗产扎染项目代表性传承人1人，省、州(市)级非遗传承人近10人，扎染经营户近百户，从业者近千人，并带动周城村及周边村庄6000多人从事扎染相关产业工作，扎染旅游制品年销售收入7000多万元，80%以上产品销往日本、英国、美国、加拿大等10多个国家和地区。

---

① 何璇:《文旅融合与乡村振兴衔接问题研究》,《中国行政管理》2021年第5期。

五、在乡村善治中融入乡愁

治理有效是乡村振兴的重要标准。将乡愁文化资源融入乡村治理过程，有助于提升乡村治理效能，推动乡村善治格局的形成。大理在乡村振兴过程中善于利用传统乡愁文化资源，通过倡导文明乡风、制定村规民约以及吸纳现代乡贤等途径，推动大理乡村的有效治理。

一是倡导文明乡风。文明乡风自古以来就是乡村建设的重点内容，也是衡量乡村振兴的重要标准，其不仅为乡愁文化提供了精神载体，也成为乡村善治的目标。近年来，大理积极倡导敬老尊贤、邻里和睦的优良乡风，加强对孤寡老人、残疾人、精神病人、低保户、五保户等的优先保障，推进移风易俗行动，不断提升乡村文明程度，也让乡愁情思愈加浓厚。例如，鸡足山镇寺前村在全村范围内开展以“尊老、敬老、爱老、助老、养老”为主题的敬老村创建工作，按照“支部引领、小组为主、党员带头、全民参与”，增强群众敬老意识，使老年人权益得到更好保障，弘扬了中华民族尊老敬老的传统美德，促进了沙址村(寺前村所属行政村)社会主义精神文明建设，净化了社会风气，乡村更加和谐稳定。与此同时，寺前村大力倡导移风易俗、精简办客事，不仅只允许办红白两种客事，并规定办客的规模和菜品的数量，严禁大操大办、人情攀比和铺张浪费，净化了民风民俗，树立了文明乡风。

二是制定村规民约。村规民约是由村民约定俗成的基本行为准则，具有深厚的乡愁底蕴。在现代乡村治理中，村规民约的功能尽管有所弱化，但在解决村庄内部事务时仍然发挥着十分重要的作用。近年来，大理依托传统乡村惯习，有意识地引导村民制定村规民约，通过村规民约规范村民行为，有效提升了乡村治理效能。例如，龙门乡大坪坦村向本村村民征集民意，修订符合本村实际的村规民约，并召开本村户长会议，表决通过村规民约、理事会和监事会组成人员，制定理事会和监事会工作制度，将通过的村规民约(完整版)文本印制发放到每一户，让每一户签订村民自觉遵守村规民约承诺书,制作村规民约(简版)、“红白榜”永久性展板在村内进行公布,切实实现以村规民约治村,并在乡愁情思中培养了村民的行为自觉。

三是吸纳现代乡贤。乡村治理的主体是人,尤其是具有一定权威和感召力的能人。能人权威在乡村享有特殊地位,受人敬重,往往扮演着村庄事务的仲裁者、调解者角色,对于化解村庄纠纷矛盾发挥着重要作用。而新乡贤作为当下产生乡愁思绪的主体,逐渐成为乡村能人的重要来源,他们传承着历久弥新的乡贤精神,不仅发挥着文化价值与经济价值,也有效推动了乡村治理与道德教化。[①] 近年来,大理以乡情乡愁为纽带,积极吸引现代乡贤参与乡村治理,有力地推动了乡村的善治和发展。例如,凤羽镇振兴村在已有的乡村权威的带动下不断培养新的农村权威,通过乡村文化的感召、乡愁情思的牵引,将本村创业带富能手、外出务工经商能人、复员退伍军人、本土大中专毕业生等人员吸收到村级领导班子中来,提升村干部在村民中的影响力和认可度。与此同时,该村注重培育新乡贤,吸引企业家、党政干部、云大(云南大学 编者注)专家学者、医生教师、建筑师、技能人才等下乡,以担任志愿者、投资兴业、包村包项目、行医办学、捐资捐物、法律服务等方式服务于乡村建设发展。

第三节 “大理路径”的理论启示

“记得住乡愁”的乡村振兴路径,有效平衡了传统与现代的关系,在推进乡村经济发展的同时保留了乡村的生态原貌和文化底蕴,形成了凸显乡村主体性的乡村振兴之路。以“记得住乡愁”为核心理念,大理充分挖掘乡村振兴中的乡愁元素,实现了人与自然的良性共生、人与人的和

---

① 王广振、王伟林:《乡村振兴视域下乡贤文化传承与应用研究》,《理论学刊》2021 年第 2 期。

谐共处,抓住了乡村振兴的“灵魂”。大理的乡村振兴实践,破解了我国乡村振兴建设的路径难题,对于其他地区的乡村振兴具有积极的理论启示和借鉴意义。

一、作为资源的乡愁与乡愁文化

乡村振兴不仅需要外部资源的注入,也需要内生动力的挖掘。作为留存于乡土社会中的文化基体,乡愁是推动乡村振兴的重要资源。一方面,乡愁是一种重要的文化资源。乡愁文化是中国传统农耕文明的结晶,具有重要的历史文化价值。随着城镇化、工业化的发展,乡愁文化的重要性愈加凸显。推动乡村文化振兴,其重要内容便是充分挖掘乡村社会中的乡愁文化,让人们能够记得住乡愁。留住乡愁,也就留住了乡土文化的根本,对于防止乡村社会凋敝、传统文化衰弱具有重要的促进作用。在乡村振兴过程中,既要注重保护物质层面的乡村自然生态和村庄原有风貌,也要注意保护非物质层面的乡土民俗、传统技艺等。另一方面,乡愁是一种重要的经济资源。随着现代社会的急剧发展,现代人对于乡愁的内在诉求日益强烈,也使“乡愁文化”的经济价值不断扩展。通过在乡村产业发展中融入乡愁元素,能够有效增加产品附加值,拓展产业发展空间。乡愁文化创意和旅游的发展,不仅能够满足现代人的乡愁情思,也能够为乡村经济注入发展活力。“乡愁经济”的兴起,在推动乡村发展的同时,也强化了乡愁文化的内在价值,促使人们更加重视对乡愁文化的保护和传承。

二、党政引领是激活乡愁的关键推手

“记得住乡愁”是乡村振兴的应有之义。然而,现阶段大量的乡愁资源仍然处于“沉睡”状态,未被有效利用和发掘。从大理的实践来看,要实现乡愁资源与乡村振兴的有效衔接和良性互动,基本路径在于提升地方党委和政府的引领作用,不断激活和发掘乡愁资源。首先,强化规划指导功能。在推进乡村振兴过程当中，地方党委政府应当加强规划指导，以“望得见山，看得见水，记得住乡愁”作为推进乡村振兴实践的出发点和落脚点，有计划、有步骤地利用和整合乡愁资源。在具体的实施过程中，应注重发掘不同村庄的特色和特点，做到既有整体性的统筹规划，也有差异性的特色呈现。其次，强化组织带动功能。在乡村振兴过程中，地方政府部门应有针对性地提供项目、资金等方面的支持，用于乡愁文化的保护和发掘。需要充分发挥基层党政干部特别是乡村干部的积极性和主动性，提高其对传统文化的认知度，并组织带动其他村民参与到保护村庄传统文化和民俗风情等工作中来。第三，强化平台纽带功能。外部资源的注入是激活乡愁文化的重要途径。大理在乡村振兴过程中特别注重发挥政府的桥梁纽带作用，通过招商引资、招才引智等途径将优质资源注入乡村社会当中。在资本效应、名人效应等多重因素推动下，实现现代要素与乡愁文化的有机结合，从而有效实现了乡愁文化的激活。

三、农民参与是活化乡愁的长效之道

“记得住乡愁”不在一时，更重长远。如何构建活化乡愁的长效机制，是推进高质量乡村振兴的重要基础。从大理的乡村振兴实践看，乡愁的持久活化，不仅需要外部资源的注入，更重要的是内生动力的挖掘，其核心是农民的积极参与。具体来看，至少应注重三种农民参与机制的构建。一是认同机制，即通过提升农民的观念意识，使其认识到乡愁文化的历史文化价值和意义，从而自主自觉地参与到活化乡愁的实践当中来。从实地调查来看，绝大多数农民对于传统农耕文明和乡土文化的价值是缺乏足够认识的，他们更加追求现代城市生活，而忽视了传统乡土生活的重要意蕴。二是利益机制，即通过挖掘乡愁的经济价值，促使农民积极参与到活化乡愁的过程当中来。农民是独立的利益主体，一旦农民能够从活化乡愁中获得实实在在的利益，势必强化其对乡愁价值的认识。从大理的实践来看,越是受益者,越是有动力参与乡愁文化的保护和传承。三是自治机制,即在乡村振兴过程中,充分尊重农民的主体地位,通过协商议事等自治方式推进乡村建设,夯实乡愁文化开发保护的群众基础。通过发挥自治机制的功能,一方面有利于提升乡村建设行动的正当性,另一方面也有利于形成更具可行性的行动方案,实现高质量的乡村振兴。

四、记得住乡愁:乡村振兴的重要依据

乡村振兴是乡村建设发展的理想目标,但必须立足于现实和传统。中国是一个有着悠久农耕文明和乡土文化的国家,乡村振兴不能脱离这一基本国情,其直接体现便是需“记得住乡愁”。由此,记得住乡愁构成乡村振兴的内在要求,也理应成为确立乡村振兴路径与走向的重要依据和标识。具体来看,记得住乡愁的乡村振兴至少包含三重意涵。其一,乡村振兴应注重村庄自然生态的和谐。乡村振兴是在保护乡村自然生态基础上的乡村全面振兴,自然生态的和谐是乡村振兴的基础。“望得见山,看得见水,记得住乡愁”①是乡村振兴的基本要求,只有将乡村自然生态保护好,才能将乡愁留住,才有可能乡村振兴。其二,乡村振兴应注意保持乡村原有风貌。乡村振兴不是对乡村“推倒重建”,也不是让乡村城市化。乡村作为一种社会经济形态,有其特定的功能。习近平总书记在古生村调研时明确强调,“今后的新农村建设一定要走符合农村实际的路子,遵循乡村自身发展规律,充分体现农村特点,注意乡土味道,保留乡村风貌”②。乡村振兴应是在现有乡村风貌和功能上的改进提升,不应也不能脱离乡村的既有基础和条件。其三,乡村振兴应注重保护和传

---

① 习近平:《在中央城镇化工作会议上的讲话》,http://cpc.people.com.cn/n/2013/1215/c64094-23842466.html。

② 习近平:《坚决打好扶贫开发攻坚战 加快民族地区经济社会发展》,http://politics.people.com.cn/n/2015/0121/c1024-26427050.html。

承乡风民俗。乡村振兴既包括物质层面的提升改善,也包括非物质层面的乡风民俗的保护与传承。互助和谐的人际关系和丰富多彩的民俗文化不仅是现代乡愁的重要来源,也是乡村振兴的应有之义。在很大程度上,乡风民俗代表了乡村的精神和灵魂,并且相比作为“物”的乡村更具有底蕴和价值。

第二章　乡村振兴在大理：基础与挑战

习近平考察大理时曾表示，“乡村建设要走符合农村实际的路子，要注意乡土味道，保留乡村风貌。留得住绿水青山，记得住乡愁。什么是乡愁？乡愁就是你离开这个地方会想念的。”①大理的乡愁实践是对习总书记寄语的最佳回应，也为乡村振兴战略的实施探索出“大理路径”。本章首先介绍大理州实施乡村振兴战略依托的三个重要条件，分别是自然地理、资源禀赋和社会经济情况。其次分析大理州因得天独厚的生态优势、悠久灿烂的历史和多元包容的多民族文化成为乡愁中国的“最佳代言人”。接下来介绍党的十九大提出乡村振兴战略时，大理州在脱贫攻坚、基础设施、产业发展、基层自治和乡风文明中做出的成绩，为大理州后续实施乡村振兴战略打下了夯实的基础。乡村振兴是一项系统工程和长期任务，因此，本章的最后一节试图分析大理州在 2017 年开展实施乡村振兴战略仍面临的困难和挑战，为大理州接下来的乡村振兴发展提供启示。

---

①《青山就是美丽，蓝天也是幸福》，https://m.gmw.cn/baijia/2018-07/23/30026601.html。

第一节　彩云之南：大理州情概况

云南简称“滇”，人们通常用“彩云之南”“七彩云南”“云之南”来描述这片美丽的祖国西南高原之地。大理地处云南西部，苍山环绕，洱海之畔，作为唐代南诏国和宋代大理国的都城长达五百年，是西南边疆地区名副其实的政治、经济和文化中心。如果说云南是彩色的，那么其中一抹亮丽的色彩一定不能缺少大理白族自治州的描绘。本节从恬静优美的自然风光、独特的资源禀赋、奋力前追的社会经济状况三个方面展开，力求展现出一幅多姿多彩的大理画卷。

一、绿色大理：自然地理情况

“上关花、下关风、苍山雪、洱海月”是大理白族自治州最亮眼的名片，“苍山不墨千秋画，洱海无弦万古琴”是对大理州自然风光的最佳称赞。自然地理条件是各要素协同发展、相互作用的基础，本节从“绿色大理”切入，介绍大理州的地理位置、气候条件和地形地貌。

（一）地理位置：十字路口，贯通西南

大理白族自治州是云南省八个自治州之一，位于云南省中部偏西的位置，全州地跨东经 98°52′—101°03′，北纬 24°41′—26°42′之间，北临丽江市，南连普洱、临沧二市，西接保山市和怒江傈僳族自治州，东靠楚雄彝族自治州。全州国土总面积约 29459 平方千米，东西最大横跨 320 余千米，南北最大纵距约 270 千米。山区面积占总面积的 93.4%，坝区面积占 6.6%。州府驻地大理市下关镇，距昆明市 331 千米。①

云南省北接四川，南壤越南老挝，西邻缅甸，东邻黔桂，历史上一直是祖国与南亚东南亚以及进入印度洋的重要通道。而大理白族自治州

① 数据来源：大理白族自治州人民政府官网，http://www.dali.gov.cn/dlrmzf/c101686/201904/b31d37f022b74ef49b676b3e5d89d406.shtml。

因开发较早、历史悠久,曾一度成为云南政治、经济和文化的中心,同时成为西南地区内联大陆,外通东南的重要枢纽。州政府所在地大理市,是滇缅公路、滇藏公路交会地,古为“蜀身毒道”和“茶马古道”的重要中转站,现为云南省规划建设的滇西中心城市、区域交通枢纽和滇西物流中心,初步形成了铁路、高等级公路、航空结合,城乡连通,辐射周边的立体交通网,北可进川藏和印度,南可通往老挝、越南等国家。

(二)地形地貌:苍山为界,西高东低

大理州地处云贵高原与横断山脉南端的结合部位,地形地貌复杂多样,海拔高差悬殊。总体来讲,可将其地形地貌特征概括为两个方面。

地处地理分区线,东西差异明显。大理州处于我国地形分区界线上,以北老君山—点苍山—哀牢山一线的大断裂为界形成东西两大部分。东西地貌特征总体上呈现出高原湖泊和山脉纵谷两大地貌特征。东部属于扬子淮地台区,洱海、鸡足山是云贵高原的一部分,西部属于滇藏地槽褶皱区①,其中著名的苍山、石宝山是横断山脉的支系。东西地势也有所不同。东部地势平坦开阔,而西部则多崇山峻岭、高山峡谷,地势落差大,山脉纵横,数量较多。

地势西北高东南低,山脉梯度分布。从图1-1中可看出,全州地势西北高、东南低。州内山脉多属云岭山脉及怒山山脉。点苍山位于州内中部,西北东南走向,处洱海西畔,如拱似屏,巍峨挺拔。北起花甸坝之西的光蓝坝丫口,南至西洱河,长约48千米。以点苍山为中心,州内自西北向东南分布着志奔山、崇山、五宝山、雪邦山、老君山、罗坪山、无量山、太极顶、哀牢山、九顶山、鸡足山、五顶山等。海拔在3500米以上的山峰多分布于洱海一线以西,永平—下关一线以北。州内群山的最高峰

---

① 滇藏地槽褶皱区:又称三江区。

海拔有 4295 米，是位于剑川县与怒江傈僳族自治州兰坪县交界处的雪斑山。东部的鸡足山、夸萼山濒临金沙江，南部是云岭的余脉，哀牢山、无量山沿澜沧江南下，地势逐渐平缓。

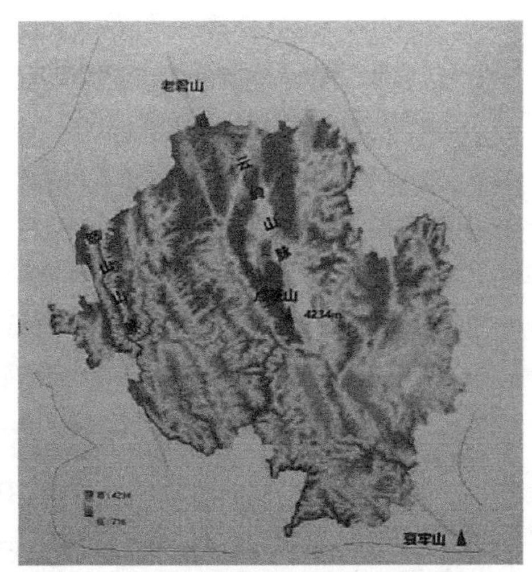

图 2-1　大理白族自治州地形地貌图

资料来源：大理白族自治州住房和城乡建设局提供。

（三）气候条件：低纬高原，季风气候[①]

大理州地处低纬度高原横断山脉的南端，在太阳辐射、大气环流和地形地貌等因素的综合影响下，形成了山地亚热带、温带季风气候。其气候特征主要表现在三个方面：一是年温差小；二是干湿分明；三是区域间气候差异明显。

一是四季如春，年温差小。大理的气候常被描述为“四时之气，常如初春，寒止于凉，暑止于温”。首先表现为冬无严寒。州内冬季一般始于 12 月中上旬，止于次年 2 月中下旬，历时 70 天左右。最冷月平均气温在 8℃—10℃之间，很少出现低于 0℃的严寒期。其次为夏无酷暑。全州除南涧、宾川、弥渡和漾濞四地外，其余地区全年无夏季。气温较高的南

① 该部分数据来源于《大理白族自治州志》《大理市志》。

涧、宾川最热月平均气温在 24℃以下，几乎没有 30℃及以上的酷热期，两地夏季持续时间约 2 个月左右，属全州夏季持续时间最长的地区。最后则为春暖秋凉。州内春季一般始于 2 月中旬，一般持续 4—5 个月，气温维持在 10℃左右。秋季则始于 6 月下旬，一般持续 140 天左右，平均气温通常维持在 16℃左右。春季和秋季持续时间较长，几乎占据全年 10 个月的时间。

二是季风气候，干湿分明。年内由于控制大理州的气流随季节干湿冷暖性质不同，降水量的季节分配不均匀，形成了夏半年湿润多雨，冬半年干旱少雨，干湿季分明的季风气候特点。一是表现为雨热同季。夏半年大理州上空受来自孟加拉湾海面的热带低压东南部暖湿气流和太平洋副热带高压的西南(或东南)暖湿气流控制，降水集中，降水量占全年总降水量的 85%以上；降水日数较多，占全年降水日数的 74%以上；6—9 月是降水的高峰期，占全年总降水量的 67%—84%。降水集中在气温较高的夏秋季节，形成“雨热同季”的气候特点。二是表现为干凉同季。冬半年大理州上空为南支西风气流所控制，由于气流来源于西面热带干燥地区，空气温暖干燥，构成冬半年晴天多、日照充足、气温偏高、昼夜温差大、降水量少、湿度小、风速大的干季气候特征。冬半年降水量还不到年降水雨量的 15%，大风日数比雨季明显增多，占全年大风日数的 60%以上。此时气温相对较低，形成“干凉同季”的气候特点。

三是气候垂直差异显著。由于大理境内山脉、河流相间分布，且地形复杂，地势起伏较大，气候在水平方向上呈现热带、温带、寒带不同的特征，位于东南部的南涧年平均气温为 19℃，而北部的剑川则只有 13℃，气温由南自北逐步递减。再从垂直方向上来看，大理州形成了典型的“山高一丈，大不一样”“一山有四季”的立体气候，有“一山分四季，十里不同天”之说，因山地海拔的不同而存在显著的差异。根据气候类型的划分标准，大理州可分为南亚热带、中亚热带、北亚热带、暖温带、中温带、寒温带六个气候带,主要表现为河谷热,坝区暖,山区凉,高山寒。

二、蓝色大理:资源禀赋状况

资源是人类社会赖以生存发展的基础,丰裕的资源禀赋能为乡村振兴战略的实施提供助力。大理州依托独特的自然地理风貌孕育了充沛的水能、太阳能、地热能等多种清洁能源。作为绿色低碳能源,清洁能源有着显著的开发优势,对营造一个碧穹青天、水清草绿的"蓝色大理"有着重要意义。

第一,大理州可利用水能资源较多。水能属于可再生能源,主要指水体产生的动能、势能、压力能等能量资源。大理州地处滇西纵谷,不仅境内江河纵横、湖泊众多,水资源储量巨大,且地势落差大、水流湍急,有着良好的水能资源开发利用条件。据不完全统计,大理州内大小河流有 160 多条,分属怒江、澜沧江、红河(元江、李仙江)、金沙江四大流域,呈羽状遍布全州。州内有洱海、天池、茈碧湖、西湖、东湖、剑湖、海西海、青海湖等 8 个大型湖泊。大理州境内的河流、地表水主要靠大气降水补给。全州多年平均降水量 1053.3 毫米、298.72 亿立方米,多年平均地表径流量为 105.8 亿立方米,加上地下水储量 32.3 亿立方米,总计水资源储量 138.1 亿立方米,人均达 4500 立方米。州境内水力资源蕴藏量 930 万千瓦,可开发利用的水力资源 807 万千瓦,已开发利用水力资源占据 3.8% 的比重,共计 30.47 万千瓦。① 大理州依托优越的水文条件,在电力建设方面主要以水发电,将水电作为主要的布局着力点。结合自身资源状况,在电源建设中长期以水电为主,截至 2020 年底,大理州辖区内电力总装机达 1548.4 万千瓦,占全省总装机的 16%。其中水电 1304.4 万千瓦、风电 186.3 万千瓦、光伏发电 55.3 万千瓦、其他 2.4 万千瓦。全州清

---

① 数据来源:大理白族自治州人民政府官网,http://www.dali.gov.cn/dlrmzf/c101688/201904/47dd11eaa87a472385d612a4950cf24d.shtml。

洁电力装机占比达 99.85%。①

第二,大理州太阳能资源较为充沛。大理州属于云南省太阳能辐射最强的州(地级市)之一。境内苍山以东的坝区太阳辐射量仅次于西藏,接近青海、内蒙古,是全国太阳辐射量较多的地区。丰富的太阳能资源由其特殊的地理位置造就。大理州地处低纬高原,各地海拔相对较高,使得全年可接受的太阳辐射能比较充裕,全年太阳高度角变化幅度不大,冬夏半年太阳可照时数差别较小,一年中太阳辐射能量差异不大,季节分配比较均匀。根据《云南省太阳能资源评估报告》显示,全州大部分地区年平均太阳总辐射在 5500 兆焦/平方米以上,年平均日照时数在 2100 小时以上,其中有 5 个县属于全省最佳开发区,分别是宾川县、祥云县、南涧县、弥渡县、洱源县,年平均太阳总辐射量在 6000 兆焦/平方米以上,年平均日照时数在 2300 小时以上。(详见表 2-1)充沛的太阳能储备量利于太阳能资源的开发利用。截至 2020 年底,全州已建成太阳能光伏电站总装机容量 55.3 万千瓦,占全省总装机容量的 17%。其中地面光伏电站 17 个,总装机容量 50.92 万千瓦,其余为光伏扶贫电站。

表 2-1　大理白族自治州太阳能源开发程度

太阳能源开发程度	年平均太阳总辐射量(兆焦/平方米)	年平均日照时数(小时)
最佳开发区	>6000	>2300
全州平均	>5500	>2100

说明:表格数据根据大理白族自治州官网数据整理所得。

第三,大理州地热资源较为丰富。地热能是经由地壳抽取的一种天然热能,以热力的形式存在,通过地下水或者熔岩将热力转送至离地面较近的地壳中,高温的熔岩会将附近的地下水加热随后渗出地面。地热能有多种用途,现多用于发电、供暖。大理州受澜沧江断裂带、洱海—红

① 数据来源:北极星电力新闻网,https://news.bjx.com.cn/html/20210322/1143088.shtml。

河断裂带和宾川断裂带的影响，地热资源主要分布在南涧—弥渡—下关—洱源一线，温泉出露较多，形成了连片的温泉群，诸如洱海九气台温泉群、西湖温泉群、下山口温泉、漾濞桥河温泉、大理塘子埔温泉、云龙漕涧温泉、永平曲洞温泉、巍山洗澡塘温泉、南涧碱坝温泉、马鹿田温泉、石洞温泉、弥渡总府温泉、高芹温泉等。这些温泉群多为硫矿或碳酸泉，尤其是有“热水城”之称的洱源硫矿泉最为著名。

三、金色大理：社会经济概况

大理州是国家历史文化名城和云南重要的风景旅游区，历史上是南通缅甸、印度的重要中转点，现在也是滇西南重要通道，具有发展旅游业、商业的资源和区位优势。本部分聚焦于大理州的行政区划、人口民族和经济发展三个方面，着力展现出一幅全州社会经济发展的“金色画卷”。

（一）行政区划：因地制宜，民族自治

大理白族自治州全州下辖 1 个县级市、8 个县、3 个自治县，共计 12 个县级行政区。一个县级市为大理市，八个县分别是祥云县、弥渡县、宾川县、永平县、云龙县、洱源县、鹤庆县、剑川县，三个自治县分别是漾濞彝族自治县、南涧彝族自治县、巍山彝族回族自治县。全州 12 个县(市)没有一个是单一的民族县(区)。大理市是大理白族自治州州政府所在地，地处大理州中部位置，自北顺时针分别与洱源县、鹤庆县、宾川县、祥云县、弥渡县、巍山县、漾濞县七县交界。大理市内环抱苍山、醉卧洱海，素有“高原明珠”“东方瑞士”的美称。2020 年，大理市总面积为 1815 平方千米，其中山地约占总面积的七成，洱海水域面积为 250 平方千米，占总面积的 13.7%。① 大理市辖 9 镇、1 乡、3 个街道，以及大理经济开发区、大理旅游度假区和大理海东开发委员会。2020 年，市内户籍总人口

① 数据来源：大理市人民政府官网，http://www.yndali.gov.cn/dlszf/c103380/tydp.shtml。

约为 64.83 万人，共有 25 个世居民族位于市内，其中白族人口占总人口的 67.95%。大理市因苍山洱海之名，自然风光无限，有悠久的历史文化，是大理州重要的旅游城市。

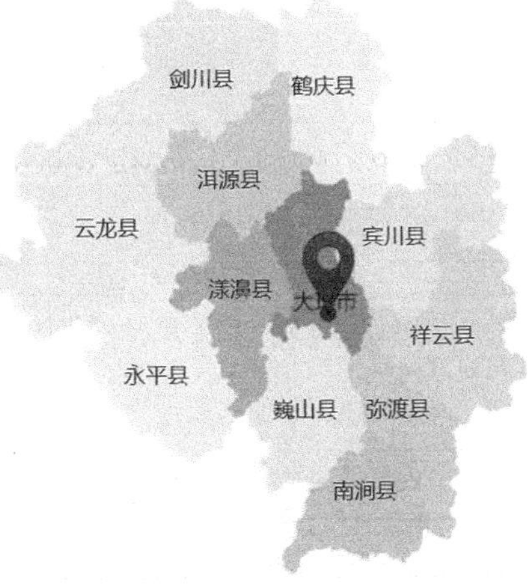

图 2－2　大理白族自治州行政区划图

资料来源：大理白族自治州政府官网，http://www.dali.gov.cn/dlrmzf/c101684/yxdl.shtml。

（二）人口民族：人口多元，民族多样①

人在经济社会发展中发挥主体作用，大理州人口民族总体上呈现三大特征：一是少数民族人口数量居中稍偏上，以白族为主；二是男女比例均衡，人口老龄化程度较高；三是人口分布呈现东南多西北少的分布情况。

少数民族人口总数居中稍偏上，以白族为主的多民族聚居区。大理州是以白族为主的少数民族地区，汉、白、彝、回、傈僳、苗、纳西、傣、阿昌、壮、藏、布朗、拉祜等 13 个民族世居于此。截至 2020 年底，州内常住人口 333.76 万人，该数量在云南省 16 个市（州）中居于第六位。州内少数民族人口为 191.5 万人，占总人口的 52.6%，其中白族人口有 124.8 万人，占总

① 数据来源：大理白族自治州政府官网，http://www.dali.gov.cn/dlrmzf/c101704/201904/4f7330ca418e4d0c8719481e85731c7b.shtml。

人口的34.3%，占少数民族人口的65.2%。可以看出，大理州少数民族人口数量过半，其中白族人口数量最多。少数民族分布区域详见表2-2。

表2-2 大理州世居民族分布地区一览表

民族	主要分布地区
汉族	全州12个县市
白族	大理市、洱源县、鹤庆县、剑川县、云龙县、祥云县、宾川县
彝族	南涧县、巍山县、漾濞县、永平县、大理市、祥云县、弥渡县、宾川县、云龙县
回族	巍山彝族回族自治县的永镇、大仓镇，永平县的博南镇，大理市的凤仪镇、喜洲镇，洱源县的右所镇，弥渡县的红岩镇，漾濞县的苍山西镇，云龙县邓川镇
傈僳族	云龙县表村乡、诺邓镇、检槽乡，宾川县的钟英乡、大营镇，漾濞县的漾江镇，永平县的北斗乡、厂街乡
苗族	永平县龙街镇、水泄乡，巍山县庙街乡、马鞍乡、五印乡，云龙县团结乡、民建乡，南涧县乐秋乡，鹤庆县六合乡、朵美乡，漾濞县龙潭乡、苍山西镇
纳西族	剑川县剑阳镇的双河村、洱源县三营镇和大理市
傣族	云龙县宝丰乡大栗树村、大理市上关镇青索村
阿昌族	云龙县漕涧镇仁山村
壮族	鹤庆县朵美乡和黄坪镇
藏族	大理市小花园藏族新村、洱源县三营镇郑家庄
布朗族	南涧县公郎镇落底河村、自强村、板桥村
拉祜族	宾川县钟英乡小松坪、唐古地村

男女比例均衡，人口老龄化程度较高。据2020年第七次人口普查结果显示，大理州户籍人口数量为364.36万，其中男性和女性数量分别是183.63万、180.73万，男女数量占比分别是50.4%、49.6%，可以看出州内男女人口数量、比例较为均衡。全州60岁及以上人口数量为56.78万人，占大理州常住人口的17.01%，远高于云南省平均水平，在云南省内属于人口老龄化程度较高的市州之一。

大理市人口最多,其余县市呈东南多西北少的特征。大理市常住人口为77.11万人,是大理白族自治州常住人口最多的县市。漾濞彝族自治县常住人口为9.76万人,是大理州常住人口最少、经济体量最小的县(市)。其余的县依据常住人口数量从高到低分别是:祥云县、宾川县、巍山彝族回族自治县、弥渡县、洱源县、鹤庆县、南涧彝族自治县、云龙县、永平县、剑川县。常住人口数量详见图2-3所示。将图2-2和图2-3结合起来观察可知,除了常住人口数量最多的大理市和人口数量最少的漾濞彝族自治县外,宾川县、弥渡县、祥云县、南涧彝族自治县、巍山县五县常住总人口为146.95万人,洱源县、鹤庆县、永平县、剑川县、云龙县五县则为99.92万人,总体上呈现出东南部人口多于西北部的特征。

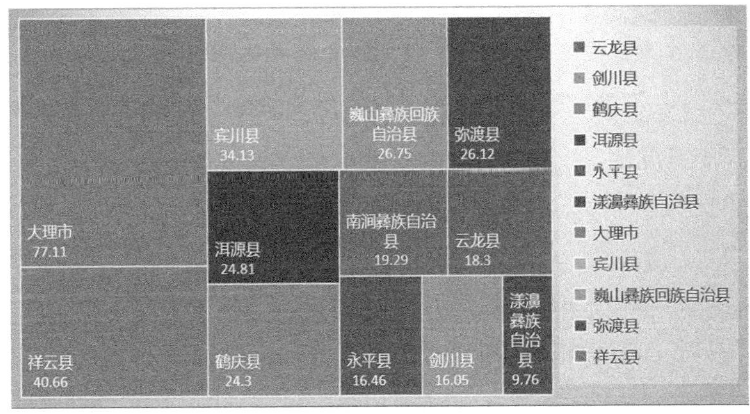

图2-3 大理州县市常住人口数量(单位:万人)

(三)经济发展:滇西重镇,体量稍小①

从社会经济总体状况来看,大理州较优于其他滇西群城市,具有建设成为辐射滇西和滇西北两大城镇群、“省域副中心”的基础和条件。

① 数据来源:大理白族自治州人民政府官网,http://www.dali.gov.cn/dlrmzf/c101704/201904/4f7330ca418e4d0c8719481e85731c7b.shtml。

2021年，大理州地区生产总值(GDP)共计1633.0亿元，比2020年增长7%。全州人均生产总值48848元，增长7.1%。非公有制经济增加值790.2亿元，增长7.3%，占全州地区生产总值的48.4%。2021年，全州居民消费价格指数(CPI)为100.1，比2020年上涨0.1%，食品烟酒价格下降0.8%，衣着价格下降1.1%，居住价格下降0.1%，生活用品及服务价格下降0.6%，交通和通信价格上涨1.7%，教育文化和娱乐价格上涨0.9%，医疗保健价格上涨0.4%，其他用品和服务价格上涨0.1%。从对外交往来看，大理是"一带一路"战略下联通太平洋与印度洋的枢纽地区，是打造四通八达的省域交通枢纽，也是有机衔接"南亚"与"中原内陆"的门户地区，同时大理位于云南省昆明—皎漂发展主轴与昆明—西藏昌都发展轴上，是滇西旅游服务中心、商贸中心和交通枢纽。

从三大产业发展情况来看，三大产业结构中第三产业在全州占比最高，是大理州经济增长的"火车头"。三大产业占比从2019年到2021年发生了些许变化，从19.6∶30.0∶50.4调整为22.8∶28.2∶49.0，第三产业占比虽有所回落但仍占据经济发展的半壁江山。以大理州2021年三大产业相关数据为例，介绍大理州三大产业的发展情况。首先是第一产业的发展情况。2021年，全州农业总产值为679.4元，比上年增长11.1%。其中种植业和林业增长比重最大，增幅25.9%。农业种植总面积、农业总产量和牲畜存栏量、牲畜肉类产量较之上年均有所提升。值得一提的是，大理州绿色食品影响逐步扩大，2020年新认证"三品一标"农产品共计145个，面积69万亩，4个农产品入选全省十大名品，下关沱茶获省政府质量奖，弥渡县列入全国优势特色蔬菜产业集群建设之列，宾川水果等列为粤港澳大湾区"菜篮子"生产基地。其次是第二产业的发展情况。全州在2021年的全部工业增加值316.7亿元，比上年增长3.8%。规模以上工业增加值、工业主要产品产量、工业企业较上年均有显著增长。最后是第三产业的发展情况。2021年，大理州第三产业增加值有所回升。具体表现在全州共接待海内外旅游人数 4451.8 万人次，比 2020 年增长 13.5%，其中国内旅游人数 4450.9 万人次，增长了 13.6%。

第二节　大理：乡愁中国的理想之地

费孝通曾在《乡土中国》开篇中说道，“从基层上看去，中国社会是乡土性的”①。乡土中国是人们对中国的普遍印象，也有人认为在中国迈向现代化的过程中，传统“乡土中国”必然解体。② 不言而喻，随着现代化进程的向前推进，中国社会确实发生了翻天覆地的变化。城市与乡村的发展差距拉大，乡村人口向城市流动的速度和数量愈加迅猛，乡村的社会结构、社会关系发生巨变，乡村成了人们一直怀念却难以回去的地方。由此，思乡念乡的乡愁情绪自然而然地产生。党的十九大提出乡村振兴发展战略，表明乡村不应是城市的附属品，而是与城市融合共进的重要环节。为了加快乡村振兴的建设步伐，中共中央、国务院明确指出“要以乡情乡愁为纽带，鼓励吸引各类人才以多种方式服务乡村振兴事业。”③在新时期乡村振兴的视野下，从人们对故乡的深切留恋与自觉行动来看，“乡愁中国”是乡土中国在现代化过程中的产物，是中国现代化进程中不可逾越的历史阶段。提及“乡愁”，大理一度成为现代中国人寄托乡愁思绪的网红打卡点。因此，本节将从大理州浑然天成的自然美景、厚重有力的历史，多元包容的民族文化三个重要方面出发，阐释大理为何能够成为“乡愁中国”的最佳代言人。

---

① 费孝通：《乡土中国》，北京大学出版社 2021 年版，第 9 页。

② 王小章：《“乡土中国”及其终结：费孝通“乡土中国”理论再认识——兼谈整体社会形态视野下的新型城镇化》，《山东社会科学》2015 年第 2 期。

③ 国务院研究室编写组：《十三届全国人大一次会议〈政府工作报告〉辅导读本》，人民出版社 2018 年版，第 303 页。

一、悠久灿烂的大理历史①

历史是当代人对过往的追思,有追思亦有乡愁。历史与乡愁之间存在着接续关系。大理州是西南边疆地区开发较早的地区之一,有着四千多年延续不断的悠久历史。直到元朝迁都昆明前,大理一直是云南的中心,明清至今仍是滇西重镇。悠久的历史赋予乡愁情感独特的体验。本部分将梳理大理州的历史脉络,试图从历史所承载的精神内核中探寻"乡愁中国"的力量源泉。

远在新石器时代,就有白族、彝族等少数民族先民在这里定居并繁衍生息,逐渐形成了大大小小的氏族部落,其中当属"昆明"部落最为强大,也有称呼为"昆明之属"。司马迁也在《史记・西南夷列传》中提到了"昆明"族群,昆明组"皆编发,随畜迁徙,毋常处、毋君长"。② 不同的氏族部落为该地新石器文化的创造作出卓越贡献。战国中晚期,庄蹻入滇后第一次把楚文化与滇文化连接起来。公元前 221 年,秦朝开设五尺道,在西南地区设立行政机构,自此开始了中央王朝对大理地区的统治,秦朝正式将西南边陲之地纳入中国的版图。西汉元封四年(公元前 107 年)和元封六年(公元前 105 年),西汉两次派兵击败"昆明"部落,之后在大理地区设置叶榆、云南、邪龙、比苏 4 县,属益州郡管辖。值得一提的是,汉王朝此时在大理开辟了南方丝绸之路,使大理成为连接四川和印度的枢纽。自汉朝开始,大理地区正式纳入汉王朝的疆域。三国时期,大理地区归属蜀国,被称为南中。在诸葛亮平定叛乱之后,大理地区重建云南郡。隋朝时,诸少数民族控制云南地区,独立于隋朝之外,不与中央政权发生联系。

唐宋时期,大理地区先后出现南诏国和大理国,统治大理地区长达

---

① 关于大理州的历史主要根据大理州人民政府官网及大理州乡村振兴局所提供资料整理。

② 吴晓亮:《大理史话》,云南人民出版社 2017 年版,第 18 页。

五百年的时间，大理州一度成为西南区域的政治、经济和文化中心。唐朝，大理地区在唐王朝的扶持下建立南诏国。公元七世纪，洱海周边出现了六个实力较强的部落，史称“六诏”，分别是施浪诏、蒙舍诏、蒙嶲诏、越析诏、邆赕诏、浪穹诏。六部分属不同的部落首领统领，各自独立，互相制衡。但是之后在唐王朝的支持下，蒙舍诏首领皮罗阁带领部众吞并其余五部，于唐开元二十六年(738 年)统一洱海地区建立南诏国，立太和城[①]为国都[②]。南诏王皮罗阁被唐朝皇帝册封为云南王，今大理州地域是南诏国的中心统治区。之所以称为南诏，是因为蒙舍诏在诸诏之南。南诏国与唐王朝联系频繁、关系密切，但随着南诏国的实力逐渐增强，南诏与唐朝的矛盾突显，双方多次发生战争，最著名的一次当属“天宝战争”。在之后的 40 年间，南诏不断外扩版图，疆域面积不断扩大。但“天宝战争”后南诏与吐蕃关系恶劣，唐朝向南诏示好，采取“联合南诏，以断吐蕃右臂”[③]的策略。贞元十年(794 年)，唐使崔佐时与异牟寻会盟于点苍山，史称“苍山会盟”。会盟后南诏与唐王朝关系得到缓和。公元 902 年，南诏汉族权臣郑买嗣杀死南诏国末代君王并在羊苴咩城自立为帝，建立了大长和国，年号安国。公元 926 年大长和国灭亡，杨干贞杀死其孙郑隆亶，立赵善政为傀儡皇帝，建立大天兴国。大天兴国的疆域不仅包括现云南全部辖域还包括缅甸北部、老挝北部部分地域。后晋天福二年(937 年)，通海节度段思平联合滇东 37 部，进军大理，推翻了大义宁国，建立了大理国。大理国疆域与南诏国所差无几，羊苴咩城仍为大理国都城，称作“紫城”“皇城”，仍是西南地区政治、经济和文化中心。大理国统治该地区长达三百余年，宋朝曾先后封赠大理国王为“云南八国都王”“云南大理国主”“大理国王”等

① 太和城：位于大理古城南 7.5 千米，苍山佛顶峰、太和村一带。

② 国都：780 年，异牟寻将国都从太和城迁至此地，故址在今云南省大理白族自治州大理市。

③ 大理白族自治州人民政府官网，http://www.dali.gov.cn/dlrmzf/c101713/201203/55b1b5eda03b46d0a11fc411516965ca.shtml。

封号。

元朝时期,中央王朝对大理州的统治更进一步。公元1253年,忽必烈率蒙兵灭大理国,大理地区回归中央政权。公元1274年,元朝委任赛典赤为云南平章政事。赛典赤撤销万户、千户、百户等军事建制,改设路、府、州、县,建立了云南行省。1276年,云南改府为路,正式成为行省级区划名称。今大理州境域分属大理路、鹤庆路、威楚路和云龙甸军民府。

明清时期,大理州的经济得到长足发展。公元1382年(明洪武十五年),明朝攻袭大理城,明王朝将云南行省改为承宣布政使司、都指挥使司、提刑按察司“三司”。今大理州境域分属大理府、鹤庆府、蒙化府、永昌府和楚雄府。清朝基本承袭明制,大理州下辖区域分属大理府、丽江府、永昌府和蒙化府直隶厅管辖。在鄂尔泰任云贵总督时推行了“改土归流”政策,大理地区被划为云南的内地。明清时期,西南地区行政区划没有发生大规模变动,云南一直在中央王朝的统治下,社会保持稳定,该地区经济得到了很好地发展。

中华人民共和国成立初期,该地于1950年设大理专员公署,专署驻大理县,辖下关、大理、邓川、宾川、祥云、凤仪、弥渡、蒙化、云县、缅宁、顺宁、永平、漾濞、云龙、洱源15县(区)。1956年成立大理白族自治州,原公署所属凤庆、云县划归临沧专区,属丽江专署的剑川、鹤庆二县划入大理州。经一系列行政区划调整,目前大理白族自治州辖大理市、漾濞彝族自治县、祥云、宾川、弥渡、南涧彝族自治县、巍山彝族回族自治县、永平、云龙、洱源、剑川、鹤庆共12个县市,首府驻大理市。

纵观大理州的历史脉络,可以清晰地发现其内含的多元性、连续性和传承性特征。传统大理经由时间的沉淀将其历史基因在现代大理中淋漓尽致地体现出来,而将二者连接起来的重要载体便是传统村落。有人说,“传统村落反映了一定历史时空的物质文化与精神文化的发展状况,承载着珍贵的历史记忆、民族及地域文化信息。”①据不完全统计,2012 年来,全州先后有约 130 个村落入选中国传统村落名录,数量位居全省第一位、全国州市第九位,属全国传统村落数量较多的州市之一。2020 年 6 月,大理州成功申报为云南省唯一、全国十个 2020 年度传统村落集中连片保护利用示范州(市)之一。大理州境内历史保存的完整性、多民族历史的独特性、历史传承的连续性使得当地成为现代人寄托乡愁思绪的绝佳之地,也突显出“乡愁中国”示范地的历史优势。

二、多元包容的文化氛围

自古以来,大理州因特殊的地理位置和多民族的现实,孕育了丰富绚烂、多种多样的文化,如史前文化、古滇文化、哀牢文化、爨文化、南诏文化等均集聚于此。多元文化的交融使得该地形成了独具特色的历史文化、地域文化和民族文化,呈现出一场多样形态、多元一体、和谐共生的文化盛宴,为“乡愁中国”提供了深厚的文化底蕴和多元包容的文化氛围。

大理是民族文化“博物馆”。大理州共有 26 个少数民族,其中有十六个独有民族,十五个跨境居住的民族。民族文化丰富多彩、博大精深、底蕴深厚、特色鲜明。如彝族的毕摩文化、藏传南传佛教文化、傣族的贝叶文化、纳西族的东巴文化、哈尼族的梯田文化等。同时还有各种各具特色的丧葬、婚姻、服饰、建筑、节日、歌舞、生态等文化形态。此外还有各民族长期以来相互交融、相互学习、共同发展而产生的综合性文化,如茶文化、医药文化、烟草文化、驿道文化、青铜文化、石刻文化等,大理州的文化可谓异彩纷呈,不胜枚举。

大理是文化交流“中转站”。大理州是古代西南地区“茶马古道”与

① 贾素敏:《浅谈乡村建设中的乡土景观空间营造》,《四川水泥》2020 年第 6 期。

"博南古道"的交汇地,西连藏区东达沿海,北上中原,南通东南亚,是西南丝绸之路的枢纽、藏彝白民族的走廊。大理州是祖国大陆通往南亚东南亚、前往印度洋的枢纽和大通道,在中国与东南亚诸古国文化交流和商业贸易中承担着关键作用,是中国陆上西南丝绸之路的重要通道。目前大理州境内仍有古代遗留下来的驿道、桥梁、马站。大理州不仅在历史上发挥着贯通西南的重要作用,也是我国目前一带一路战略的重要枢纽,是中国中南半岛、孟中印缅经济走廊交汇处,也是西南连通印细、面向印度洋开放的必由之路。基于此,大理州从古至今一直位于汉文化、印度文化、青藏文化、海洋文化等多种文化的交汇地带,是南诏国历史和白族文化的独特见证,是东南亚与东亚、南亚、西亚各国文化交流的重要历史见证地,更是世界文明史中文化交流与融合的杰出典范。

大理是宗教文化"汇聚区"。大理州不仅是一个多民族聚居的白族自治州,同时也是一个多宗教并存的地方。州内十三个世居民族都有自己的宗教信仰,有原始宗教、道教、佛教、伊斯兰教、天主教、基督教等,还有从原始宗教基础上发展起来的白族本主崇拜。这些宗教除了伊斯兰教之外,每一种宗教几乎都是几个民族共同信仰,但这些民族在信仰的同时会不同程度地保留着自身民族的原始宗教。如信仰道教的主要有部分拉祜族、傈僳族、苗族。信仰伊斯兰教、天主教和基督教的主要有部分彝族、傈僳族、汉族和白族,信仰本主的是广大白族群众。由此,佛教文化、基督教文化和伊斯兰文化等多种宗教文化并存,即使在同一宗教内,不同派别也能和睦相处。如同为佛教,藏传佛教、南传上座部佛教和汉传佛教亲密无间,儒释道文化也能够和谐并存。

三、得天独厚的生态优势

2013 年,习近平总书记在中央城镇化工作会议中首次提出,"城镇建设要让居民望得见山、看得见水、记得住乡愁”①。纯净无暇的乡村原生态是乡愁思绪绝佳的承载地。不言而喻，大理州独特的地理位置使之成为绿色生态的宝地，为人们纾解乡愁之情找到寄托之处。本部分将从动、植物资源和自然遗产方面加以介绍，试图回答大理州成为“乡愁中国”建设样板的生态优势。

一是植物类型多样。大理州是一个天然的植物种质基因库，不仅是滇中、滇西北植物通道，也是世界各洲植物汇集的地方，而且还蕴藏着自身孕育的植物种类。大理州因受北级高山植物区系、中国喜马拉雅山植物区系和印度—马来西亚热带植物区系的深刻影响，形成了大理植物区系复杂，植物种类繁多，生物多样性丰富的特点，是中国生物多样性最为丰富的地区之一。

大理州地形复杂，气候多样，虽然地处亚热带地区，但从植物的表象看，则呈现有不同气候带所具有的种类代表，不但有云南省植物种类或附近地区的种类，而且还有亚洲、欧洲、美洲、非洲等植物的代表；由于地史的变迁和地壳的特殊变化的原因，不仅有历史上的孑遗种类，还有近代进化、演化、衍生的种类，因此，植物种类、植物区系成分及植被类型也十分复杂。从植物的角度来区分，基本上分为南、北两大部分，其分界线大致是鸡足山、点苍山和云龙一线；北部多以西北高寒山区的温、寒带的植物种类为基调；南部则是以亚热带的植物种类为主，有的地区，甚至出现热带北缘的一些种类，但更多的还是滇中地区植物成分，因此，本州不但是滇中与滇西北植物的通道和四面八方甚至是世界各洲植物汇集的地方，而且还蕴藏自身孕育的植物种类，显得十分神秘多彩。

二是动物资源丰富。大理州大部分县（市）属横断山脉纵谷区的

① 《中央城镇化工作会议在北京举行 习近平李克强作重要讲话》，http://jhsjk.people.cn/article/23842466，2013－12－15。

南缘地带，仅东部鹤庆、宾川、祥云等县为滇东云贵高原区的西缘。自然条件复杂，地质、地貌、气候、植被的类型多种多样，动物区系绚丽多彩，动物资源丰富。动物类群中从原生动物到脊椎动物有11个门类在本地区均有分布。本州动物调查材料多散见于历代古籍和中外文文献中。古籍中最早记载的是徐霞客对大理蝴蝶泉蛾类群集现象的记述。据初步统计：大理州已记录有软体动物（即淡水贝类）77种，约为云南已知贝类种数的1/3；土著鱼类50种，为云南土著鱼种数的13.08%；两栖动物和爬行动物各为24种，分别为云南种数的23.5%和16.1%，全国总种数的10.6%和6.3%；鸟类279种，为云南种数的35.68%，全国总种数的23.72%；兽类98种，为云南种数的37.98%，全国总种数的17.13%。至于昆虫，因类群太多，许多科属尚未深入研究，种数难于估计，但部分昆虫仍可见一斑，如森林昆虫有631种、天敌昆虫59种、蝇类70余种、蝴蝶200余种。从总体看，大理州的动物种类和资源数量在“动物王国”的云南处于中间偏下水平，少于怒江、德宏、西双版纳、红河和临沧等地州，而多于楚雄、昆明、曲靖、昭通等地州市。

三是自然遗产丰富。大理州现有苍山洱海自然保护区、云龙天池自然保护区、南涧无量山自然保护区3个国家级自然保护区；剑湖湿地自然保护区、永平金光寺自然保护区、巍山青华绿孔雀自然保护区3个省级自然保护区；鹤庆朝霞、鹤庆龙华山、剑川石宝山、海西海、洱源黑虎山、茈碧湖等23个州级自然保护区。有大理风景名胜区（含苍山洱海、巍宝山、鸡足山、石宝山景区）1个国家级风景名胜区；漾濞石门关风景名胜区、弥大极山风景名胜区、洱源西湖风景名胜区、剑川剑湖风景名胜区、鹤庆黄龙潭风景名胜区5个省级风景名胜区。有洱源西湖国家湿地公园、鹤庆东草海国家湿地公园共2个湿地公园。有祥云县清华洞国家森林公园、弥渡县东山国家森林公园、南涧县灵宝山国家森林公园、巍山县巍宝山国家森林公园、永平县宝台山国家森林公园5个国家森林公园。

表 2-3　大理州自然遗产一览表

<table>
<tr><th colspan="2">类别</th><th>保护地名称</th></tr>
<tr><td rowspan="3">自然保护区</td><td>国家级自然保护区(2个)</td><td>云龙天池自然保护区、南涧无量山自然保护区</td></tr>
<tr><td>省级自然保护区(3个)</td><td>剑川剑湖湿地自然保护区、水平县全光奇自然保护区、巍山青华绿孔雀自然保护区</td></tr>
<tr><td>州级自然保护区(23个)</td><td></td></tr>
<tr><td rowspan="5">自然公园</td><td>森林公园(5个)</td><td>国家级:祥云县清华洞、弥渡县东山、南涧县灵宝山、巍山县巍宝山、永平县宝台山、云龙</td></tr>
<tr><td rowspan="2">湿地公园(8个)</td><td>国家级:洱源西湖、鹤庆东草海</td></tr>
<tr><td>省级:洱源茈碧湖、剑川剑湖、大理洱海、宾川上沧海、洱源海西海、云龙天池</td></tr>
<tr><td rowspan="2">风景名胜区(8个)</td><td>国家级:苍山洱海景区、鸡足山景区、宝石山景区</td></tr>
<tr><td>省级:剑湖、鹤庆黄龙潭、洱源西湖、石门关、太极山</td></tr>
</table>

资料来源:《大理州历史文化遗产资源保护与发展示范带专项规划·资源汇编》,大理州乡村振兴局提供。

第三节　乡村振兴的已有基础

实施乡村振兴战略,是党的十九大做出的重大决策部署,是新时代做好"三农"工作的总抓手。云南大理以"乡愁文化"为平衡传统与现代的基本尺度,逐步形成了一条"记得住乡愁"为核心理念的乡村振兴道路。① 大理州乡村振兴道路的探索是对十九大报告中提出的"实施乡村振兴战略"的最佳实践。② 毫无疑问,大理乡愁道路的选择不是一蹴而就

① 黄振华、陈梓清:《记得住乡愁:乡村振兴的路径选择——基于云南大理的实践与思考》,《党政研究》2022年第2期。

② 2017年10月18日,党的十九大报告首次指出,"农业农村农民问题是关系国计民生的根本性问题,必须始终把解决好'三农'问题作为全党工作的重中之重,实施乡村振兴战略"。

的，而是经过长期历史积淀形成。本节将主要聚焦于大理州委、州政府在2017年乡村振兴战略提出前，在脱贫攻坚、基础设施建设、产业发展、基层治理、乡风文明等五个方面所做的工作，介绍其为目前形成的乡村振兴路径所打下的基础，试图从中剖析大理州选择乡愁路径作为乡村振兴道路着力点的深刻缘由。

一、脱贫攻坚"搭了台子"

脱贫攻坚是乡村振兴的基础，乡村振兴是脱贫攻坚的进阶。乡村振兴要解决乡村的发展问题，而乡村发展问题中最核心、最大的问题是贫困问题。贫困问题的解决有助于解决乡村振兴的短板问题。2015年，中共中央政治局审议通过《关于打赢脱贫攻坚战的决定》，云南省大理州委、州政府出台一系列扶贫政策，改善了贫困地区的基础设施和公共服务条件，不仅提升了贫困地区的发展能力，为农村地区的长远发展打下了基础，同时也为后续乡村振兴战略的实施奠定了重要的基础。

一是贫困发生率大幅度降低。脱贫攻坚旨在促进贫困乡村全面发展，与乡村振兴的发展需要契合，涵盖经济、文化、社会、生态等多方面的发展。大理白族自治州将打好脱贫攻坚战作为实施乡村振兴战略的优先任务，按照"六个精准""五个一批""两不愁，三保障"等要求，强化脱贫责任和任务，有的放矢地在产业就业扶贫、住房安全保障、易地扶贫搬迁、教育扶贫、生态扶贫等多个方面持续发力。最显著的成效体现为贫困人口收入显著提升，贫困人口数量显著减少，贫困发生率大幅度降低。截至2017年8月，全州有24个贫困乡镇、328个贫困村出列，共减贫30万人，减贫率达73.71%，贫困发生率从14.7%降至4.07%。祥云、宾川、巍山、洱源、鹤庆5个贫困县已实现脱贫摘帽。

二是村庄"造血"能力增强。产业扶贫是打赢脱贫攻坚战的根本，大理州着重发挥高原特色农业的优势，延长农产品产业链，开发体验式休闲农业，初步形成了"1+10+2"产业体系，截至2017年全州特色产业基地面积达1388.4万亩。产业的发展不仅仅是脱贫攻坚中的重要任务,同时也是乡村振兴的重点要求。脱贫攻坚期间对产业的培育和发展为更好地实现乡村振兴打下了良好的基础。让贫困群众"填饱肚子"的基础上,大理州开展了一系列精神文明建设,通过根除陈规陋习、弘扬时代新风,在一定程度上让群众意识到了落后的思想观念、不良的生活陋习等,促进了新时代精神文明理念的传播。

脱贫攻坚的丰富实践,为乡村振兴战略的实施打牢了地基。实施脱贫攻坚和乡村振兴战略均是破解乡村发展困境,实现两个百年目标的重要基石,二者在本质上都是为了实现中华民族伟大复兴过程中分配与再分配不均衡而进行的制度设计,达到城乡同时发展、城乡互动,营造现代化国家的公平和谐的发展环境。

二、基础设施"架了梯子"

中共中央、国务院发布的《乡村振兴战略规划(2018—2022年)》中指出,"农业农村基础设施是乡村振兴战略的重要组成部分。"[①]村庄基础设施建设对乡村经济社会的发展产生巨大的直接效应和间接效应,是推动乡村农业农村发展的重要动力,是乡村振兴的关键一环。

基础设施建设为产业发展提供了基本要素。截至2017年底,乡镇自来水供水设施覆盖率达100%,农村集中供水率达90.5%、农村自来水普及率达87%、农村供水保障率达95%。全州新增水库库容1.02亿立方米,建成有效灌溉面积246.14万亩。农村电网改造升级工程提速,基本实现城乡同网同价。全州110个乡镇、1151个建制村通硬化路达100%,乡镇和建制村通班车率分别达100%、93.5%。全州行政村光网全通达与移动4G网络信号实现全覆盖,广播电视综合覆盖率达99.85%。实施通信基础设施项目20个,贫困地区4G信号覆盖大幅提

① 中国农业新闻网,http://www.farmer.com.cn/zt2018/zxgh/tt/201811/t20181109_1415642.html。

高。水电路网等基础设施的改造升级助力村庄产业行稳致远，为村庄产业发展提供了保障。

基础设施建设为美丽乡村建设搭建了平台。大理州围绕生态文明建设展开了一系列重要举措，涉及污水处理、垃圾处理、农村人居环境整治等。截至 2017 年底，乡镇生活污水处理设施覆盖率达 66.3%，对生活垃圾进行处理的村占比为 74.8%，以自然村为单元的美丽宜居乡村项目建设覆盖率达 73%。“三清洁”工作深入人心，基本建立覆盖全州的农村垃圾处理五级联动工作机制，以洱海流域为重点的农业面源污染防治工作稳步推进。全州围绕苍山、洱海开展的一系列工作为生态文明工作奠定了扎实的基础。

基础设施建设为推进乡风文明提供了保障。建设生态宜居的美丽乡村，不是简单的村庄房屋建设，而是既需要加强硬件设施建设，也需要加强软件条件改善，既要美化农村生态环境，又要加强农村路水电气网等基础设施建设，更要提高公共服务供给水平。乡风文明迫切需要大力发展农村公共事业，加快发展农村文化教育事业，加强农村公共卫生、基本医疗服务、社会养老保障建设，从而塑造良好和谐的乡风乡俗。

三、发展产业“壮了胆子”

发展产业是乡村振兴的重要抓手，通过对村庄一二三产业之间的融合渗透和交叉重组，实现资源、要素、技术和市场需求等多重要素的整合，促进村庄产业发展方式的转变，调整村庄产业空间布局，进而达到乡村振兴的目标。大理州开展了一系列促进产业发展和一二三产业融合的举措，不仅成为脱贫攻坚中产业扶贫的亮点，同时也为乡村振兴战略的实施打下了一定的根基。

延伸农业产业链和价值链，发展特色高原农业初显成效。2017 年，农业产业化龙头企业销售收入 176.88 亿元、农产品加工业现价总产值 276.42 亿元，分别比 2013 年增 61.9%、62.69%，带动农户 51.9 万户，带动农户增收 31.2 亿元。农业品牌化、标准化建设取得新成效,累计认证“三品一标”农产品 392 个,认证基地面积 483 万亩。“互联网 + ”现代农业取得突破性进展,州级农村电子商务公共服务平台建成运营,电子商务进农村综合示范县建设扎实推进,全州高原特色农产品和农资线上线下融合、“进城”与“下乡”双向流通新格局基本形成,2017 年全州农产品电子商务销售额达 12.29 亿元,同比增长 20.6%。

充分挖掘农业非传统功能,开发“农业 + ”模式初探新路。同时大理州发挥自然环境优势,严格按照“突出重点、合理布局、逐步推进”的要求,编制了《大理白族自治州乡村旅游发展规划(2017—2025)》,规划在全州范围内打造 100 个以上乡村旅游村寨。充分挖掘农业的非传统功能,加快农业资源与旅游、文化、教育等产业的融合,力争形成一系列“农业 + 旅游”“农业 + 教育”的新型支柱产业。全州休闲农业经营主体达 1551 个,从业人数达 2.72 万人,其中农村就业人数 2.3 万人,年接待乡村旅游游客 1617.17 万人次,实现乡村旅游综合收入 44.24 亿元。农村居民人均可支配收入 10525 元、位居全省第 5 位,2013 年以来实现年均递增 13.1%。

四、基层自治“撑了场子”

基层党建不断加强,农村社会和谐稳定。坚持党要管党、从严治党,扎实推进“基层党建推进年”“基层党建提升年”“基层党建巩固年”各项任务落实,乡村干部队伍建设进一步加强,农村基层党组织领导核心地位作用巩固提升,农村基层党组织规范化建设全面推进。村集体经济不断发展壮大,“空壳村”全面消除。深化以村民小组或自然村为基本单元的村民自治试点工作,继续巩固和提升 2014 年以来全州自然村村民自治试点成果,村级自治组织自我管理、自我教育、自我监督作用得到有效发挥,农村客事办理、移风易俗文明新风得到有效推行。农村社会治安综合治理能力稳步提升,社会治安防控体系进一步健全,网格化服务管理全面落实,乡村群防群治和扫黑除恶专项斗争深入推进,矛盾纠纷多元化解机制得到有效落实。

基层党组织人才建设取得一定成效。大理州实施了基层党组织书记选育管用计划,加强了基层党组织带头人队伍建设,选好书记、建强班子。深化了白州党建示范长廊建设,树立了一批立得住、叫得响、推得开的党建示范点,打造了大力党建特色品牌。加强非公有制经济组织和新社会组织党建工作,不断扩大基层党组织覆盖面,进一步发展壮大村级集体经济,增强了基层党组织的创造力、凝聚力和战斗力。

五、乡风文明“树了牌子”

乡风文明建设是乡村振兴的题中应有之义。乡村振兴要坚持“两条腿走路”,一手抓物质文明,一手抓精神文明,不仅“塑形”,更要“铸魂”。为提升全州乡村文明程度,焕发乡村文明新气象,大理州坚持以社会主义核心价值观为引领,全面推进乡风文明建设,培育良好家风、文明乡风、淳朴民风,促进乡村振兴。

充实文化生活“富了脑袋”。推出具有传统地域特色的民俗文化活动,依托乡文化站、村文化活动场所等文化阵地,开展文艺演出、体育健身等活动,让广大群众在文体活动中愉悦身心、受到教育,提升思想情操和文明素质。为困难群众提供电视机,开通广播电视网络,充实农家书屋资源,丰富群众业余生活。

紧抓移风易俗“立了规矩”。推进客事从简。采取政府引导、村民自治的办法,制定下发文件,由乡镇党委政府指导村“两委”完善村规民约、成立村组红白理事会并制定理事会章程,充分发挥农村红白理事会自我管理、自我教育、自我服务的功能;推行农村客事申报备案制度,采取“一事一议”办法,对办客类型、宴请范围、酒席菜谱、酒水饮料等作出严格限制,有效遏制农村大操大办客事现象,提倡勤俭、拒绝铺张、反对浪费的文明新风正逐步形成。

争取创先评优"树了榜样"。弘扬社会正能量。持续推进文明单位创建，加强对文明单位的管理，积极培育并推出道德模范，及时开展优秀榜样评选和宣传活动，评选表彰了"助人为乐模范""见义勇为模范""诚实守信模范""敬业奉献模范""孝老爱亲模范""美德少年模范""关爱环境模范"等。同时，运用新闻媒体、主题公园宣传牌、善行义举榜等多种形式，大力宣传道德模范的先进事迹，形成学习典型、争当先进的浓厚氛围，引导广大群众自觉履行法定义务，承担社会责任、家庭责任。

第四节　乡村振兴的主要挑战

习近平总书记强调："要坚持乡村全面振兴，抓重点、补短板、强弱项，实现乡村产业振兴、人才振兴、文化振兴、生态振兴、组织振兴，推动农业全面升级、农村全面进步、农民全面发展。"①党的十九大报告也对实施乡村振兴战略提出了"产业兴旺、生态宜居、乡风文明、治理有效、生活富裕"②的总要求。纵观大理州在2017年前的实践活动，可以发现全州取得了一定的成绩，为后续乡村振兴战略的实施夯实了基础，但同样也可发现目前的实践与乡村振兴战略提出的要求相比仍有一定的差距。因此，本节将主要介绍在2017年乡村振兴战略提出时，大理州在乡村振兴路径选择、未来发展等方面面临的挑战，具体将从脱贫攻坚、产业发展、生态保护、文化利用和乡村治理五个方面展开。

一、致贫原因复杂，脱贫攻坚遇到阻碍

脱贫攻坚与乡村振兴二者相互支撑、互相协调、整体联动。脱贫攻

---

①《把实施乡村振兴战略摆在优先位置　让乡村振兴成为全党全社会的共同行动》，http://jhsjk.people.cn/article/30129556，2018-07-05。

②《习近平：决胜全面建成小康社会　夺取新时代中国特色社会主义伟大胜利——在中国共产党第十九次全国代表大会上的报告》，http://www.gov.cn/zhuanti/2017-10/27/content_5234876.htm。

坚解决贫困群众基本需求后，乡村振兴才能更注重乡村整体的发展。截至 2017 年，大理州祥云县、宾川县、巍山彝族回族自治县、洱源县、鹤庆县等 5 个县实现了脱贫摘帽，但仍有 6 个贫困县、5 个深度贫困乡镇、153 个深度贫困村，共计 32477 户 111844 人未脱贫，尤其是“直过民族”①地区、云龙县等深度贫困地区贫困发生率偏高、贫困基本面较大，脱贫攻坚的难度更大。

其一表现在基础设施覆盖面小、修建难度大。基础设施是贫困地区提升村民生活幸福指数、发展产业的重要基础。但仍未脱贫的深度贫困地区多处于高原峡谷等地区，础条件薄弱、自然环境恶劣，修建基础设施的成本高、难度大，且原有基础设施基础较弱，加之干旱、洪涝、地震等自然灾害频发，基础设施后期维护的难度大。一是村庄公路网络尚未完善。公路建设技术等级偏低，管护不到位，四级公路及等外公路占全州通车里程的 96%，全州 50 户以上自然村道路未硬化的仍有 4214 个。二是农业水利化程度较低。农田有效灌溉系数低，资源性缺水与工程性缺水并存。饮水安全工程和水质达标改造提升缺乏项目资金的有效支持，农村饮水安全工程供水保证率、水质达标率偏低，少部分村庄用水安全难以充分保障。三是边远地区的电力、通信保障能力有待加强。农村用电质量、信息化建设、视频监控建设相对滞后，已建成的基础设施后续管护缺乏长效机制，导致部分公共设施的有效使用及维护成本较高、难度较大。

其二贫困群众脱贫思想觉悟不高。扶贫的造血能力固然重要，但让贫困地区的群众产生造血动力同样关键。一是贫困地区群众脱贫主动性低。大理州未脱贫地区的部分村、群众未树立脱贫攻坚的积极性和主动性，“等靠要”思想依然严重，受访干部曾说，“当时负责扶贫的一个‘直过民族’贫困村，当地人一到冬天就跟着阳光跑，阳光在哪里人就在哪里

① 直过民族：指新中国成立后未经过民主改革，直接由原始社会跨越到社会主义社会的民族。

躺着，房屋、土地基本不会打理。”二是贫困地区群众参与脱贫的积极性差。在“直过民族”地区、深度贫困地区除老弱病残及生活条件极为艰苦的部分群众，还存在部分脱贫能力匮乏、脱贫志气不坚的群众，甚至有部分贫困户“伸手要好处、张嘴谈条件”，还有部分群众注重眼前利益，拒绝加入村集体产业，甘于长期贫困的生活。

二、工业基础薄弱，产业发展存在堵点

古语有言，“仓廪实而知礼节，衣食足而知荣辱。”①产业振兴是乡村振兴最重要的经济基础，直接关系农业发展、农民增收，关系农村劳动力就业创业，是实现乡村振兴的主抓手。② 乡村产业振兴不单指农业产业的振兴，还包括乡村第二产业、第三产业的协同发展。乡村产业振兴要立足实际，聚焦长远场景，既要注重传统产业的发展，又要注重发展新业态新产业。最终实现乡村产业增效、农民增收、农村增值。从产业发展来看，大理州仍面临艰巨的挑战。

一是三大产业布局协调性仍需考虑。第一产业向后延伸不充分，多以供应原料为主，从产地到餐桌的链条不健全；第二产业连接两头不紧密，农产品精深加工不足，副产物综合利用程度较低，农产品加工转化率较低；第三产业发育不足，农村生产生活服务能力不强，产业融合层次低，乡村价值功能开发不充分，农户和企业之间利益联结不紧密。三大产业融合发展水平不高，农产品加工产值与农业总产值之比为 0.68∶1，农产品精深加工滞后，休闲农业发展不充分，农产品电商新业态处于起步阶段，农户持续增收难。

二是品牌塑造仍需深思。农产品品牌竞争力不强，区域公共品牌少，企业品牌知名度不高，经营主体品牌意识不强，主导特色产业中没有

① 出自《史记·管晏列传》。

②《夯实乡村繁荣的三大基础》，https://baijiahao.baidu.com/s?id=1613943062326509870&wfr=spider&for=pc，2018-10-10。

形成在全省、全国叫得响、有影响的产品品牌。如何立足大理州“1 + 10 + 2”特色产业基础条件和发展优势,打造“绿色食品牌”和“健康生活目的地”成为全州乡村产业振兴亟需破解的难题。农业产业布局和结构有待优化,“一县一业”格局尚未形成,“一村一品”缺乏优势。

三是产业类型、规模平衡性有待斟酌。一些地方的产业较为单一,仍以传统种植业为主,其他产业基础薄弱。即使仅看传统种植业,很多地方在经营模式上也表现出耕作方法陈旧、种植技术落后、机械化程度较低等问题;在经营方式上依然较为粗放,集约化生产程度和水平较低。

四是制约产业发展的各种因素仍需解决。一方面,农村产业发展普遍面临人力资源短缺的难题,既缺少与市场经济要求相适应的经管、营销、电商、金融等人才,也缺少与乡村产业发展相契合的本土实用技术人才;另一方面,有利于产业发展的、较为稳定的资金投入机制尚未建立,金融服务明显不足,农村资源变资产的渠道尚未打通。此外,一些现代农业配套设施用地和乡村新产业新业态用地难以满足,农村土地节约集约利用水平需进一步提升。这些问题都需要采取有针对性的措施加以解决。

三、环保压力突显,生态保护存在难题

洱海保护在一定程度上取得了阶段性的胜利,但总体而言洱海的生态系统仍然比较脆弱。从全世界河流湖泊治理技术中也可看到,高原淡水湖泊的治理难度仍在在生态治理中居于高位。在乡村振兴阶段,洱海的保护治理仍然面临着较为严峻的局势。

首先就是游客数量激增,环保压力巨大。大理一直是全国甚至是全世界的旅游胜地,风景名胜景区数量多,自然环境优美,多民族的文化特性吸引众多游客观光旅游。据不完全统计,大理古城在乡村振兴战略提出的前几年时间内,每天的游客数量超过当地居民人数。双廊古镇面临巨大的人流压力,车位、餐饮等旅游配套设施多次扩充、修建仍难以满足巨大的人流量带来的需求。旅游热潮同样也带来居民向洱海附近集聚。

定居人数逐渐增多、游客数量居高不下给洱海生态保护造成巨大生态保护压力。

其次是全民参与洱海保护的积极仍有待提升。洱海治理保护属于公共事务,虽需要政府的引导作用,但群众的积极参与才能使洱海保护落到实处。对于洱海周边大部分居民来说,仍然停留在“靠山吃山靠水吃水”的观念上,对洱海生态保护的重要性认识不足,行动力不强,自觉心不够高,由此造成全民参与洱海保护的程度仍然较低。

最后是经济发展仍然不足,流域内产业转型升级较慢。大理州地处西南边境少数民族地区的实际情况没有发生变化,经济发展水平仍与全国发达地区甚至是大部分地区有较大的差距。如以全国人均收入水平来作为衡量的标准,大理州的经济发展状况仍处于全国较低水平。经济的欠发达在一定程度上制约着生态治理的投入水平。从另一个角度来看,加速发展工业利于经济水平的提升,但大理州多山的生态环境造成洱海成为工业投资的最佳场所,如宾川建设的工业园区正位于洱海之滨,还有环湖建设的酒店、客栈等旅游配套设施对拉动经济增长有重要作用。如此一来不仅破坏了洱海的生态平衡,对洱海生态保护也造成巨大压力。洱海保护不仅需要资金的投入,更需要转变发展思路,加快流域内产业的升级转型。只有与生态统一平衡的共生产业才能带来洱海生态的持续健康,也能为洱海后续的保护治理提供支撑。

四、创新能力不足,文化利用存在短板

习近平总书记强调:“实现中国梦,是物质文明和精神文明均衡发展、相互促进的结果。没有文明的继承和发展,没有文化的弘扬和繁荣,就没有中国梦的实现。”①现代化与传统性之间存在一定的张力,现代化

---

①《习近平在联合国教科文组织总部发表演讲》,http://jhsjk.people.cn/article/24759332,2014-03-28。

进程的加速推进给民族文化的传承与保护带来巨大压力。在大理州委和州政府支持下,大理各个少数民族的文化传承保护成果丰硕,但是民族地区乡村文化建设与人民群众日益增长的美好生活需要相比仍有较大差距,需要加倍努力。

一是乡村公共服务文化短缺。传统文化保留较好的地区多处于山区与半山区,公共文化事业投资难进入。而且多数地区存在民族文化资源开发利用不足,文化服务水平不足。造成此种情况的原因主要有很多,如基层文化人才队伍不强,人员老化,结构不合理,队伍不稳定;文化站、文化广场等基层公共文化机构分布不平衡,服务水平参差不齐,对群众吸引力不足,经常是"铁将军把门";一些易地扶贫搬迁的民族村寨,因文化传承的空间环境改变,导致民族文化基础被削弱;乡村"老龄化""空心化"问题严重,乡村文化建设主体缺失;非遗传承人大多年龄偏大,随着老传人的离世,很多珍贵的传统文化随之消失;自上而下的民族文化供给单一化,民众的文化需求表达能力欠缺;民族文化艺术作品,尤其是高质量的作品供应不足,难以引起情感共鸣。

二是民族文化产业发展水平不高。首先表现为开发能力不足。由于历史、自然、经济、交通等原因,大理州拥有丰厚的民族文化,但多数群众开发利用优秀民族传统文化的能力有限。其次为开发方式不科学。有的非物质文化遗产被人为移到风景区展演,使非物质文化遗产原有程序被打乱,内容和形式遭到简化,仅具象征性意义,看不到原形;在思想活跃、文化交融、观念碰撞的背景下,一些文化产品开发还存在价值观扭曲、娱乐至上、唯市场化等问题。最后是创新力弱。文化企业缺乏创新的氛围,创新能力不足,产品流于模仿,形式内容滞后于市场需求,使其他人难以领略古朴厚重、神秘深邃的文化内涵;文化产业融资难,存在散、小、弱等问题,这也制约着文化产品的创新。

三是乡村文化日渐式微。乡村振兴中文化振兴是关键之处,大理州在面对乡村劳动力大量外流,尤其是传统生产和生活方式的变革,导致传统乡村文化在变迁中日渐衰落凋敝。乡村面临着青年知识分子出进不平衡,乡村文化传承存在断代的风险,而且乡村“留守妇女”、“留守老人”难以承担宣传和培育乡村传统文化的重任。

五、基层建设滞后,乡村治理遇到瓶颈

一是基层党组织的作用仍需强化。一方面,基层党组织的政治功能和组织功能有待提升,基层党组织凝聚力和战斗力较弱,服务群众的意识、能力和水平仍有待加强。尤其是偏远地区的少数民族聚居区体现较为明显。另一方面,村干部的素质与能力与群众的要求和希望仍有一定的差距,担当意识、作为意识、责任意识不强。还有就是村干部、农村党员年龄偏大、知识水平偏低的情况较为突出。村干部作为乡村振兴的关键力量仍有较大的上升空间。

二是基层工作者的素质有待提升。一方面,由于城市对乡村人才的虹吸效应,乡村人才向城市的流动加剧,造成乡村振兴人才的缺失,留在乡村的人群普遍素质较低,承担村庄基层建设能力不足。另一方面,随着社会治理智能化的普及,乡村治理对信息化、数据化人才需求量增加,但基层人员的经验缺乏、学习成本较高、惰性较强,造成基层工作人员的素质与现代农村社会治理要求有一定的差距。

三是治理水平亟待提升。随着经济水平的提升及城镇化的快速推进,农村的矛盾纠纷日益复杂,村庄传统调解手段和能力影响力降低,化解难度大,影响乡村社会和谐稳定。大理州各市县经济发展不均衡,城乡差距仍然存在,尤其是一些偏远的少数民族地区现代治理各要素有待加强,治理短板较明显,治理水平有上升空间。目前这些制约因素是当地乡村振兴战略实施路上的“拦路虎”。据统计,全州共培育新型职业农民 13906 人,仅占农业总人口的 0.44%。

第三章　乡村振兴的规划部署与政策体系

党的十九大提出实施乡村振兴战略，是以习近平同志为核心的党中央着眼党和国家事业全局，深刻把握现代化建设规律和城乡关系变化特征，顺应亿万农民对美好生活的向往，对“三农”工作作出的重大决策部署，是决胜全面建成小康社会、全面建设社会主义现代化国家的重大历史任务，是新时代做好“三农”工作的总抓手。习近平总书记始终关注大理、心系大理。2015 年 1 月，习近平总书记在大理考察时提出“留得住青山绿水，记得住乡愁”，在这里提出“一定要把洱海保护好”，在这里提出“大家的日子一定会更好”。① 近年来，习近平总书记多次作出重要指示批示，为大理乡村振兴指明了前进方向、赋予了重大使命、提供了根本遵循。此外，自实施乡村振兴战略以来，大理州坚持以习近平新时代中国特色社会主义思想为指导，深入贯彻中央和省委、省政府关于实施乡村振兴战略的决策部署，将实施乡村振兴战略作为全州的“四件大事”之一来抓，着力促进乡村振兴落地见效。

①《云南大理：写好三篇大文章 决战苍洱焕新颜》，https://m.gmw.cn/baijia/2020-05/21/30026601.html，2021-07-23。

第一节　记得住乡愁：习总书记寄语

乡愁，是深切思念家乡的忧伤心情，是人们对过去生活以及故乡的一种独特眷恋。随着乡村的快速发展，文化传承的断层越来越明显，乡村“老龄化”和盲目“城镇化”的现象越来越突出。为了遏制并解决这些问题，习近平总书记曾在多个场合提到“记得住乡愁”。乡愁既能凝聚人心，也能传承文明，可以真正激发农村出身的人才对乡村振兴的认同感、归属感、幸福感。因此，乡愁是实现乡村振兴最深厚的力量，在乡村振兴发展过程中要充分发挥其优势作用。

一、习总书记论乡愁

民族要复兴，乡村必振兴，乡愁是灵魂。在我国工业化和城镇化飞速发展进程中，同质化建设或挥霍式开发，使乡村村庄空心化和乡村精神边缘化，使当前一些城镇发展失去了文化内核、生机活力和发展动力。离开家乡的人们陷入了“逃离和眷恋”家乡的怪圈，外出务工人员身处“进不来城市”和“回不去乡村”的矛盾。在现代化多元观念冲击下，农村情感、传统习俗弱化，金钱至上的价值观念使文化和知识得不到尊重，以致文化断层、知识匮乏、价值扭曲、情感淡漠。因此习近平总书记曾在多个场合强调要始终将“记得住乡愁”这句话牢牢放在心上。

（一）习总书记关于乡愁的总体论述

2013 年 12 月 12 日，习总书记在中央城镇化工作会议上强调：“城镇建设，要实事求是确定城市定位，科学规划和务实行动，避免走弯路；要体现尊重自然、顺应自然、天人合一的理念，依托现有山水脉络等独特风光，让城市融入大自然，让居民望得见山、看得见水、记得住乡愁。”①乡愁

---

① 习近平：《中央城镇化工作会议》，《人民日报》2013 年 12 月 15 日。

是铭记历史的精神坐标，乡愁背后是人与人、人与自然的和谐相处，工业化、城镇化不能割断乡愁。“让居民望得见山、看得见水、记得住乡愁”是强调在城镇化推进的过程中，要注意保留城市原有的地貌风光，要让城市融入大自然，打造出每个城市的特色。虽然有山有水是一个极其简朴的要求，然而要想真正实现却并非易事。随着我国城镇化突飞猛进，许多地方砍树、填湖、盖楼，大量自然山水、乡村田园被蚕食，到处是刺眼的钢筋水泥“森林”，自然风光难觅，青山越来越远，绿水越来越少，乡愁无处寄托。因此，2014 年 3 月，中共中央、国务院发布的《国家新型城镇化规划(2014—2020 年)》指出：“要努力走出一条以人为本、四化同步、优化布局、生态文明、文化传承的中国特色新型城镇化道路。”提出要建设“望得见山、看得见水、记得住乡愁”的美丽乡镇。①

2015 年 10 月，习近平总书记在十八届五中全会上提出：“绿色发展要留得住青山绿水，记得住乡愁。”习总书记这句话，为新农村发展指明了方向，具有深刻含义。“留得住青山绿水”是一种绿色发展理念，就是要保护好农村环境，望得见山，看得见水；“记得住乡愁”是一种思乡的情怀，就是要记住并保护好农村特有的风土人情和乡土文化。青山绿水是核心，牢记乡愁是要求，二者相辅相成。新农村发展既要保护环境又要保护传统，让新农村成为山清水秀的休闲之所，使传统村落成为固守乡愁的精神家园。

（二）习总书记各地调研时的乡愁论述

习近平总书记富有诗人般的情怀，多次说幸福、话乡愁。总书记曾说，“留得住绿水青山，记得住乡愁”，“乡愁是什么意思呢？就是你离开了这个地方会想念这个地方”。自 2013 年以来，习近平总书记曾在多个场合谈及“乡愁”问题，指出地区发展要“记得住乡愁”。

① 中共中央、国务院印发：《国家新型城镇化规划(2014—2020 年)》，《中国县域经济报》2014 年 3 月 20 日。

"记得住乡愁"是乡村建设的题中之义。随着改革开放不断深入,美丽乡村建设已成为当前中国的重大时代课题。2013年7月,习近平总书记在回访湖北鄂州市峒山村时提出,"建设美丽乡村,要为乡亲们造福","望得见山、看得见水、记得住乡愁"。2016年4月,习近平在安徽凤阳县小岗村召开农村改革座谈会时强调:"建设社会主义新农村,要规划先行,遵循乡村自身发展规律,补农村短板,扬农村长处,注意乡土味道,保留乡村风貌,留住田园乡愁。"①因此,在美丽乡村建设中要把农耕文明的优秀遗产和现代文明要素结合起来,并赋予新的时代内涵,让优秀传统文化生生不息,让历史悠久的农耕文明在新时代展现其美丽和风采,让归来的游子找得到乡愁。

"记得住乡愁"是追求幸福的重要桥梁。随着城镇化的深入推进,一大批农村人口涌向城市,他们既无法完全融入城市,又回不去农村。这种"融不进"和"回不去"的状态必然导致乡愁出现缺失,进而影响人们的幸福感。2014年3月,习近平总书记在贵州调研时发现这一问题,当即在第十二届人大二次会议贵州代表团审议政府工作报告会上提出:"一个地方的幸福很重要,要记得住乡愁,比如:小时候爱吃的东西。比如:贵阳的牛肉粉。"②因此,记得住乡愁对于人们追求幸福具有重要意义。

"记得住乡愁"以保护传统为重要前提。传统建筑组群,凝聚着深厚的历史记忆,不仅是人们世代安居的物质载体,也是我国历史文化遗产中的宝贵财富,对其进行保护、发展,意义重大。2015年1月,习近平总书记到访大理古生村时说道:"这里环境整洁,又保持着古朴形态,这样的庭院比西式洋房好,记得住乡愁。"此外,2019年11月,习总书记莅临上海考察时曾强调"要妥善处理好保护和发展的关系,注重延续城市历史文脉,像对待'老人'一样尊重和善待城市中的老建筑,保留城市历史

① 习近平:《放活土地经营权要把选择权交给农民》,《新华日报》2016年4月29日。

② 黄桂花、吴蔚:《总书记带来温暖和感动》,《贵州都市报》2014年3月8日。

文化记忆，让人们记得住历史、记得住乡愁。”①因此，保护传统文化，留住地方特色对于人们“记得住乡愁”具有重要意义。

“记得住乡愁”以不忘初心为坚实基础。2015 年 2 月，习近平莅临陕西考察时曾说：“我人生第一步所学到的都是在梁家河。无论职位多高，我始终惦记着自己是从黄土地走出来的，那里有我记得住的乡愁。”②梁家河村是当年习总书记下乡插队的地方，他在这儿度过了七年难忘的知青岁月。离开梁家河后，习近平时刻关注着这里的发展变化。他先后四次给梁家河村民回信，表达惦念之情，并用“几回回梦里回延安”形容对梁家河的思念。这里的记忆，是他的乡愁。因此，只有不忘初心、热爱家乡，人们才能更好地“记得住乡愁”。

二、乡愁之大理回应

近年来，云南省大理白族自治州大理市始终牢记习近平总书记的殷殷嘱托，始终以“守住青山绿水、留住最美乡愁”为指引，把保护洱海“母亲湖”作为留住乡愁的生命线，将古生村这一州级乡村振兴试点作为唤醒乡愁记忆的实验田，探索出了“乡愁实践”的古生经验。

（一）习总书记的殷切嘱托

2015 年 1 月 20 日，习近平总书记怀着对边疆各族人民的深厚感情和深切牵挂，来到了大理古生村视察调研。上午 10 时许，习近平总书记在相关人员的陪同下，步行穿过村中巷道，同当地干部、群众亲切交流，向他们了解农民生活以及古村落保护情况，并叮嘱大家：“新农村建设一定要走符合农村实际的路子，遵循乡村自身发展规律，充分体现农村特

---

①《习近平年度“金句”之二：让城市留住记忆，让人们记住乡愁》，https://baijiahao.baidu.com//w//2019-12/26/05898004.html。

②《习近平总书记的三重“乡愁”》，https://view.inews.qq.com/w//2016-02/02/05898004.html。

点,注意乡土味道,保留乡村风貌,留得住青山绿水,记得住乡愁。”①

随后,习总书记来到洱海边了解洱海生态保护情况。走上木栈道,他仔细观察着洱海生态湿地,听取洱海保护情况介绍。望着碧波荡漾的一湖清水,习近平总书记欣然与当地干部合影。合影时总书记殷殷嘱托道:“立此存照,过几年再来,希望水更干净清澈。”并叮嘱大家:“经济要发展,但不能以破坏生态环境为代价。生态环境保护是一个长期任务,要久久为功。一定要把洱海保护好,让‘苍山不墨千秋画,洱海无弦万古琴’的自然美景永驻人间。”②

离开洱海边,习总书记又走进了湾桥镇古生村的白家小院,到访大理白族自治州大理市湾桥镇古生村村民李德昌家。他走进厨房,开冰箱、揭锅盖、拧龙头、问生计,平易近人,情真意切。看到李德昌家房子雕梁画栋,院落干净整洁,花木生机勃勃,一家七口“四代同堂”,温馨幸福,他十分高兴地说道:“这里环境整洁,又保持着古朴形态,这样的庭院比西式洋房好,记得住乡愁。”③

最后,习总书记同村民们围坐在院子里,一起亲切拉家常、聊民情、谈生产,村民们争先恐后向总书记讲述农村的变化。总书记听完后十分高兴地说道:“我是第一次来大理,从小就知道苍山洱海,很向往。看到你们的生活,我颇为羡慕,舍不得离开。”此外,他还对村民们说,“党和政府还会不断增加农业农村投入,支持农村建设发展,支持农民增收致富,大家的日子一定会更好!”④为此,云南省委、省政府以及大理州分别对此进行了积极回应。

(二)省委、省政府积极回应总书记殷切嘱托

为把习近平总书记的重要指示要求落到实处,回答好党和人民交给

① 2015 年 1 月,习近平总书记在大理古生村视察洱海时的讲话。

② 同上。

③ 同上。

④ 同上。

的保护洱海、留住乡愁这一时代政治课题，云南省委、省政府深入贯彻落实习近平总书记对云南高原湖泊水环境综合治理的重要指示精神，从对人民负责、对子孙后代负责的高度，坚持科学治理、依法治理、综合治理，打好洱海保护治理这场攻坚战。2017 年，面对洱海保护治理的严峻形势，云南省委、省政府作出了"采取断然措施，开启抢救模式，保护好洱海流域水环境"的决策部署，全面打响了洱海保护治理攻坚战和持久战，力争从根本上治理洱海水污染、修复水生态、改善水环境。

2019 年 8 月，在新中国成立 70 周年省(区、市)系列主题新闻发布会云南专场发布会上，时任云南省委副书记、云南省人民政府省长阮成发在回答记者提问时说道："云南的美真的不是一两句话能够概括得清楚的。云南建设美丽乡村，要让老百姓看得到山、望得见水、记得住乡愁。"[①]2020 年 8 月，阮成发在大理州调研时强调，要深入学习贯彻习近平生态文明思想，认真贯彻落实习近平总书记考察云南重要讲话精神和关于洱海保护治理的重要指示批示精神，坚决扛起生态文明建设的政治责任，坚持以洱海保护治理统筹大理经济社会发展，坚定不移走转型发展之路，全力打造世界级旅游目的地，真正把"绿水青山就是金山银山"的理念落到实处。

2021 年 7 月，云南省委副书记、省长王予波率队莅临大理调研，实地察看了洱海水质，并对洱海生态廊道、环湖截污等工程情况进行检查。在此期间，他强调，要始终牢记习近平总书记殷殷嘱托，落实省委、省政府现场办公会部署要求，建设名副其实的历史文化名城、国际旅游名城、世界一流"绿色食品牌"示范区，树牢大局意识，坚持系统观念，坚定不移保护洱海、保护苍山、保护乡愁，深度挖掘苍洱地区名山、名水、名城、名镇、名村的独特价值，坚持政府引导、市场运作，高起点谋划推进生态生

① 阮成发:《在云南看得到山、望得见水、记得住乡愁》，https://yn.yunnan.cn/system/2019/08/12/030352351.shtml。

活生产融合、一二三产融合的田园综合体建设，统筹推进生态保护、文化传承与大地景观，努力打造生态带文化带发展带有机统一的中国最美乡愁带。

（三）大理州积极回应总书记殷切嘱托

为保护洱海、留住乡愁，大理人民一直在努力。自 2015 年 1 月习近平总书记考察大理以来，大理州委、州政府始终牢记习近平总书记“一定要把洱海保护好”“让‘苍山不墨千秋画，洱海无弦万古琴’的自然美景永驻人间”的殷殷嘱托①，从思想上、决策上、行动上全方位践行习近平生态文明思想和习近平总书记对洱海保护治理重要指示批示精神，全面贯彻落实省委、省政府的决策部署及工作要求，以洱海保护治理统领全州经济社会发展全局，以前所未有的投入力度，坚持标本兼治、系统治理、科学治污、全民参与，洱海水质下滑趋势得到有力遏制，保护治理工作取得阶段性初步成效。

在与中央媒体记者进行座谈交流时，大理州市委书记陈坚同志强调在今后的工作中，大理州一定紧密团结在以习近平同志为核心的党中央周围，在省委、省政府的坚强领导下，坚持绿色发展理念，把生态环境保护融入经济、政治、文化、社会建设各方面和全过程，做生态文明建设的先行者和示范者，谱写大理高质量可持续发展新篇章。州长杨健表示：新中国成立 70 年来，在党中央的关心关怀下，在国家部委和省委、省政府的指导支持下，在广大干部群众的积极参与下，大理州取得了一系列喜人成绩，发生了翻天覆地的变化。目前，洱海保护治理工作仍艰巨繁重，我们不敢有半分懈怠马虎，我们有信心有决心有能力，扎实推进洱海保护治理及流域转型发展的各项工作不断向前，努力实现洱海水质持续向好的工作目标。同时，大理州是云南省脱贫攻坚的主战场，未来大理

① 《牢记总书记嘱托一定要把洱海保护好》，http://m.people.cn/n4/2017/0517/c1420-8963964.html，2019-12-26。

将在基础设施建设、产业发展、民生改善等方面持续发力，把脱贫攻坚与乡村振兴有机衔接，以巩固脱贫成果助推乡村振兴工作，用高质量的脱贫成效，向党中央、国务院，向省委、省政府及全州各族人民交上一份满意的答卷。

2020 年 1 月，习近平总书记再次考察云南，充分肯定洱海保护治理成效，并作出“希望你们守住守好洱海”的谆谆教导。① 2021 年 1 月 22 日，在“回眸‘十三五’奋进新大理”主题新闻发布会上，大理向全世界宣布：“洱海变了！”2021 年 8 月，州委书记杨国宗在以“在乡村振兴中‘记得住乡愁’”为主题的“2021 乡愁中国 · 大理论坛”上提道：“大理是全国唯一的白族自治州，是云南悠久文化的历史根脉、山川风貌的美丽缩影、对外开放的最佳窗口。大理将以此次论坛的举办为契机，充分发挥大理乡愁研究院的作用，积极打造一批更具影响力、更有引领性的‘乡愁大理’样板。”②

第二节　乡村振兴的规划部署

党的十九大提出实施乡村振兴战略，是以习近平同志为核心的党中央着眼党和国家事业全局，深刻把握现代化建设规律和城乡关系变化特征，顺应亿万农民对美好生活的向往，对“三农”工作作出的重大决策部署，是决胜全面建成小康社会、全面建设社会主义现代化国家的重大历史任务，是新时代做好“三农”工作的总抓手。为贯彻落实党的十九大、中央经济工作会议、中央农村工作会议精神和政府工作报告要求，描绘好战略蓝图，强化规划引领，科学有序推动乡村产业、人才、文化、生态和组织振兴，根据《乡村振兴战略规划（2018—2022 年）》，以习近平总书记

① 《洱海更清乡愁更浓——回访云南大理市湾桥镇古生村李德昌家》，https://baijiahao.baidu.com/s? id = 1659743464063456331&wfr = spider&for = pc，2020 - 07 - 28。

② 《“2021 乡愁中国 · 大理论坛”开幕》，https://www.163.com/dy/article/GIM8HR8T0514R9NO.html，2021 - 08 - 30。

关于"三农"工作的重要论述为指导,按照产业兴旺、生态宜居、乡风文明、治理有效、生活富裕的总要求,大理州对实施乡村振兴战略作出阶段性谋划。

一、大理乡村振兴总体思路

2018年实施乡村振兴战略以来,全州上下深入贯彻中央和省、州党委政府关于实施乡村振兴战略的决策部署,将实施乡村振兴战略作为全州的"四件大事"之一来抓,将实施乡村振兴战略作为"三农"工作的总抓手,将脱贫攻坚作为实施乡村振兴战略的优先任务,围绕"搭建机构、开展调研、出台意见、编制规划、启动试点"等工作部署,扎实推进乡村振兴战略开好局起好步,对标全面建成小康社会"三农"工作必须完成的硬任务,有序推进实施乡村振兴战略。

(一) 指导思想

自2018年实施乡村振兴战略以来,大理州始终坚持坚持以习近平新时代中国特色社会主义思想为指导,全面贯彻落实党的十九大和十九届二中、三中、四中、五中全会精神,深入贯彻落实习近平总书记考察云南重要讲话和对大理工作重要指示批示精神,立足新发展阶段、贯彻新发展理念、构建新发展格局,坚持稳中求进工作总基调,坚持加强党对"三农"工作的全面领导,坚持农业农村优先发展,巩固拓展脱贫攻坚成果,巩固和完善农村基本经营制度,深化农业供给侧结构性改革,全力保障粮食安全和重要农产品有效供给,加快农业提质增效,实施乡村建设行动,加强和改进乡村治理,以乡村振兴重点帮扶县建设及乡村振兴"十百千"工程为引领,全面推进乡村振兴,加快由农业大州向农业强州跨越,加快农业农村现代化,加快形成工农互促城乡互补、协调发展、共同繁荣的新型工农城乡关系,促进农业高质高效、乡村宜居宜业、农民富裕富足,着力打造一批更具影响力的"乡愁大理"样板,努力在全省推进乡村振兴中走在前列。

（二）总体规划

随着乡村振兴战略的提出和《国家乡村振兴战略规划（2018—2022）》的出台，2018 年 7 月，州委召开全州乡村振兴工作专题会议，明确由州发展改革委牵头，农办、农业等部门配合，启动《大理州乡村振兴战略规划（2018—2022 年）》编制工作，研究制定《大理州实施乡村振兴战略三年行动计划（2018—2020 年）》。大理州乡村振兴总体规划主要分为九个方面：一是强化党的领导；二是做好试点工作；三是落实任务对接；四是抓牢产业兴旺；五是突出生态宜居；六是提升乡风文明；七是促进治理有效；八是实现生活富裕；九是推进体制改革。

1. 强化党的领导

加强党对“三农”工作全面领导，是当前国家推进乡村振兴的一项重大要求，需要做到以下几点：一是深刻领会和准确把握实施乡村振兴战略的总目标、总要求、总方针，切实加强党对“三农”工作的全面领导，健全党委统一领导、政府负责、党委农村工作部门统筹协调的农村工作领导体制，在全省率先实行“三农”工作暨实施乡村振兴战略责任制，强化州级领导和部门对挂钩县市试点工作的督查指导。二是组织州级相关人员和试点村干部到浙江省台州市等地考察学习，进一步开阔视野、拓宽思路。三是各县市组建试点工作专班，抓好试点方案编制、资源力量整合、项目实施等各项具体工作。同时，强化县市主体责任，采取县市领导牵头专门抓、县级下派干部具体抓、乡村干部蹲点抓、群众参与共同抓的方式推进试点工作。

2. 做好试点工作

做好乡村振兴试点工作，一是充分借鉴社会主义新农村建设和美丽乡村建设的成功经验，按照集聚提升类、城郊融合类、特色保护类、搬迁撤并类四种村庄类型，在全省率先创造性地开展两批次 37 个乡村振兴州级试点建设工作，发挥试点村“排头兵”“侦察兵”“突击队”作用，为全州实施乡村振兴战略积累经验、提供借鉴。二是构建形成州领导小组统筹抓、州乡村振兴办专项抓、州级成员单位合力抓、县市乡村组建专班具体抓的工作格局,形成按月通报州级成员单位支持试点工作情况、县市试点推进情况、州级分析研判召开现场会解决问题的督导机制,以及将推进试点工作情况纳入县市和州级成员单位年度乡村振兴考核指标的考核机制。三是突出以规划为引领,强化试点工作任务和责任落实,抓实州级试点村规划和年度实施方案的编制。围绕“五大振兴”目标,编制试点村项目实施方案。

3. 落实任务对接

落实脱贫攻坚与乡村振兴无缝对接需要做到以下几点:一是压实责任。持续压实“五级书记”抓脱贫的政治责任、行业部门责任、“挂包帮”单位和干部帮扶责任,深入开展“顶在前面、干在难处”专项行动,将各项任务落到实处。二是坚持“两防一抓”。坚持“四不摘”防思想松懈、坚持完善机制防返贫致贫、坚持标准抓巩固提升,对全州县市乡村全覆盖进行了“两防一抓”工作评价,统筹推进脱贫攻坚。三是聚焦重点难点。开展已脱贫人口“回头看”,深化脱贫措施“户户清”行动,全面梳理出“两不愁三保障”问题清单,聚焦深度贫困地区和剩余贫困人口,着力解决突出问题。四是推动脱贫攻坚与乡村振兴有机衔接。探索脱贫攻坚与乡村振兴在组织领导机构、发展规划、项目库建设、资金安排、实绩考核等方面实现有机衔接,推广和应用脱贫攻坚中形成的好经验好做法,充分借鉴脱贫攻坚的工作机制,推动乡村振兴落实显效。

4. 抓牢产业兴旺

在乡村振兴中,产业兴旺是重点。为抓牢产业兴旺,一是以农业供给侧结构性改革为主线,着力构建现代农业产业体系、生产体系、经营体系,围绕打造世界一流“绿色食品牌”,深入推进农业供给侧结构性改革,培植壮大特色优势产业,着力发展“一县一业”“一村一品”,全面提升高原特色农业综合效益和竞争力。二是建立健全打造世界一流“绿色食品牌”工作组织领导机构和推进机制,抓实农业标准化示范园区、示范基地建设。三是加快农村一二三产业融合发展,促使休闲农业和乡村旅游优势进一步彰显。四是牢记习近平总书记“一定要把洱海保护好”的嘱托，以洱海流域为重点，以“三禁四推”为抓手，抓实农业面源污染防治和产业转型发展各项工作，建立生态补偿机制，引导农户和新型农业经营主体积极调增低水肥作物种植，不断扩大洱海流域绿色生态种植面积。

5. 突出生态宜居

生态宜居是关键。为突出生态宜居这个关键，一是强化村庄规划建设管理，严格村庄建设规划许可，在全省率先推行村庄规划建设网格化管理，实现农村土地规划建设专管员全覆盖。二是全面推进农村垃圾污水治理，着力构建城乡生活垃圾焚烧发电、水泥窑协同处置垃圾的跨区域无害化处置格局。三是扎实推进农村“厕所革命”，促进乡镇镇区公厕、行政村村委会所在地公厕、农村无害化卫生户厕的改进。四是大力提升村容村貌，创建省级美丽乡村，保护中国传统村落，促使全州自然村基本达到农村人居环境整治一档村标准。五是积极构建长效机制，推动农村人居环境提升逐步实现制度化、规范化、常态化。结合村规民约的制定，充分发挥群众的主体作用，引导村民自我管理、自我教育、自我提高，促进群众养成共管共享的良好习惯，让维护农村人居环境成为广大农民群众的自觉行动。

6. 提升乡风文明

乡风文明是保障。为提升乡风文明，一是挖掘农村传统道德教育资源，推进社会公德、职业道德、家庭美德、个人品德建设，大力弘扬民族精神和时代精神，引导农民从内心深处拥护党的路线方针政策。二是以移风易俗客事从简为抓手，以“爱心超市”为有效平台，发挥农村党员干部和乡贤群体示范作用，发挥村民议事会、道德评议会等群众自治组织作用，发挥村规民约道德自律作用，抵制陈规陋习，纯正文明新风，注重典型引导，用榜样的力量激发向上向善向美的力量。三是注重培育良好家风，以家风促民风，以民风带乡风，引导人们注重家庭、注重家教、注重家风，提高精神境界、培育文明新风。四是加大对古镇、古村落、古院落、文物古迹的保护力度,以文化结对帮扶方式培育乡土文化本土人才。五是推动公共文化资源向乡村倾斜,加快建设乡镇综合文化站、村级文化服务中心、农家书屋等文化阵地,丰富农民群众精神文化生活。

7. 促进治理有效

治理有效是基础。为筑牢治理有效这个基础,一是强化基层党建工作。深入实施农村"领头雁"培养工程。常态化开展村组干部任职资格联审和村(社区)党组织书记县级备案管理。持续整顿软弱涣散村(社区)党组织,压紧压实各级党组织书记责任。二是继续巩固和提升自然村村民自治试点成果。充分发挥村民理事会和村民监事会的作用,进一步规范完善村规民约,充分发挥村规民约在新时代村民自治和乡村治理中的重要作用,提升村级民主管理和民主监督工作水平。三是加强农村法治建设。深入开展扫黑除恶专项斗争,不断加强农村道路交通安全和农村消防安全管理,突出完善城乡社区防控网、重点人员治安防控网、公共安全视频防控网、信息网络防控网等建设。四是继承和发展新时代"枫桥经验",提高预警预测预防和矛盾纠纷排查化解能力。

8. 实现生活富裕

生活富裕是根本。为实现农民生活富裕,一是保障物质生活,让农民有钱。通过培育农业新产业新业态,促进农村一二三产业融合,提升农业价值链,带动就地就近就业、返乡创业创新成为农民工资性收入增长的重要途径。二是完善基础设施。逐步建立全域覆盖、普惠共享、城乡一体的基础设施服务网络,重点抓好农村交通运输、农田水利、农村饮水、乡村物流、宽带网络等基础设施建设。三是建立城乡教育资源均衡配置机制以及健全乡村医疗卫生服务体系,优先发展农村的教育事业,统筹加强乡村医疗卫生人才和医疗卫生服务设施的建设;四是健全城乡公共文化服务体系,统筹城乡公共文化的设施布局、服务提供、队伍建设,推动文化资源重点向农村倾斜,提高服务的覆盖面和适用性。五是完善统一城乡的社保制度,加快实现各类社会保险标准统一、制度并轨,充分发挥社保对保障人民生活、对调节社会收入分配的重要作用。

9. 推进体制改革

大理州的农村体制改革规划主要有以下几个方面：一是深入推进农村土地制度改革。力争完成农村土地确权登记颁证工作，切实维护农民土地合法权益。大力推进大理市国家级农村土地制度改革三项试点工作，巩固和完善农村基本经营制度，切实保护农民的土地等财产权利，加快经营层面的多元化发展，发展适度规模经营，促进全州流转土地。二是深入推进农村集体产权制度改革。力争全面完成农村集体资产清产核资工作；力争全面完成农村集体经济组织成员身份确认，积极推进股份合作制改革，完成股权量化，成立股份经济合作社，发放股权证，实现股金分红，让农民群众充分享受到改革红利。三是积极推进其他改革。加快推进农业综合行政执法改革顺利推进。持续深化水利、林业、供销合作社等涉农领域各项改革。开展"三农"金融服务改革创新，在全国、全省率先推出经济林木(果)权证核发及抵押贷款、"金果贷"、"金蔬贷"、"蚕农贷"、"生态信贷"等金融服务"三农"改革创新产品，积极推进大理市全国农民住房财产权抵押贷款和剑川县全国农村承包土地经营权抵押贷款试点工作，加快发展地方特色产品保险，扩大政策性农业保险试点范围。

二、大理乡村振兴的工作目标

确立好明确的目标，才能做到有的放矢。为确保大理州乡村振兴战略有效实施，大理州委、州政府根据中共中央的规划部署并结合自身实际制定了大理州乡村振兴需要达到的主要目标，通过这种目标管理法和任务导向制，稳步推进乡村振兴这项战略。

(一) 组建领导机构，集中统一管理

为全面启动实施乡村振兴战略，首先要重点抓好"搭建机构、编制规划"两项工作。一是组建实施乡村振兴战略领导机构。各县(市)要组织

完善实施乡村振兴战略的组织领导保障体制机制,成立强有力的工作推进组或实施乡村振兴战略分指挥部,并参照大理州"三农"工作暨实施乡村振兴战略领导小组和推进小组设置,组建实施乡村振兴战略组织领导机构,全面落实好大理州"三农"工作暨实施乡村振兴战略责任制。二是坚定不移推动集中统一管理。按照优化协同高效原则,进一步完善全州机关事务部门机构设置,优化职能配置,逐步实现机关事务部门事权统一、权责明晰、运行顺畅、保障有力。结合县(市)机关事务工作实际,分类推进集中统一管理,进一步理顺机关事务管理体制,使管理责权更加清晰、管理机制更加完善。

(二)严抓"三农"工作,推动产业发展

为有效推进乡村振兴战略,一是强化实施乡村振兴战略的统筹谋划,坚持稳中求进工作总基调,牢固树立新发展理念,落实好高质量发展的要求,紧紧围绕统筹推进"五位一体"总体布局和协调推进"四个全面"战略布局,坚持把解决好"三农"问题作为全州工作重中之重,进一步加强党对"三农"工作的领导,落实好州县乡抓落实的农村工作机制认真执行大理州"三农"工作暨实施乡村振兴战略责任制,坚持农业农村优先发展政策导向,抓好"三农"工作队伍建设。二是以打造世界一流"绿色食品牌"为引领,抓好"一县一业"示范创建,着力打造"一村一品"专业村,推进农村一二三产业融合发展,持续稳定增加农民收入。

(三)加强乡村建设,做好试点工作

为加强乡村建设,首先,要全面提升农村教育、医疗卫生、社会保障、养老、文化体育等公共服务水平,着力补齐公共服务短板。其次,要加快实施乡村振兴战略规划纲要,推进乡村振兴试点和示范县建设,第一批以 12 个试点乡镇、25 个州级试点村,特别是 5 个州级重点试点村为突破口,坚持因地制宜、一村一策,找准试点定位,理清推进思路,整合各类资源,加快推进工作落实,真正建出"特色"、形成"样板",为实施乡村振兴战略发挥好示范引领作用,将乡村打造成"农村人待得住、城里人喜欢

来”“干干净净、清清爽爽”的农村绿色生活综合体验地。

（四）打赢脱贫攻坚，落实乡村振兴

首先，要坚决打好脱贫攻坚战，落实好脱贫摘帽后马上转入乡村振兴、实现脱贫攻坚和乡村振兴有机结合的要求，进一步巩固脱贫攻坚成果。其次，要建立健全稳定脱贫长效机制，扎实推进防止思想松懈、防止返贫致贫、抓实巩固提升工作，持续改善欠发达地区和其他地区相对贫困人口的发展条件，增强脱贫地区“造血”功能。最后，要做好脱贫攻坚与乡村振兴统筹衔接工作，着力推动脱贫攻坚与乡村振兴有效衔接，保持帮扶政策总体稳定，严格落实“四个不摘”要求，开展巩固拓展脱贫攻坚成果“四个专项行动”，坚决防止发生规模性返贫现象，实现巩固拓展脱贫攻坚成果同乡村振兴有效衔接。

（五）制定远景规划，建设美好大理

大理州预计到 2035 年，乡村振兴取得决定性进展，与全国、全省同步基本实现社会主义现代化。全州经济总量在 2020 年的基础上翻两番，力争达到 6000 亿元，综合经济实力进入全省前列，人均地区生产总值、中等收入群体比重达到全国平均水平。新型工业化、信息化、城镇化、农业现代化基本实现。生态保护、环境质量走在全国前列，苍山洱海一体化保护治理取得决定性进展。社会文明程度达到新高度，教育现代化基本实现，人才发展与经济社会发展相适应、相协调，文化软实力显著增强，健康大理全面建成。民族团结进步事业和平安大理、法治大理建设达到更高水平，基层治理体系和治理能力现代化基本实现。到 2050 年，乡村全面振兴，农业强、农村美、农民富全面实现。

三、大理乡村振兴的主要任务

党的十九大报告提出，实施乡村振兴战略，要坚持农业农村优先发展，按照产业兴旺、生态宜居、乡风文明、治理有效、生活富裕的总要求，全面推进乡村复兴。大理州委、州政府为实现乡村振兴战略目标，坚持以解决“三农”领域突出问题为导向,在聚焦产业、人才、文化、生态、组织“五大振兴”,夯实乡村全面振兴根基的基础上出台《关于实施乡村振兴战略加快推进全州农业农村现代化的意见》,明确提出大理乡村振兴战略的主要任务,标志着大理州即将开启乡村振兴的新征程。

(一)推进产业振兴,牢筑振兴基石

产业振兴是实施乡村振兴的物质基础。为有效推进产业振兴,一是帮助村级抓好各类产业项目规划,打造“一县一业”“一村一品”发展新格局,持续推进项目的组织实施,积极组织发展好特色产业,深入推进产业发展,抓好项目监督,保证帮扶项目公平、公正、公开实施,确保帮扶到点上、帮扶到根上,真正实现产业兴旺。二是着力打造滇西绿色农产品聚集中心、加工中心、重大产业基地与品牌中心、对外辐射中心,将洱海流域建设成为绿色农业生态示范基地,为大理打造世界一流“绿色食品牌”奠定坚实基础。三是加快推进“1+10+2”高原特色现代化产业体系建设,实施产业兴村强县行动,精选优选县域农业主导产业发展,进一步优化产业布局和产业结构,延长产业链、提升价值链。四是积极引进和培育大型企业集团,建设种养业、农产品加工业、观光养生产业和电商及产地营销等高度融合的规模化现代农业产业园区,带动区域经济快速发展。五是提升农业对外开放水平,依托资源优势,着力做强现代中药、生物制药、功能保健品、生态食品、特色农业产品等外向型产业。

(二)推进人才振兴,牢抓振兴关键

人才振兴是实施乡村振兴的关键一招。为抓好人才振兴这一关键,一是充分利用教育部和北京大学、清华大学、复旦大学、上海交大等高校对口帮扶的智力优势培养人才,持续加强同共建涉农院士工作站以及涉农专家工作站合作,引进黄印武、封新城等知名人士助力乡村振兴。二是实施苍洱人才“霞光计划”,鼓励引导高校毕业生回原籍工作,积极扶持其就业创业,进一步畅通智力、技术、管理下乡通道,着力培养造就一支“懂农业、爱农村、爱农民”的“三农”工作队伍。三是继续加大对各类

农业科技教育培训力度，不断增加高素质农民培训人数，利用全国农业远程教育平台完成农技人员知识更新培训。四是充分盘活农村人才资源，注重把有想法、有经验、有办法的优秀人才充分利用起来，积极为其搭建平台，将其培养成为乡村振兴的骨干力量。五是开展职业农民培训教育，培育新型职业农民，真正使他们成为产业发展的“领头雁”、群众脱贫致富的“领路人”。

（三）推进文化振兴，铸造振兴之魂

文化振兴是实施乡村振兴的灵魂。为推动文化振兴，一是在乡村深入开展中国梦和社会主义核心价值观宣传教育，大力弘扬中华民族传统美德，持续开展文明村镇、文明家庭、新时代“十星级文明户”创建活动，不断提高县级及以上文明村和乡镇占比。二是开展移风易俗行动，倡导婚事新办、丧事简办，遏制大操大办、厚葬薄养、人情攀比等陈规陋习，深化农村婚嫁丧事改革。三是根据宾川县金牛镇罗官村入选首批全国村级“乡风文明建设”优秀典型案例，继续抓实文化惠民工程建设，深入挖掘大理丰富的传统技艺类非物质文化遗产，以白族扎染、鹤庆银器、剑川木雕、下关沱茶、刺绣、白族布扎等传统工艺项目为切入点和龙头，培育非遗特色产业，并以举办农民丰收节为契机，形成南涧无量山樱花节等农文旅深度融合的传统文化节日。四是积极推进文化传承建章立制工作，进一步加强立法保护。五是持续加强对农村公共文化服务设备的检查督促，保证设施发挥作用，用科学、健康、向上的思想文化占领基层文化阵地。

（四）推进生态振兴，提供振兴支撑

生态振兴是实施乡村振兴的重要支撑。为推动生态振兴，一是统筹山水林田湖草系统治理，打好碧水、蓝天、净土“三大保卫战”，全力实施洱海保护治理“八大攻坚战”，促进洱海水质稳定向好。二是充分发挥行政村农村土地规划建设专管员全覆盖的优势，严格村庄建设规划许可，抓实农村宅基地联审联管工作。三是多举措推动城乡

人居环境整治。持续推进农村“厕所革命”，抓实农村问题户厕摸排整治工作，切实落实管护制度、管护人员、管护经费，常态化开展公厕管护工作，确保全市农村公厕干净整洁；持续巩固“户清扫、组保洁、村收集、乡镇清运、县市处理”五级联动的农村垃圾治理工作机制，力争实现全州乡镇镇区垃圾处理设施覆盖率达百分百，村庄垃圾有效治理率达百分百；持续推进生活污水处理设施建设，使全州乡镇镇区生活污水处理设施覆盖率进一步提升，实现洱海流域“四水全收”。四是认真学习推广浙江“千万工程”经验，积极开展美丽乡村、美丽庭院创建活动，深入开展爱国卫生“7 个专项行动”，使农村人居环境得到明显提升，群众更加文明健康的生活方式逐步养成，人人争当生态文明建设排头兵。

（五）推进组织振兴，提升振兴保障

组织振兴是实施乡村振兴的根本保障。为推动组织振兴，一是坚持全面从严治党，不断加强农村基层党组织建设，持续推进农村基层党组织规范化建设，扎实整顿软弱涣散基层党组织，推动农村党建全面升级，把农村基层党组织建成坚强战斗堡垒。二是优选配强村党组织书记，加强农业农村干部的培养、配备、使用，精准选配和管好用好第一书记、驻村扶贫工作队，培养储备农村基层党员干部后备力量，加大在优秀青年农民中发展党员力度，做好农村“领头雁”培养工程。三是持续加强村民小组活动场所建设、管理和使用，实现全面巩固提升，深入实施村级集体经济强村工程，发展壮大薄弱村集体经济，拓宽群众增收致富渠道。四是加强和规范村务监督工作，不断健全领导有力、权责清晰、衔接配套、运转有效的村务监督机制，保证重大事项按“四议两公开”程序开展。五是深入推进基层党建与脱贫攻坚、民族团结进步“双推进”，持续深化“顶在前面、干在难处”专项行动，积极推广“党支部 + 龙头企业 + 贫困户”等脱贫攻坚工作模式，推进世界少数民族特色示范村建设。

第三节　乡村振兴的政策体系

党的十九大以来，乡村振兴成为“三农”工作的主抓手，是实现“两个一百年”奋斗目标和促进农民农村共同富裕的又一个重要政策保障。近年来，有关乡村振兴的法律法规陆续颁布实施，为实现农业农村现代化，促进共同富裕取得实质性进展创造了必要条件。2018 年 1 月 2 日，《中共中央国务院关于实施乡村振兴战略的意见》开始实施。同年 9 月，中共中央、国务院印发《乡村振兴战略规划（2018—2022 年）》，并要求各地区各部门结合实际认真贯彻落实。自 2021 年 6 月 1 日起，《中华人民共和国乡村振兴促进法》正式施行。至此，乡村振兴战略的顶层设计基本完成。

为有效推进乡村振兴，大理州深入贯彻落实党中央、国务院和省委、省政府关于推进实施乡村振兴战略的部署要求，为进一步摸清现状、找准短板、理清思路、完善对策措施以及扎实推进试点、修改完善大理州贯彻意见和启动乡村振兴战略规划、实现脱贫攻坚与乡村振兴无缝对接等开展了深入调研，在产业、人才、生态、文化以及组织方面探索出了一系列富有针对性的政策文件，并根据政策施行情况不断构建完善实施乡村振兴战略政策体系，真正做到了“政为民所施，策为民所谋”，用实际行动践行群众路线，全心全意为人民谋发展，谋幸福。

一、构建产业政策体系

在乡村振兴中，产业振兴是基础。为构建独有的大理产业政策体系，大理州人民政府主要从以下几个方面作出努力。

一是为进一步贯彻落实省委、省人民政府关于加快构建现代化产业体系的决策部署，大理州人民政府结合实际，相继出台了《中共大理州委大理州人民政府关于加快构建现代产业体系的实施意见》《大理州产业发展“双百”工程工作方案》，为加快构建产业新体系，优化空间新格局、增强发展新动能，推动区域经济高质量可持续发展。

二是为有效促进加快推动一二三产业融合发展，州政府根据《云南省人民政府办公厅关于推进农村一二三产业融合发展的实施意见》(云政办发〔2016〕111号)精神，结合大理实际，制定《大理白族自治州人民政府办公室关于推进农村一二三产业融合发展的实施意见》(大政办发〔2016〕99号)，着力构建高原特色现代农业与二三产业交叉融合的现代产业体系，为全州农村经济持续健康发展和与全省全国同步全面建成小康社会提供重要支撑。

三是为加大生态农业发展力度，着力打造世界一流“绿色食品牌”，大理州深入贯彻党中央、国务院及省委、省政府关于推进数字经济及新型基础设施建设的决策部署，相继出台《中共大理州委办公室大理州人民政府办公室关于开展洱海流域农业面源污染综合防治打造“洱海绿色食品牌”三年行动计划(2018—2020年)》(大办发〔2018〕33号)《中共大理州委办公室大理州人民政府办公室关于创新体制机制推进农业绿色发展的实施意见》(大办发〔2019〕66号)《大理白族自治州人民政府关于打造世界一流“绿色食品牌”的实施意见》(大政发〔2019〕22号)等一系列政策，使“绿色”真正成为大理市农业农村的亮丽底色。

二、构建人才政策体系

在乡村振兴中，人才振兴是关键。如果没有人才的支撑，乡村振兴只能是一句空话。为进一步吸引外来投资和人才参与大理滇西中心城市建设，引进一批能够突破关键技术、发展高新技术产业、带动新兴学科的科技创新创业领军人才，进一步激发人才创新创业活力，大理州主要从以下两方面着手构建人才政策体系。

一是为加强人才外引内培，强化人才服务保障，释放人才政策红利，州政府根据大理实际相继研究编制《大理州“校地合作”项目清单》《大理市人民政府关于促进外来投资及人才引进的户籍管理暂行办法》《关于创新体制机制加强人才工作的实施意见》《中共大理州委大理州人民政府关于创新体制机制加强人才工作的实施意见》《大理州人才引进办法(试行)》(大办发〔2015〕31号)等一系列文件,为全州人才发展提供全方位服务保障,为实现高质量发展提供强大人才引擎。

二是为完善乡村人才引进、培育、评价、激励机制,大理州根据国家和省州有关法律法规和政策,结合大理市经济社会发展的实际需要及综合承受能力,相继出台《关于实施苍洱人才"霞光计划"推动新时代大理高质量可持续发展意见》《关于开展2016年全州柔性引进人才需求调查及现有柔性引进人才信息统计工作的通知》《苍洱人才"霞光计划"校园工程实施方案》以及其他29个配套文件,从强化重点人才培养、引进急需紧缺人才、创新人才激励、引导人才合理流动、改革人才评价机制、改善高层次人才待遇、提升人才服务水平等方面,充分发挥大理作为全省"柔性引进高层次人才基地"的优势,以求贤若渴的态度和决心,持续加大人才引进和培养力度,不断改善人才服务环境,健全完善人才政策体系,真正做到爱才、引才、聚才、优才、留才,让更多人才在大理施展才华、成就事业,真正让大理成为聚集各类人才的洼地、干事创业的热土。

三、构建生态政策体系

在乡村振兴中,生态振兴是保障。良好生态环境是农村最大优势和宝贵财富,实施乡村振兴战略,要坚持人与自然和谐共生,走乡村绿色发展之路,让良好生态成为乡村振兴支撑点。因此,为有效构建生态政策体系,大理州政府主要从以下两个方面构建生态政策体系。

一是为进一步保护和改善乡村人居环境,推进生态文明建设,州委、州政府根据《中华人民共和国环境保护法》以及《中华人民共和国固体废物污染环境防治法》等法律法规,结合自治州实际,相继制定了《云南省大理白族自治州村庄规划建设管理条例》《大理白族自治州乡村清洁条例》《大理州农村人居环境整治三年行动实施办法(2018—2020年)》《大理州“厕所革命”三年行动实施方案(2018—2020年)》《关于深入学习浙江“千村示范、万村整治”工程经验扎实推进农村人居环境整治工作的通知》《大理州农村人居环境整治技术导则》《大理州农村厕所改造建设技术指南》《大理州城乡“两污”治理及城市黑臭水体治理攻坚战作战方案》以及《加快推进大理州农村生活污水治理的实施意见》等一系列政策措施,不断促进大理生态政策体系完善。

二是大理州始终牢记习近平总书记“一定要把洱海保护好”的嘱托,为保护生态环境,研究制定了《洱海流域农作物绿色生态种植合同制管理办法》《云南省大理白族自治州洱海保护管理条例(修订)》《云南省大理白族自治州苍山保护管理条例》《云南省大理白族自治州湿地保护条例》《云南省大理白族自治州水资源保护管理条例》,深入推进洱海保护治理及转型发展工作,以久久为功的定力、韧劲和决心,坚决打赢洱海保护治理攻坚战和持久战,确保洱海水质稳定并持续向好。经过积极全力争取,《云南省洱海流域水环境综合治理与可持续发展规划》获国家发改委批准,实现了争取国家支持的重大突破,并启动《洱海流域空间规划》《洱海流域分区保护管理规划》《洱海生态圈建设方案》编制工作,水岸线、绿化线、禁建线“三线”划定工作稳步推进。

四、构建文化政策体系

在乡村振兴中,文化振兴是灵魂。文化振兴不仅为乡村振兴提供精神支撑,还引导着乡村振兴的正确航向,是构建乡村振兴目标之根本。因此,为促进文化振兴,大理州主要从以下两个方面为突破口,着力构建大理所独有的文化政策体系。

一是为加强国家级大理历史文化名城的保护和管理,传承中华民族优秀历史文化遗产,促进历史文化名城保护与经济社会协调发展,大理州根据《中华人民共和国文物保护法》《中华人民共和国城市规划法》《历史文化名城名镇名村保护条例》及有关法律法规的规定，结合实际，相继研究制定了《云南省大理白族自治州大理历史文化名城保护条例》《大理白族自治州非物质文化遗产保护条例》等政策措施，并以此为契机，加大保护工作力度，注重优秀文化传承，合理利用文化资源，高度重视人才培养，扎实做好非物质文化遗产保护各项工作，促进大理文化事业全面繁荣和文化产业快速发展，抓好学习宣传，认真组织实施，强化监督检查，在全州营造保护传承非物质文化遗产的良好氛围。

二是为深入持续抓好移风易俗、客事从简工作，倡导婚事新办、丧事简办、其他客事精简，全面贯彻落实好省纪委、省监委《关于规范农村操办婚丧喜庆事宜的通知》精神，大理州相继制定《红白理事会章程》《大理州民政局关于进一步提升移风易俗群众满意度的通知》《大理州民政局关于进一步提升移风易俗群众满意度的通知》，充分利用广播、电视、报纸、网络等各类媒体，采取发放倡议书、张贴宣传标语、发送手机短信、播放公益宣传片、专题专栏等形式，加大移风易俗宣传力度，大力倡导厚养薄葬、文明节俭办丧事、节地生态安葬、文明低碳祭扫和婚事新办理念，引导广大群众进一步提高认识，自觉抵制婚丧陋俗。重视发挥基层群众性自治实践的积极作用，协同有关方面指导村（社区）规范建立红白理事会等类似自治组织，完善红白理事会有关制度和村规民约（居民公约），组织做好红白理事会工作。切实把治理城乡基层特别是农村大操大办婚丧事、滥办酒席等摆上重要日程，作为一项长期的工作任务抓好抓实。

五、构建组织政策体系

在乡村振兴中，组织振兴是目标。乡村振兴战略是一个涉及城乡协调发展、经济生态文化协调发展、多元主体协调发展这样一个多层次、多主体、多目标的发展战略和系统工程，难点领域多，面临挑战较大。如果没有一个坚强的领导核心和组织全面振兴作为保障，这一系统性工程很难全方位顺利推进。因此，为有效实现大理组织振兴，州委、州政府主要从以下两个方面着力构建组织政策体系。

一是为坚持党要管党、全面从严治党的方针，层层压实管党治党主体责任，大理州政府结合当地实际相继制定出台了《中共大理州委关于贯彻落实党的十八届六中全会精神深入推进全面从严治党的意见》《大理州驻村第一书记抓基层党建工作考核办法(试行)》《关于下派2021年度重点乡村驻村第一书记和工作队员的的通知》(大组通〔2021〕19号)以及《关于进一步关心关爱和严格管理驻村第一书记和工作队员的通知》等政策措施，为深入推进“两学一做”学习教育常态化制度化，严明政治纪律，严肃党内政治生活，严格执行民主集中制，从严抓实巡视整改，重构风清气正的政治生态奠定坚实基础。

二是为建全完善明责、谈责、述责、督责、考责、追责工作机制，一级抓一级，层层抓落实，推动责任落实落细，使“两个责任”在全州落地生根，州委、州政府先后出台修订《大理州贯彻落实〈建立健全惩治和预防腐败体系2013—2017年工作规划〉实施意见》《关于实行党风廉政建设责任制的实施办法》《大理州加强基层党风廉政建设实施意见》《大理州扶贫领域监督执纪问责工作实施方案》等政策，坚持把纪律和规矩挺在前面，出台党员干部勤政廉政谈话制度，推进党员干部勤政廉政谈话工作规范化、制度化，进一步强化了领导干部抓党风廉政建设的政治责任，促使领导干部时时自我审视、自我约束，紧紧扭住中央八项规定精神和省州党委实施办法、作风建设有关规定落实不放松，不断增强拒腐防变能力。

第四节　乡村振兴的主要抓手

2018年以来，大理州积极响应党中央、国务院和省委、省政府关于推进实施乡村振兴战略的号召，将乡村振兴作为全州的“四件大事”之一抓紧抓实。当前，全州主要以开展乡村振兴州级试点工作、统筹苍洱一体化保护、推进高原特色农业现代化、巩固脱贫攻坚成果与乡村振兴相衔接以及打造中国最美乡愁带这五个方面为抓手，竭力推进乡村振兴战略。

一、开展乡村振兴州级试点工作

为探索具有大理特色的乡村振兴之路，大理州围绕打造“农村人待得住、城里人喜欢来”“干干净净、清清爽爽”的农村绿色生活综合体验地这一目标，选择37个村在全省率先开展乡村振兴州级试点工作，按照集聚提升、特色保护、城郊融合、撤并搬迁四个类别分类推进，构建形成了州领导小组统筹抓、州乡村振兴办专项抓、州级成员单位合力抓、县市乡村组建专班具体抓的工作格局，形成了按月通报州级成员单位支持试点工作情况、县市试点推进情况、州级分析研判召开现场会解决问题的督导机制，以及将推进试点工作情况纳入县市和州级成员单位年度乡村振兴考核指标的考核机制。

截至2020年，37个试点村累计完成项目投资17.75亿元。通过开展三年乡村振兴州级试点工作，初步探索总结形成了大理市古生村“活化乡愁”、漾濞县鸡茨坪村“五五模式”、洱源县佛堂村“农文旅融合”等经验。州级试点村中，有18个村被认定为州级以上“一村一品”专业村，乡村旅游、休闲农业等发展迅速，18个村创建为州级以上美丽村庄。大理市古生村大力弘扬“乡愁”文化，打造“望得见山、看得见水、记得住乡愁”的美丽幸福乡村，入选第一批全国乡村振兴典型案例。将试点村作为农村集体产权制度改革州级先行试点，率先完成改革任务，试点村全部完善形成务实管用的村规民约，并将喜事新办、丧事简办、厚养薄葬等纳入村规民约，以“爱心超市”为有效平台，扎实推进乡风文明，宾川县金牛镇罗官村入选首批全国村级“乡风文明建设”优秀典型案例，漾濞县光明村、鹤庆县西邑村入选全国乡村治理示范村。2020年试点村农村常住居民人均可支配收入绝对值和增幅均超过所在县市平均水平。

二、统筹苍洱一体化保护

"一定要把洱海保护好，让'苍山不墨千秋画，洱海无弦万古琴'的自然美景永驻人间。"这是2015年1月20日，习近平总书记在大理古生村了解洱海生态保护情况时的殷殷叮嘱，是对大理人民建设美丽幸福和谐宜居家园环境，共享生态文明成果的激励和鞭策。为积极响应习近平总书记的号召，2021年3月，大理州在云南省委、省政府现场办公会上提出了"苍山洱海一体化保护治理"的目标任务，由苍山洱海国家级自然保护区管理局立项，委托大理大学农学与生物科学学院实施"云南苍山洱海国家级自然保护区综合科学考察项目"。

在对苍山洱海的保护治理上，大理白族自治州政协始终以高度的政治责任感、使命感，以等不起、坐不住、慢不得的紧迫感，克服各种困难，发扬"连续作战，不达目的不罢休"的精神，不断鼓足干劲、持续加力、艰苦奋战，动员一切力量，坚决按照习近平总书记的重要指示精神，按照省委、省政府的安排部署和州委、州政府的相关要求，以对大理人民负责、对大理未来负责、对子孙后代负责的高度自觉，充分发挥政协组织智力密集、人才荟萃的优势，主动作为，协商有为，坚决打好打赢苍山洱海保护治理攻坚战、大会战、持久战，以实际行动践行"绿水青山就是金山银山"的理念，致力于建设巩固共享生态文明成果，让苍山洱海变得更加美丽动人，让大理的悠久历史、民族文化、人文风情、风光景致底蕴更加丰富，特色更加鲜明，魅力更加诱人，绽放出更加绚丽夺目的光彩。

三、推进高原特色农业现代化

2021年3月26日，云南省委、省政府在召开大理现场办公会时强调："要走一条以绿色为底色的高质量发展之路。"大理州各级领导干部深切感受到省委、省政府对大理所寄予的厚望深受感动、倍受鼓舞，纷纷表示将认真学习领会阮成发书记和王予波省长的讲话精神，深刻认识大理在全国、全省发展大局中的突出特点和地位作用，紧紧围绕把大理打造成为名副其实的历史文化名城、国际旅游名城以及世界一流"绿色食品牌"示范区，走出一条以绿色为底色的高质量发展之路。为此，大理州主要从以下几个方面着手：

一是要发展绿色有机农业，推进产业生态化。在洱海流域继续实施高标准农田建设，调整修复沟渠灌溉体系，实现农业灌溉节水减排，建设绿色有机种植示范区。二是要推进农业设施化、有机化、数字化。聚焦重点产业，大力提升农业设施化水平；聚焦精深加工，建立一批集优势产业生产和加工于一体的产业集聚带；聚焦冷链物流发力，完善县、乡、村三级农村物流共同配送体系。推进产业县域科学布局和差别竞争，让有机化成为农业发展的鲜明标签。加快数字技术在农业生产领域的应用，让数字化成为农业发展的强大引擎。三是要打造世界级绿色食品产业。依托现有产业基础和品牌，按照"大产业＋新主体＋新平台"思路，加快培育引进龙头企业，形成一批在全国乃至全世界有影响力的绿色食品名牌产品；立足特色农产品，加强精加工，叠加旅游业，加快打造一批田园综合体、乡村振兴示范园，形成一二三产业融合发展的新格局。四是要全面实施乡村振兴战略，围绕打造世界一流"绿色食品牌"实施"一二三"行动，抓紧抓好粮食安全和农副产品供给，提升粮食综合生产能力；抓紧建立"一平台、三机制"，推进脱贫攻坚与乡村振兴有效衔接。力争"十四五"末农业综合产值达到 3000 亿元左右，农产品加工产值与农业总产值比例达到 2∶1，加快从农业大州转变为农业强州，在乡村振兴上走在全省前列。

四、巩固脱贫攻坚成果与乡村振兴有效衔接

"脱贫摘帽不是终点，而是新生活、新奋斗的起点。"2021 年以来，大理州深入学习贯彻党中央、国务院和省委、省政府关于巩固拓展脱贫攻

坚成果同乡村振兴有效衔接安排部署,坚持把巩固拓展脱贫攻坚成果摆在压倒性位置来抓,一手抓脱贫攻坚成果巩固,一手抓乡村振兴有效衔接,创新实施“三项举措”压实责任,着力构建“五个一措施”强化监测,推动脱贫攻坚政策举措和工作体系向乡村振兴平稳过渡,全面巩固拓展脱贫攻坚成果,确保脱贫基础更加稳固、成效更可持续。

“十三五”期间,大理州聚焦“两不愁三保障”,扎实推进脱贫攻坚各项工作,全市 1 个贫困乡、11 个贫困村,4279 户计 16054 人全部高质量达到脱贫退出标准,绝对贫困人口全面消除,决战决胜脱贫攻坚圆满收官。当前,州委全会提出“要高度重视农业农村工作,巩固拓展脱贫攻坚成果,全面推进乡村振兴,加快农业农村现代化建设”。这也是“十四五”时期大理州“三农”工作的主题和主线。做好新时期农业农村工作,一方面要保持政策措施的总体稳定,严格落实好“脱贫不摘责任、不摘帮扶、不摘监管”。另一方面是扎实做好贫困地区的后续帮扶工作,做好扶贫救助平台建设、产业帮扶全覆盖机制建设、壮大村级集体经济帮扶机制建设和扶志扶智机制建设,完善和落实返贫致贫监测机制和帮扶措施。持续聚焦易返贫人群和易致贫边缘户,持续开展贫困对象动态管理,做到“及时发现、应纳尽纳、应扶尽扶”。

五、打造中国最美乡愁带

大理州,地处云贵高原上的苍山之麓、洱海之滨,是古代南诏国和大理国的都城,作为古代云南地区的政治经济以及文化中心,大理州有着丰厚的“乡愁”文化资源。近年来,为响应习近平总书记的号召,推动乡村振兴,州政府以“乡愁”文化为抓手,提出打造让“农村人待得住、城里人喜欢来”的大理乡愁味,为此,大理州主要从以下几个方面着手:

一是着力创建大理洱海海西国家级乡村振兴示范园。围绕打造“世界级田园综合体、国家级乡村振兴示范园”以及将海西片区创建成为全国乡村振兴示范样板、“中国最美乡愁带”等要求,启动海西“风花雪月大家园、乡愁中国新画卷”国家级乡村振兴示范园创建工作，重点推进乡村产业振兴、人才振兴、文化振兴、生态振兴、组织振兴和乡村建设“六大工程、三十项行动”。二是着力开展“乡愁·大理”文化交流。组织召开座谈会，深入探讨“乡愁·大理”的丰富文化内涵，为建设“留得住绿水青山，记得住乡愁”的美丽幸福新大理提供重要参考。三是着力创办乡愁研究院。由大理州人民政府、华中师范大学、大理大学三方共同发起筹建了“大理乡愁研究院”，突出研究阐释“乡愁”深刻内涵，深化“乡愁”理论体系，就乡村振兴等领域开展科学研究和人才培养，努力建设具有鲜明特色的乡村发展和理论研究机构，向世界讲述“中国乡愁实践”的“大理路径”。四是着力规划建设古生乡愁小镇。以生态文明建设为前提，以乡愁体验为特色，规划打造集研学教育、生态观光、文化体验、绿色生活、红色精神传承等功能于一体的全国首个乡愁文化特色小镇。

第四章　乡村振兴之基：巩固拓展脱贫攻坚成果

2021年2月25日，习近平总书记在全国脱贫攻坚总结表彰大会上指出："脱贫攻坚战的全面胜利，标志着我们党在团结带领人民创造美好生活、实现共同富裕的道路上迈出了坚实的一大步。同时，脱贫摘帽不是终点，而是新生活、新奋斗的起点。"①虽然我们完成了消除绝对贫困的艰巨任务，但也要看到，解决发展不平衡不充分问题、缩小城乡区域发展差距、实现人的全面发展和全体人民共同富裕仍然任重道远。习近平总书记强调："在向第二个百年奋斗目标迈进的历史关口，巩固和拓展脱贫攻坚成果，全面推进乡村振兴，加快农业农村现代化，是需要全党高度重视的一个关系大局的重大问题。"进入新发展阶段，全面推进乡村振兴，必须确保巩固拓展脱贫攻坚成果与之有效衔接。大理州聚焦防风险，准确预判风险点，落实好防止返贫致贫动态监测和帮扶风险机制，着力防止返贫致贫，坚决守住不发生返贫的底线。聚焦固成果，从思想、人员、工作、帮扶、体制机制等方面，着力促进巩固拓展脱贫攻坚成果同乡村振兴有序有力有效衔接。

---

① 习近平总书记在全国脱贫攻坚总结表彰大会上的讲话。

第一节　固本培元：建立健全巩固脱贫攻坚成果长效机制

2020年，大理州11个贫困县全部脱贫摘帽，34个贫困乡镇、541个贫困村已全部脱贫退出，脱贫攻坚任务圆满完成。现阶段的首要任务是巩固拓展脱贫攻坚成果，以实现与乡村振兴的有效衔接。大理州严格落实“四不摘”要求，保持过渡期主要帮扶政策、帮扶措施、投入资金的稳定性和连续性；强化监测，及时研判，加强帮扶，严格落实防止返贫“三项”机制；紧紧围绕“两不愁三保障”和饮水安全的目标标准，持续开展大走访、大排查，确保教育、医疗、社会保障兜底等政策到村到户到人，确保脱贫成果经得起时间的检验。

一、防微杜渐：健全防止返贫动态监测和帮扶机制

健全防止返贫动态监测和帮扶机制是从制度上预防和解决返贫问题、巩固拓展脱贫攻坚成果的有效举措。大理州创新实施具有大理特色的风险预警机制、快速反应机制、责任追溯机制，成立12个州级专项督导组，实行“一月一排查、一核查，双月一督导、一调度、一通报”机制，压实工作责任，做到早发现、早干预、早帮扶。

（一）风险预警机制

第一，大理州以家庭为单位对现有建档立卡脱贫户和非建档立卡农业户籍农村常住人口中重点人群进行监测并及时有效预警，将存在返贫风险的脱贫不稳定户、存在致贫风险的边缘易致贫户，以及因病因灾因意外事故等刚性支出较大、收入大幅缩减导致基本生活出现严重困难户，纳入防止返贫动态监测对象。

第二，线上预警。以县市为主体，充分运用全省统一搭建的“政府救助”平台，密切关注其他网络舆情，对农村低收入群体提出的“两不愁三保障”方面诉求，第一时间受理，第一时间核查，第一时间研判，符合条件

的及时进行帮扶,及时消除风险隐患。

第三,线下预警。主动排查核查,主动发现预警信息,以县市为单位,实行一月一排查、一月一核查,通过农户申报、乡村干部走访排查、相关行业部门筛查预警等多种途径,将符合条件的农户及时纳入监测范围,实行动态管理。农户因病、因学、因灾、因意外事故等特殊原因导致人均可支配收入低于国家扶贫标准 1.5 倍左右(6000 元),“两不愁三保障”得不到有效保障,可以向村委会申报。乡(镇)、村两级和驻村工作队负责畅通群众反映渠道,负责日常监测。每月 15 日前乡(镇)、村两级组织驻村工作队员、村组干部等工作力量开展排查核查,第一时间掌握因病、因灾、因学等导致返贫致贫风险户信息,及时提出预警风险,并上报县级扶贫部门。

(二)快速反应机制

第一时间受理预警信息。乡(镇)、村两级对主动排查发现、群众线上反映、行业部门反馈的预警信息,原则上要在当天及时受理,并做好受理台账,安排专人进行处置。对群众信访反映的问题,要全部受理,建立台账,挂账销号。

第一时间分析研判。对各类预警信息,州级扶贫及有关行业部门及时开展线上信息比对核实,最迟在 3 个工作日内将信息比对情况反馈至县市扶贫部门和对口行业部门。县市扶贫部门和相关行业部门要及时进行县级比对核实,最迟在 2 个工作日内将核准信息反馈至乡镇和村。

第一时间开展核查。乡镇和村收到州县反馈的核准信息后,尽快组织乡村干部和驻村工作队员,最迟在 3 个工作日内开展入户核查工作。对主动排查发现的预警户,要在排查当天完成入户核查工作。

第一时间进行帮扶。对经信息比对核实和入户核查,符合帮扶政策的帮扶对象,县市扶贫部门第一时间将相关信息及时录入全国防止返贫监测信息系统。乡(镇)、村两级和驻村工作队要认真分析返贫致贫风险,按照风险成因“一户一策”“一事一策”研究制定风险处置方案,制定“一户一方案”的帮扶措施,要建立帮扶台账,明确帮扶责任单位和责任人。

（三）责任追溯机制

第一,划分州级、县级、乡镇和村级四级责任人。州级成立12个专项督导小组,采取“四不两直”方式,实行“双月一督导”,把县、乡、村各级责任落实情况作为督导的重要内容,对发现责任不落实的及时通报、责令整改。将防止返贫致贫监测帮扶工作作为各级各部门巩固拓展脱贫攻坚成果考核的重点内容,纳入年度乡村振兴工作一并考核,考核结果在全州进行通报,并作为领导班子和领导干部实绩考核评价的参考依据。

第二,对在“调度”“督导”“通报”中存在问题较多且整改落实不到位的县市和相关行业部门,由州委、州政府分管领导约谈县市和行业部门分管领导。连续两次存在问题较多且整改落实不到位的县市和相关行业部门,由州委、州人民政府主要领导约谈县市和行业部门主要领导。对防止返贫致贫动态监测和帮扶工作不重视、责任落实不到位,同一个问题连续通报3次以上未整改或整改不彻底的,按规定作为问题线索规范移送纪检监察机关和组织部门,追究相关责任单位和责任人责任,给予严肃的组织处理。

第三,对涉及“两不愁三保障”和饮水安全问题群众申诉未进行实地核查、未及时上报、应帮未帮,被省级以上通报批评或媒体曝光并核查属实的,按照干部管理权限严肃追究相关责任人责任。在责任追究中,同时追究属地责任、行业部门责任和帮扶部门责任。责任追究不受领导班子换届、工作调整等因素影响,实行责任追溯。

二、夯实基础:多举措巩固“两不愁三保障”成果

脱贫攻坚战胜利收官,在实现脱贫攻坚到乡村振兴的有效衔接的过程中,从建立健全长效机制方面,对巩固拓展脱贫攻坚成果进行部署,坚决守住不发生规模性返贫。习近平总书记强调,对退出的贫困县、贫困

村、贫困人口，要保持现有帮扶政策总体稳定，扶上马送一程。[1] 可以考虑设个过渡期，过渡期内，要严格落实摘帽不摘责任、摘帽不摘政策、摘帽不摘帮扶、摘帽不摘监管的要求，主要政策措施不能急刹车，驻村工作队不能撤，现有帮扶政策该延续的延续、该优化的优化、该调整的调整，确保政策连续性。2020 年全面取得脱贫攻坚胜利之后，乡村振兴的首要工作任务依旧是巩固脱贫成效，而巩固“两不愁三保障”成果，是重中之重。为此，大理州划分任务，明确责任，保障措施。

一是由州农业农村局牵头，各县、乡(镇)具体负责，在稳定本地区支柱产业的同时，进一步提升产业组织化、专业化、市场化水平，不断壮大新型经营主体，完善产业增收带贫机制，将监测对象带入大市场，确保稳定巩固脱贫成果的产业基石；加大扶贫小额信贷政策宣传力度，对具备发展产业条件的监测对象，按照政策开展扶贫小额信贷扶持，做到应贷尽贷、精准投放。

二是由州人社局牵头，各县、乡(镇)具体负责，着力开展技能培训、劳动力转移、公益性岗位开发使用等稳岗保就业专项行动，确保稳定增加贫困群众收入；积极宣传务工补助政策，全面兑现外出务工补助政策。监测对象中凡是有劳动能力的，都要通过培训就业“一条龙”服务，提升就业意愿、就业能力、就业机会，实现低收入人口就业培训全覆盖。加大外出专业就业力度，加强与劳务输入地对接，用好东西部协作机制，培育区域劳务品牌，提高低收入人口外出转移就业组织化程度。继续加强就近就地就业岗位开发，特别是做好扶贫车间吸纳低收入人口就业工作。生态护林员、村庄保洁员等乡村公益性岗位，优先安排低收入人口就业，确保监测对象培训后人人能就业。

三是由州教育体育局牵头，各县、乡(镇)具体负责，健全完善控辍保

① 2019 年 3 月 7 日习近平总书记在参加十三届全国人大二次会议甘肃代表团审议时发表的讲话。

学长效机制，继续执行宣传教育、责令改正、行政处罚、强制执行或提起诉讼“控辍保学四步法”，确保除身体原因不具备学习条件外，脱贫家庭义务教育阶段适龄儿童少年不失学辍学。对于存在因贫辍学预警风险的，由教育部门迅速落实教育扶贫政策。

四是由州卫健局牵头，各县、乡（镇）具体负责，建立防范和化解因病致贫返贫长效机制，有效防止因病返贫致贫风险，落实分类资助参保政策。对突发重大疾病的脱贫不稳定人口，迅速落实健康扶贫政策，边缘易致贫人口及时落实大病保险、大病救助、民政临时救助、最低生活保障等政策，消除预警风险。

五是由州住建局牵头，各县、乡（镇）具体负责，建立农村脱贫人口住房安全动态监测机制，通过农村危房改造等多种方式保障低收入人口基本住房安全。对于存在住房预警风险的，要按照“危房不住人、住人无危房”的原则进行核查，采取“一户一方案”等措施消除预警风险。

六是由州水务局牵头，各县、乡（镇）具体负责，健全巩固维护农村饮水安全巩固提升工程成果长效运行管护机制，不断提升供水保障水平。对于监测对象存在饮水预警风险的，要围绕“水质、水量、取水方便程度和供水保证率”四项指标进行排查、保障并消除预警风险。

三、规划引导：做好易地扶贫搬迁的后续扶持工作

“十三五”期间，大理州实施易地扶贫搬迁工程，极大改善了群众的居住及生产生活条件、提高了收入水平，逐步实现了搬迁群众学有所教、劳有所得、病有所医、老有所养、弱有所扶。在实现巩固拓展脱贫攻坚成果与乡村振兴有效衔接的阶段，做好易地扶贫搬迁后续帮扶工作，十分重要。大理州通过加强就业产业扶持、后续配套设施建设和社区管理服务，发展壮大村级集体经济，建立产业帮扶全覆盖机制，注重扶贫产业长期培育，继续做好脱贫群众就业帮扶工作，帮助搬迁群众稳定脱贫。

第一，扎实做深社区管理和服务，确保“稳得住”。群众搬迁入住后，

要加强领导，统筹推进社区建设管理融入工作。一是通过成立党组织，统筹抓好共青团、妇联等配套组织的建设，设立村（居）民自治组织，推行片长、楼栋长工作机制等，建立健全以党组织为核心的基层治理体系，筑牢易地扶贫搬迁战斗堡垒。二是加强社会管理。户籍、治安、卫计等部门认真履行社会管理职能，做好各项行政管理工作，确保管理规范到位。三是做好公共服务。各有关职能部门按职责要求，为广大搬迁群众提供社会公共服务，切实解决出行、教育、医疗等方面的问题。四是提供相关社会保障。严格落实社会保障的各项政策规定，为广大搬迁群众提供相关社会保障，切实解决搬迁群众的后顾之忧。五是实行社会化服务。各安置小区组建物业、中介服务等组织，根据实际需要确定物业管理内容，做好安置点公共秩序维护、环境卫生管理、安全防范和养护维修等工作。服务机构按照市场化原则积极提供各类服务，为搬迁群众提供舒心、暖心、放心的优质服务，建设和谐美丽社区。

第二，积极谋划做实后续产业扶持，确保“能发展”。只有通过充分就业，搬迁群众才能有稳定的收入，实现既“挪穷窝”又“断穷根”。就业的关键是产业的扶持发展，这是最有效，也是最难的工作，只有做大、做强产业，提供稳定的就业岗位，群众才有稳定可靠的收入，脱贫才有保障。要把安置区的产业发展和促进搬迁群众就业作为首要任务，大力招商引资，引进有实力的企业带动产业发展，用市场化、可持续的方法解决脱贫问题。要下足“绣花”功夫，把每一个群众的需求搞清楚，力求各项工作做到一一对应，想到外省就业的，就要想办法通过东西扶贫协作渠道，帮助群众稳定就业。暂时出不去的，就要帮助群众就地就近务工，让搬迁群众吃下“定心丸”，尽快消除失地顾虑，加快实现村民向市民、农民向产业工人的转变，实现稳定脱贫。

四、监资理财：加强扶贫项目资产后续管理和监督

“十三五”期间，大理州持续加大脱贫攻坚资金投入，实施了大批扶

贫项目，建设了大量扶贫资产。

一是全面清理各类扶贫资产。全面清理2016年以来使用各级财政扶贫资金（财政专项扶贫资金、统筹整合财政涉农资金、彩票公益金、东西扶贫协作资金、政府债券用于支持脱贫攻坚资金等）、易地扶贫搬迁资金、社会扶贫资金、行业扶贫资金、金融扶贫资金、集团帮扶资金投入形成的扶贫资产和在建项目（包括接受捐赠的实物资产和捐赠项目），由县市扶贫开发领导小组或县市人民政府组织相关部门完成清产核资。

二是科学合理进行资产确权。扶贫资产按照三个类别进行分类确权。第一类为公益扶贫资产，包括道路交通、农田水利、供水饮水、环卫公厕、教育、文化、体育、卫生、电力、通信等方面公益性基础设施，县、乡、村、组实施单独到村项目形成的资产纳入农村"三资"管理，相关行业部门有资产管理规定的按照相关行业部门确权管理规定执行。第二类为经营性扶贫资产，包括农林牧渔产业基地、生产加工设施、经营性旅游服务设施、经营性电商服务设施、光伏电站等经营性基础设施以及实施资产收益扶贫形式形成的权益类资产，由项目建设（业主）单位登记造册，按照产权归属分级建立管理台账并确权登记，县、乡、村三级同时公示不少于10天，公示后将扶贫资产移交给对应产权归属单位管理。第三类为到户扶贫资产，包括通过财政补助（补贴）在贫困户自身发展过程中形成的生物性资产或固定资产，由乡村核实登记后原则上归属农户，并由农户自行管理。

三是加强扶贫资产运营管护。按照"所有权与监督权，受益权与管护权相结合"的原则，明确监管责任和管护义务，落实具体责任单位、具体责任人负责管护。有收益的扶贫资产，要制定收益分配方案，所得收益优先扶持脱贫不稳定户和边缘户用于扩大再生产，杜绝"一分了之""一股了之"等简单发钱发物。任何单位和个人不得随意处置扶贫资产，不得以扶贫资产为债务提供抵押担保。

四是明确责任加强监督管理。各县市人民政府落实主体责任，结合实际制定本地的扶贫资产管理制度,统筹做好扶贫资产管理与农村集体产权制度改革工作的有效衔接,提高扶贫资产的管理效率。州级扶贫、民政、组织、农业农村、财政、发改、水务、交通、教育、卫生、住建、林草、民宗、文旅及相关项目主管部门要根据职能分工,加强政策支持,统筹协调推进扶贫资产管理,组织研究解决扶贫资产管理中的具体问题,指导扶贫资产登记、确权、建账、运营、管护、收益分配、绩效管理、信息化管理等相关工作。县级扶贫、财政、农业农村等行业主管部门要加强对扶贫资产管理全过程的监督,县级审计部门要将扶贫资产管理情况纳入相关审计内容。对扶贫资产管理中发现的违法违纪行为从严惩处,涉嫌构成犯罪的移交司法机关依法追究刑事责任。

第二节　多管齐下:做实做好拓展脱贫攻坚成果重点工作

在脱贫攻坚战中,大理州人民在党和国家的领导下,取得了很多成果,这些成果既保障了贫困地区贫困人口有效脱贫,也为实现乡村振兴打下了坚实的基础,如何有效拓展利用脱贫攻坚成果,是当前阶段的重要任务。大理州将巩固拓展脱贫攻坚成果作为州的“四件大事”之一,创新方法,制定政策,采取措施,切实做到有效拓展脱贫攻坚成果。

一、打好产业牌:支持脱贫地区特色产业发展

产业振兴是乡村振兴的物质基础和重中之重,大理州重点实施脱贫地区农业特色产业提升工程,支持脱贫地区乡村特色产业发展壮大,增强脱贫地区的发展后劲,汇聚增收致富的“源头活水”,让脱贫群众的小康路越走越敞亮。

一是统筹发展特色优势重点产业。作为农业大州,大理州始终高度重视乡村产业发展,推动乡村产业振兴。州级统筹发展核桃、蔬菜(含食用菌)、水果、中药材、乳业及肉牛、生猪 6 个特色优势重点产业,县市分

别聚焦发展具有区域特色优势的“一县一业”。宾川县、漾濞县列入2021年度全省“一县一业”示范县，弥渡县、巍山县列入全省“一县一业”特色县以及全国优势特色产业集群建设，宾川县宾居镇（柑橘）列入全国农业产业强镇建设。认真贯彻落实生猪、肉牛产业发展扶持政策，推进规模化、标准化生产。弥渡县、祥云县、鹤庆县获中央生猪调出大县奖励，宾川县、永平县、云龙县获生猪调出大县省级统筹奖励。累计创建全国“一村一品”示范村镇11个，省级专业村112个、专业乡镇13个，州级专业村79个，县级专业村54个。累计获云南省“10大名品”8个，云南省绿色食品“10强企业”2户，云南省绿色食品“20佳创新企业”3户。

二是大力扶持发展农业产业化龙头企业、农民合作社、家庭农场，培育发展农业专业化、社会化服务组织，推动小农户与现代农业有机衔接。截至2021年，全州共有州级以上农业产业化龙头企业260户（其中：国家级6户、省级93户、州级161户），现代农业庄园64个，农民合作社6302个（其中州级以上示范社479个），全州纳入农业农村部家庭农场名录系统管理的家庭农场5273个（其中：省级示范家庭农场49个、州级示范家庭农场148个）。大力推进农业与加工流通、文化、旅游等产业融合，加快农村一二三产业融合发展。大理市被评为全国首批休闲农业与乡村旅游示范县（市、区），宾川高原有机农业开发有限公司咖啡园和宾川绿色果品公司石榴休闲园被认定为全国休闲农业与乡村旅游示范点。

三是推动优势产业体系建设。以《大理州“十四五”农业农村现代化发展规划》为引领，着力发展壮大特色优势产业，巩固产业扶贫成果，加快推进农业现代化。以打造世界一流“绿色食品牌”为重要抓手，实施“一二三”行动，推进“一县一业”，聚焦种子和电商两端，突出设施化、有机化、数字化发展方向，充分挖掘已脱贫地区产业发展潜力，以脱贫县为单位规划发展乡村特色产业，实施脱贫地区特色种养业提升行动。坚持“大产业＋新主体＋新平台”的产业发展思路，加快推进高原特色农业产业生产、加工、物流、销售、服务全产业链发展引领，按照“123456”思路推动优势产业体系建设。“1”,即稳住粮食产业,粮食播种面积稳定在445万亩以上,到2025年粮食总产量达到168万吨左右;“2”,即做强生猪、肉牛2个产业,推进扩繁、育肥、屠宰、物流、销售产业链条完整;“3”,即推进蔬菜、水果、中药材3个产业在延长价值链上取得突破;“4”,即以精深加工能力提升和市场开拓为重点提升核桃、乳业、茶叶、花卉园艺4个产业综合效益;“5”,即加快推进家禽等畜牧业、渔业、林业、农林牧渔服务业和休闲农业5个产业发展;“6”,即实施加快转变农业发展方式、推进产业集聚融合发展、保障农产品质量安全、全面提升品牌影响力、构建农业全方位开放新格局、加强要素保障6条保障措施。

四是建立“双绑”利益联结机制。按照巩固拓展脱贫攻坚成果建立“一平台三机制”的工作部署,建立“双绑”利益联结机制推进产业帮扶全覆盖。全面建立农民专业合作社绑定农户、龙头企业绑定农民专业合作社的“双绑”利益联结机制,实现对农村低收入人口家庭全覆盖,巩固拓展脱贫攻坚成果。推动合作社绑定农户发展,因地制宜在行政村或村民小组培育发展运营管理规范的农民专业合作社,组织引导农户通过加入合作社成为社员或以订单收购、土地流转、生产托管、就业务工等方式建立合作关系,实现绑定发展。推动龙头企业绑定合作社发展,引进或培育龙头企业到村组与当地合作社绑定发展,由龙头企业决定种植养殖的品种选择、技术标准和加工销售,合作社按龙头企业要求组织专业化生产,各展所长优势互补。

二、打好就业牌:促进脱贫地区脱贫人口就业

就业是最大的民生,在脱贫攻坚战中,脱贫人口全部脱贫,但仍存在因为疫情、扶持政策变化等原因,部分脱贫人口就业不稳定。因此,为实现脱贫人口稳定脱贫,生活富裕,大理州对脱贫人口实施强化技能培训、强化劳务输出、鼓励就地就近就业等措施,促进脱贫人口稳定就业。

（一）稳定外出务工规模

一是继续强化劳务输出。大理州进一步健全有组织劳务输出工作机制,将脱贫人口作为优先保障对象,为有集中外出务工需求的提供便利出行服务。充分发挥就业帮扶基地、爱心企业作用,鼓励各类市场主体为脱贫人口提供更多就业和培训机会。对组织当地脱贫人口有组织劳务输出且稳定就业 3 个月以上的人力资源服务机构、劳务经纪人,凭其提供的有组织劳务输出人员名单和外出务工收入证明材料,按每人每年 100 元的标准给予就业创业服务补助,所需资金从就业补助资金中列支。对外出务工且稳定就业 3 个月以上的脱贫人口,按照跨省务工每人不超过 1000 元的标准给予一次性外出务工交通补助(每年享受 1 次),具体工作由州、县乡村振兴和人力资源社会保障部门负责,所需资金从衔接推进乡村振兴补助资金列支。

二是大力促进稳定就业。各地指导企业与脱贫人口依法签订并履行劳动合同、参加社会保险、按时足额发放劳动报酬,积极改善劳动条件,健全常态化驻企联络协调机制。切实落实失业保险稳岗返还、培训补贴等政策,引导支持用人单位优先留用脱贫人口。对符合条件吸纳脱贫人口就业的企业,按规定落实社会保险补贴、创业担保贷款及贴息等政策。各级人力资源社会保障部门对当地失业脱贫人口,要优先提供转岗服务,帮助其尽快在当地实现再就业。

（二）支持就地就近就业

一是通过发展产业促进就业。各部门优先支持脱贫地区大力发展县域经济,发展一批优势特色产业,快速提高当地就业承载力,为脱贫人口就近就业提供更多就业岗位。农业农村部门要依托乡村特色优势资源,发展壮大乡村特色产业,打造农业全产业链,鼓励发展家庭农场、农民专业合作社,有效增加当地就业岗位。

二是鼓励返乡入乡创业。各地积极引导农民工等人员返乡入乡创业、乡村能人就地创业,帮助有条件的脱贫人口自主创业,并按规定牵头协调落实税费减免、场地安排、创业担保贷款及贴息和创业培训等政策支持。云南省已出台的给予返乡创业农民工一次性奖补政策。执行期限延续至2025年底。各地要加强返乡创业载体建设，充分利用现有园区等资源在脱贫地区建设一批农村创业创新园区（基地）、返乡入乡创业园、创业孵化基地，有备件的地方可根据入驻实体数量、孵化效果和带动就业成效的，给予创业孵化基地奖补，奖补标准由州市人力资源社会保障和财政部门共同确定，所需资金从就业补助资金中列支。

三是扶持多渠道灵活就业。鼓励脱贫地区发展“小店经济”“夜市经济”，支持脱贫人口在县城城镇地区从事个体经营，创办投资小、见效快、易转型、风险小的小规模经济实体，支持脱贫人口通过非全日制、新就业形态等多种形式灵活就业，按照有关规定给予税费减免、场地支持、社会保险补贴等政策。设立一批劳务市场或零工市场，探索组建国有劳务公司，为脱贫人口提供更多家门口的就业机会。因地制宜引进一批特色产业，引导脱贫人口居家从事传统手工艺制作、来料加工。

四是规范用好乡村公益性岗位。各地保持乡村公益性岗位规模总体稳定，人力资源社会保障部门要牵头加大当地各类公益性岗位统筹使用力度，优先安置符合条件的脱贫人口特别是其中的弱劳力、半劳力，动态调整安置对象条件。要健全“按需设岗、以岗聘任、在岗领补、有序退岗”管理机制，进一步规范乡村公益性岗位开发管理，及时纠正查处安置不符合条件人员、违规发放补贴等行为。各有关部门要加强当地公益性岗位统筹管理，保持同一区域内类似岗位间聘任标准、待遇保障水平等基本统一。各有关部门对乡村公益性岗位安置人员要按规定给予岗位补贴，并购买意外伤害商业保险，依法签订劳动合同或劳务协议，每次签订期限不超过1年。

（三）健全就业帮扶长效机制

一是优化提升就业服务。各地依托全国扶贫开发信息系统对脱贫人口、农村低收入人口、易地扶贫搬迁群众等重点人群就业状态分类实施动态监测，加强大数据比对分析和部门信息共享，完善基层主动发现预警机制，对就业转失业的及时提供职业指导、职业介绍等服务。制定政策建立就业困难人员认定标准动态调整机制，将符合条件的脱贫人口、农村低收入人口纳入就业援助对象范围。推进公共就业服务向乡村地区延伸，把就业服务功能作为村级综合服务设施建设工程重要内容，将公共就业服务纳入政府购买服务指导性目录，支持经营性人力资源服务机构、社会组织提供专业化服务。扩大失业保险保障范围，支持脱贫人口、农村低收入人口更好就业创业。

二是精准实施技能提升。实施欠发达地区劳动力职业技能提升工程，加大脱贫人口、农村低收入人口职业技能培训力度，对符合条件的脱贫人口在培训期间，可按规定给予生活费补贴和交通费补贴，所需资金可从技能提升资金或就业补助资金中列支。支持脱贫地区、乡村振兴重点帮扶县建设一批培训基地和技工院校。继续实施“雨露计划”，按规定给予相应补助。扩大技工院校招生和职业培训规模，支持脱贫户、农村低收入人口所在家庭“两后生”就读技工院校，按现行政策规定享受国家免学费和奖助学合政策。定期积极参加全国乡村振兴技能大赛，打造一批靠技能就业、靠就业致富的先进典型，激发劳动致富内生动力。

三、打好基建牌：改善脱贫地区基础设施条件

农村基础设施是脱贫攻坚和乡村振兴的重要组成部分，是推动农业农村发展的动力引擎。脱贫攻坚使农村基础设施得到明显改善，农村水电路气房讯等基础设施建设发生了空前变化，但与广大农民群众的殷切期盼和乡村振兴的要求相比，农村基础设施建设仍然是最大的短板。为此，大理州在脱贫攻坚的基础上加快推进农村基础设施提档升级。

一是加强农村交通路网建设。不断加大农村交通基础设施建设力度，加大农村公路硬化工程建设及农村公路安全生命防护工程建设，提高道路的安全通行能力。继续加大对人口集中的自然村进村道路硬化

力度及重点乡镇道路隐患治理力度,进一步提高和稳定具备条件的行政村通客车率,切实改善农村群众出行条件,为实施乡村振兴提供强有力的保障。加快构建农村物流运输骨干网络,鼓励商贸、邮政、快递、供销、运输等企业加大在农村的设施保障布局,重点解决物流入村“最后一公里”问题,基本形成以下关主城区为中心、“两区一委”和各乡镇为节点、建制村为网点、连通城乡的农村公路交通运输网络,农民群众的交通出行条件和生产生活交通运输条件得到根本性改善。

二是加强农村水网基础建设。进一步提升城乡供排水、污水处理能力和水平。以骨干水源建设为重点,加大灌区节水改造、流域治理等基础设施建设,配合滇中引水工程,推进二级配水工程建设。全面实施环洱海城乡统筹供水工程,逐步实现城乡自来水供应一体化;改造供水管网设施,解决高区、远区供水困难问题;加强水源地管理,规范供排水市场秩序,保障供水水质,确保市民饮水安全。加强环洱海截污管网、截污干渠及收集系统建设,建成城市、集镇、村落三级污水收集处理体系,分步推进中水回用工程。

三是加强农村能源网络建设。围绕解决人民美好生活对能源需求的要求,以新能源示范城市建设为契机,全面加强对农村电网、天然气管网的规划及建设工作,通过科学规划和加大投资建设,全面提升农村能源供给能力,为农业农村经济、社会发展提供安全、可靠的能源供应保障。全面落实大理市“十三五”期间能源规划建设工作,紧紧围绕农村配电网建设,突出对全面解决重过载线路、设备及卡脖子问题风险的防控,加大了网架的科学规划和投资建设力度,全面确保供电能力提升。同时,通过持续推进我市天然气管网体系建设,逐步在农村推广使用天然气,提高天然气等清洁能源在农村的消费比重,促使农村现代能源体系建设不断完善。

四是加强农村信息网络建设。贯彻落实国家和省对农村地区网络提速降费政策。依托大理市内的四家通信运营商持续推进农村地区移动和固定宽带网络建设。引导移动、联通、电信和广电等电信运营企业加大农村移动通信基站及网络建设投资,进一步提高农村地区光纤宽带接入能力,扩大4G无线网络覆盖范围。推动5G网络布局和商用进程,基本实现农村地区移动宽带网络人口全覆盖。建设信息进村入户平台,完善农村消费信息服务、市场信息服务、"三农"政策服务、农村生活服务等系统和手机App,推进服务手段向移动终端延伸,服务方式向精准投放转变。推动远程医疗、远程教育等应用普及,建立空间化、智能化的新型农村统计信息综合服务系统,弥合城乡数字鸿沟。推动实施"互联网+"行动计划,积极推动大数据应用,促进信息化与工业化、城镇化、农业现代化相互推动、协调发展。

四、打好服务牌:进一步提升脱贫地区公共服务水平

"老百姓生活好不好,要看地方公共服务好不好",地区公共服务水平决定了地方群众生活水平质量。实施乡村振兴战略,要进一步提升脱贫地区公共服务水平。大理州进一步健全城乡一体、全民覆盖、均衡发展、普惠共享的基本公共服务体系,促进公共教育、就业服务、医疗卫生、文化体育、育幼养老、运输服务等资源向农村倾斜,提升乡村基本公共服务的质量和均等化水平。

一是完善城乡教育资源均衡配置。科学配置和整合县域内义务教育资源,加快农村学校宽带网络接入,共建共享"智慧课堂"优质教学资源;落实乡村教师差别化待遇,激励优质教师扎根乡村;加大特岗教师招聘力度,盘活编制,向乡村小规模学校、寄宿制学校倾斜;增加乡村普惠性学前教育资源,每个乡镇建设一所公办中心幼儿园,实现村级幼儿园全覆盖。

二是完善乡村医疗卫生服务体系。以提升市级公立医院和乡镇卫生院、社区卫生服务机构的医疗服务能力为重点,通过加大投入、改善基础设施条件、加强卫生技术人员培养、深化体制机制改革等措施,建立起

基本设施齐全的市、乡、村(居)三级农村卫生服务网络，具有较高专业素质的农村卫生服务队伍，运转有效的基层卫生管理体制和运行机制。加强乡村医疗卫生人才队伍建设，实施基层医疗卫生人员学历提升工程；完善基层医疗卫生机构绩效分配政策，保障家庭医生签约服务工作；完善对基层医疗卫生机构合作帮扶机制，积极推动开展巡回医疗、远程医疗服务，提高慢性病、职业病、地方病和重大传染病防治能力，加强精神卫生工作，倡导优生优育。

三是加强农村社会保障体系建设。以实现“完善城镇职工基本养老保险和城乡居民基本养老保险制度，完善统一的城乡居民基本医疗保险制度和大病保险制度”为目标，严格贯彻执行省、州、市党委和政府对农村社会保障各项政策规定，加大宣传力度、提高政策知晓率，强化农村居民参保意识。加大劳动保障执法监察力度，依法维护劳动者合法权益，引导参保对象依法参保。不断扩大城乡居民基本养老保险、基本医疗保险覆盖面，努力实现“应保尽保”。建立和完善城乡居民社保基金风险预警防控制度，做好基金的筹集、使用、管理、监督工作，确保社保基金的绝对安全。积极探索便捷高效的工作模式，进一步优化服务流程，努力实现让办事群众“只跑一次”。

四是提升农村养老服务能力。提升农村敬老院的管理服务能力，着力解决好农村敬老院的事业单位法人登记、服务人员、管理人员的编制问题。创新敬老院服务管理模式，引进和鼓励社会力量参与农村敬老院的“经营、管理、服务”，彻底解决好农村敬老院入住率低、服务能力差、管理不到位的问题。积极引导农村、社区开展居家养老、社区养老，就近就便解决好农村、社区的养老问题。积极推进医养结合工作，鼓励有条件的养老院在院内开办医院，没有条件的养老院以就近就便原则与医疗机构签订合作协议，由医疗卫生机构为来年人建立健康档案，提供健康教育、体检、家庭医生签约服务等健康管理。

第三节　对标衔接:聚力脱贫攻坚与乡村振兴有效衔接

脱贫攻坚是乡村振兴的前提和基础,乡村振兴是脱贫攻坚的巩固和深化,两者既相互独立又紧密联系。当前和今后一段时期是脱贫攻坚与实施乡村振兴战略的交汇期和过渡期,做好两者的统筹衔接,是确保如期实现脱贫攻坚目标、巩固提升脱贫攻坚成果和顺利实施乡村振兴战略的关键。大理州政府通过深入调研,不断实践,积极探索实现脱贫攻坚与实施乡村振兴战略有效衔接的路径。

一、重中之重:产业衔接是核心

“产业兴,百业旺”,实现乡村振兴要把产业发展摆在突出位置。产业发展是摆脱贫困的根本途径,也是乡村振兴的关键所在。在脱贫攻坚阶段,贫困地区通过发展传统产业来增加农民收入、促进贫困人口稳定就业,取得了较好的效果。从短期来看,发展就业门槛低、增收见效快的传统产业,能够较快地实现贫困地区的脱贫目标。但从长远来看,要想在脱贫的基础上进一步实现乡村振兴,就必须实现农村产业的现代化发展,贫困地区的产业发展要从简单的产业扶贫模式转换到产业兴旺的思路上来。长期以来,特色产业培植周期较长、新型经营主体带动贫困户能力弱等问题,一直是大理州产业发展的短板。为此,大理州通过打造“一县一业”产业体系,建立健全绿色化生产体系,建立多元化经营体系等方式,大力发展产业。

一是打造“一县一业”产业体系。加快划定和建设粮食生产功能区、重要农产品生产保护区,进一步优化全州的农业产业布局,发挥区域比较优势。按照全州构建“1+10+2”的现代农业产业布局要求,精选优选县域农业主导产业。各县市要确定1至2个优势农业主导产业进行精心培育,积极支持县域农业主导产业发展,培育培强县域主导产品和优势品种，按照全产业链发展的要求推进农业区域化、标准化、适度规模化发展，避免出现县域农业产业同构化发展、同质化竞争，降低产业发展的“内耗”。

二是建立健全绿色化生产体系。坚持质量兴农、绿色兴农，深入推进农业供给侧结构性改革。加强农业地方规范、标准制定和修订，进一步优化地方标准体系结构，促进标准化先进管理理念和方法的推广应用。围绕区域特色优势产业，健全覆盖全州的农产品质量安全监管体系和检验检测体系。严格按照“一控两减三基本”的要求，大力推行节水灌溉措施，实施农业水污染防治、土壤污染防治、化肥农药使用减量行动、有机肥替代化肥行动，发展高效生态农业，建立探索土地休耕制度，促进土地可持续利用。大力推进生产方式“绿色革命”，积极培育“三品一标”农产品，着力打造“绿色食品牌”。研究制定品牌保护培育行动计划，擦亮老品牌、塑强新品牌。加大品牌特性的网络、电视宣传与市场推介，着力提升大理特色农产品和食品“生态、优质、安全”的品牌形象。重点打造田园大理、漾濞核桃、祥云野生菌、宾川水果、弥渡蔬菜、大理乳品、大理高山生态茶、诺邓火腿等区域公共品牌和下关沱茶、大理啤酒、红云核桃等企业品牌。

三是建立多元化经营体系。构建“大产业+新主体+大平台”发展模式，以“一企一策”方式，采取税收、项目、资金、科技、用地等全方位定向精准扶持，培育农业产业化龙头企业和食品加工业规模企业，推进农民专业合作社和家庭农场规范化发展，健全“企业+合作社+农户（家庭农场）”的利益联结机制。鼓励和发展土地流转、土地托管、土地入股等多种形式适度规模经营，实现农民分享农业全产业链增值收益，大力提升生产性服务业对小农户的服务覆盖率。大力发展“互联网+”现代农业，运用电商模式，提高农产品进入市场的能力和效率。

四是提升农村一二三产业融合发展水平。深入发掘农业农村生态涵养、休闲观光、文化体验、健康养老等多种功能和多重价值，实施休闲农业和乡村旅游精品工程,以大理古城、巍山古城、喜洲镇、沙溪镇、双廊镇等为重点,建设一批特色小镇和特色旅游村、休闲观光园区、民宿客栈、农家乐、森林人家、康养基地,把乡村旅游发展成为推进全域旅游的生力军,将大理打造成为令人向往的健康生活目的地。积极引进和培育大型企业集团,建设种养业、农产品加工业、观光养生产业和电商及产地营销等高度融合的规模化产业园区。依托现代农业产业园区、农业科技园区、农产品加工园区建设,打造农村产业融合发展平台载体,促进农业内部融合、延伸农业产业链、拓展农业多种功能、发展新型业态等多模式融合发展。深入实施电子商务进农村综合示范项目,大力加强农村电子商务配套基础设施建设、农村电子商务人才培养等工作,强化农产品市场和流通体系建设,建设现代化农产品冷链仓储物流体系,支持供销、邮政及各类企业把服务网点延伸到乡村,建设具有广泛性的农村电子商务发展基础设施。加快培育农业现代供应链主体,密切产销衔接,发展农超、农社、农企、农校等产销对接新型流通业态。

五是搭建外向型服务体系。依托资源优势,着力做强现代中药、生物制药、功能保健品、生态食品、特色农产品等外向型产业。加快祥云县(省级)出口食品农产品质量安全示范区建设,推动宾川、剑川、弥渡三县示范区提质增效。积极推动大理国家级高原特色农产品检测重点实验室建设。支持农产品外贸龙头企业赴境外参加展会、境外产品质量认证等活动,扩大蔬菜、水果、野生食用菌、乳制品等特色优势农产品及其制品出口。着力营造"亲商、安商、富商"的营商环境,引进境内外农产品与食品加工大企业大集团,培育出口龙头企业集群,拓展国际和国内市场。

二、如虎添翼:人才衔接是关键

无论是脱贫攻坚还是乡村振兴,人才都是第一资源。始终坚持"脱贫攻坚与锻炼干部、人才培养有机结合"是脱贫攻坚的重要经验。推进乡村人才振兴,就是要在脱贫攻坚人才帮扶的基础上,进一步创新人才工作体制机制,建立健全城乡、区域、校地之间人才培养合作与交流机制,畅通各类人才下乡渠道,想方设法创造条件,吸引更多人才参与乡村振兴。大理州切实抓好农村产业致富带头人的挖掘、培养和壮大工作,强化乡村振兴人才支撑。

一是大力培育新型职业农民。积极整合新型农民培育工作机构,分类选准培训对象,借助农民专业合作社、专业技术协会、农技推广实训基地等,创新教育培训方式,按需设置培训内容,采取田间课堂、网络教学、实践教学等培训方式,在教育培训实用性上下功夫,提升教育培训质量,不断造就一批新型职业农民。激励并发挥好基层农业技术科研、推广人员对新型农民的"传帮带"作用。依托滇西应用技术大学、大理农林职业技术学院、农业广播电视学校,采取弹性学制、"半农半读"形式,鼓励和支持新型职业农民就近就地开展中高等农业职业教育。优先支持承包地向新型职业农民流转,在农业基础设施建设、各类农业补贴、科技示范项目及各类产业项目上予以倾斜。鼓励金融机构在金融信贷、农业保险等方面优先支持新型职业农民,并适当放宽条件。

二是加强乡土拔尖人才选拔。制定了《大理州农村乡土拔尖人才选拔和管理暂行办法》《大理州民间艺术大师评审办法》,对农村经营管理人员、专业技术人员、致富带头人、乡村工匠、非遗传承人、民间艺术人才等进行选拔表彰。目前已表彰了八批共 461 名农村乡土拔尖人才,五批共 138 名"大理州民间艺术人才",其中有 46 位同志被省人力资源和社会保障厅、省农业农村厅授予"云南省拔尖农村乡土人才"称号。2021 年将继续开展第九批农村乡土拔尖人才、第六批"大理州民间艺术人才"推荐选拔工作。将乡土拔尖人才和民间艺术人才的培养选拔列入到全州苍洱人才霞光计划"技能人才培养"专项中,计划用 5 年时间,到 2025 年培养 100 名左右乡土拔尖人才和民间艺术人才,全面提升技能水平和就业创业能力,打造一支高素质乡土人才队伍。

三是优化农村人才发展环境。完善党管人才制度,对成绩突出的农村人才实行"三优先"。鼓励专业技术人员留职创业、投身农业产业发展,设立乡土人才职称序列,开展农民技术职称评审工作,降低门槛,把技术和效益作为选拔农村人才的主要标准。设立多部门、多窗口合一的人才服务平台,建立急需紧缺人才招聘目录,多种方式招才引才。通过设立农村人才发展基金,成立乡村人才互助会等形式,不断完善激励机制和薪酬体系,探索建立以业绩、品德、知识和能力为重点的人才评价体系。建立"在外人才信息库",组织实施好县籍人才"归雁行动"计划、"志愿行动"计划、特聘员"点化行动"计划、青年"双创行动"计划、工商资本"滴灌行动"计划,研究制定和执行好返乡创业激励政策和优惠措施,让更多有志青年、乡村能人、企业返乡创业,吸引社会各界投身乡村发展,为农村发展注入新思路、新活力。

三、坚强后盾:体制机制是保障

体制机制是接续推进脱贫攻坚与乡村振兴有效衔接的制度保障,推进体制机制上的有效衔接就是要实现脱贫攻坚领导体制、工作机制和考评体系的平稳转型和有效衔接,继续为乡村振兴提供坚强有力的制度保障。大理州五方面齐行,抓好体制机制方面的有效衔接。

一是领导体制方面。第一,加强组织领导。脱贫攻坚工作中,形成"党政一把手是第一责任人,五级书记抓脱贫攻坚"的领导机制,是脱贫攻坚的成功实践和最大启示。乡村振兴工作中,要认真贯彻落实《中国共产党农村工作条例》,充分发挥好州、县(市)党委农村工作领导小组及"三农"工作暨实施乡村振兴战略领导小组和推进小组作用,不断健全完善县市、乡镇抓落实的农村工作领导体制,进一步强化"党政一把手是第一责任人,五级书记抓乡村振兴"的领导体制和机制,确保党在农村工作中总揽全局、协调各方,为实施乡村振兴战略提供坚强有力的政治保障。认真落实好大理州"三农"工作暨实施乡村振兴战略责任制和领导责任制,进一步压实各级责任,高位推动工作落实。第二,充实乡村振兴办工作力量。借鉴州、县市扶贫办职能配置、内设机构和人员编制等经验，充实完善州、县市“三农”工作暨实施乡村振兴战略推进小组办公室职能职责和工作力量，切实发挥好办公室决策参谋、统筹协调、政策指导、推动落实、督导检查、考核评价职能。第三，优化整合机构职能。各县市要充分借鉴脱贫攻坚工作中形成的指挥体系，优化整合脱贫攻坚与乡村振兴综合协调机构职能，确保领导体制上做到脱贫攻坚与乡村振兴有效衔接。通过调研了解，各县市在这方面都作了积极探索，希望各县市认真总结经验，理顺关系，再作深化，做到平稳有序过渡。

二是工作机制方面。第一，成立七个专项工作组。借鉴行业扶贫工作凝聚脱贫攻坚合力的经验做法，建议在大理州“三农”工作暨实施乡村振兴战略推进小组下增设巩固提升脱贫成果、产业振兴、人才振兴、文化振兴、生态振兴、组织振兴、基础设施和公共服务提升 7 个专项工作组，形成州委、州政府分管领导牵头、行业主管部门领衔主办、责任部门共同推进的工作机制。通过进一步明确细化各专项工作组和行业部门职责任务，压实各专项工作组和行业主管部门责任，扎实推进乡村振兴战略实施。第二，抓好工作力量聚集。脱贫攻坚的成功经验之一，就是集中力量办大事，要延续“领导挂点、部门包村”定点挂钩扶贫工作机制，建立“领导挂点、部门包村”定点挂钩乡村振兴工作长效机制，形成与脱贫攻坚相一致的挂钩机制，持续推动脱贫攻坚成果巩固与实施乡村振兴战略力量的有机统一，久久为功，持续发力。州、县市机关和企事业单位及中央驻大理单位每个单位至少挂包一个行政村，确保对行政村的挂包全覆盖。第三，选派乡村振兴工作队。建立乡村振兴工作队与现有驻村扶贫工作队有效衔接机制，选派乡村振兴驻村工作队员。

三是工作方法方面。第一，抓好方法延续。脱贫攻坚最大的特点就是精准扶贫精准脱贫，乡村振兴也必须大力推行精准施策法，用乡村振兴规划引领精准，用深入调查研究确保精准，用健全制度措施强化精准，通过顶层设计、政策措施、实施方式的细化与调整，突出抓重点、补短板、强弱项,把重点放在因村施策上。第二,抓好精神传承。乡村振兴要贯彻和运用好新时代脱贫攻坚精神,把"干"字贯穿始终,下足"绣花"功夫,注重末端落实,在乡村振兴中践行共产党人的初心和使命,继续开展"顶在前面、干在难处"专项行动,闯出一条实现乡村振兴的路子。第三,发挥好主体作用。把发动群众、组织群众、服务群众贯穿乡村振兴全过程,从根本上激发人民群众积极投身乡村振兴的内在动力,变"要我振兴"为"我要振兴",发挥好人民群众是乡村振兴的主体力量作用。同时,要充分发挥好社会力量,积极引导和鼓励社会各界更加关注、广泛参与乡村振兴事业,努力营造全社会共同关注、共同参与、共同监督的良好乡村振兴氛围。

四是督查巡查方面。脱贫攻坚工作中,中央和省、州、县市都建立了完备的督查巡查体系,督查工作坚持目标导向,着力推动工作落实,巡查工作坚持问题导向,着力解决突出问题,为确保脱贫攻坚各项目标任务圆满完成提供坚强有力的保障。乡村振兴也要研究制定好《乡村振兴督查巡查工作办法》,建立健全督查巡查体系,定期不定期开展督查巡查,督查乡村振兴责任落实情况,巡查干部在落实乡村振兴目标任务方面存在的失职渎职情况,既要查任务、看成效,又要查认识、查责任、查作风,对督查巡查发现的问题,要列出问题清单,限时从严从实抓好整改落实。同时,要建立挂牌督战、失责追责的约束机制,推动各类问题整改销号清零。州"三农"工作暨实施乡村振兴战略推进小组要及时汇总整改情况,向州委、州政府报告,整改情况能公开的,要及时公开,接受社会监督。通过强化抓落实的责任,完善抓落实的机制,提高抓落实的能力,确保乡村振兴工作顺利推进。

五是考评体系方面。脱贫攻坚建立了完备的考评体系,实行最严格的考核评价制度,为打赢脱贫攻坚战提供了重要保障。借鉴脱贫攻坚所形成较为成熟的考评机制对乡村振兴工作进行考评。不断完善并严格执行《大理州县市党政领导班子和领导干部推进乡村振兴战略实绩考核办法》,结合考评情况改进完善乡村振兴工作考评机制,不断建立健全对12县市党委政府、州级各行业部门、定点挂钩单位、驻村工作队、乡村振兴办等工作机构的乡村振兴工作成效考核评价机制,实行最严格的考核评价。通过较真碰硬的考核,促进真抓实干,确保乡村振兴工作务实,振兴过程扎实,振兴结果真实,让乡村振兴成效真正获得群众认可、经得起实践和历史检验。要用好考评结果,对乡村振兴工作做得好的给予表扬奖励,对差的约谈整改,对违纪违规的严肃查处。

第五章　在生态和谐中守住乡愁

习近平生态文明思想是新时代推进生态文明和美丽中国建设的根本遵循和行动指南。近年来,大理州始终牢记习近平总书记"一定要把洱海保护好"①的殷殷嘱托,始终坚持生态优先、绿色发展的理念,正确处理生态保护与绿色发展的关系,攻坚克难、勇于创新、顽强拼搏,加快推进以洱海保护治理为核心的生态文明建设,着力把大理打造成为云南践行习近平生态文明思想的实践基地和高质量可持续发展的示范区。大理州坚持认真践行习近平生态文明思想,以洱海保护治理统领全州经济社会发展全局。从思想上、思路上、决策上、行动上全方位践行习近平生态文明思想和习近平总书记对洱海保护治理重要批示指示精神,树立"绿水青山就是金山银山"的发展理念,把洱海保护治理作为各族干部群众的责任担当和政治担当,以洱海流域为引领统筹抓好全州生态建设,以洱海流域为核心统筹全州空间布局,以洱海流域为突破统筹推进全州产业绿色转型,以洱海流域为枢纽统筹加快全州路网建设,以洱海流域为重点统筹深化全州各项改革,奋力开启新时代大理跨越发展新征程。

---

① 2015 年 1 月,习近平总书记在大理古生村视察洱海时的讲话。

第一节　尊重规律：实施生态立州战略

大理州委、州政府一直高度重视生态文明建设，把生态作为立州之本，牢固树立尊重自然、顺应自然、保护自然的生态理念和“绿水青山就是金山银山”的发展理念，牢记习近平总书记的叮嘱，按照中央和云南省委、省政府的决策部署，着力从制度保障、机制完善、法规制定、措施落实、工程建设等各个方面统筹施策，以苍山洱海保护为重点，围绕“山水林田湖”综合施治，生态立州战略不断强化。

一、顶层设计：建立生态文明制度体系

党的十九届四中全会提出“坚持和完善生态文明制度体系，促进人与自然和谐共生”①。建设生态文明是一场涉及生产方式、生活方式、思维方式和价值观念的革命性变革，必须坚持和完善生态文明制度体系，促进人与自然和谐共生。据此，大理州积极贯彻党中央精神，不断建立健全自然资源资产产权制度、国土空间开发保护制度、资源总量管理和全面节约制度、资源有偿使用和生态补偿制度、生态环境监督管理体制、生态文明绩效评价考核和责任追究制度，从制度设计上促进大理生态文明建设。

（一）健全自然资源资产产权制度

建立统一确权登记系统。大理州坚持资源公有、物权法定，对全州范围内的水流、森林、湿地、山岭、草原、荒地等所有自然生态空间进行统一确权登记，清晰界定全州国土空间各类自然资源资产的产权主体。其一，建立权责明确的自然资源产权体系。大理州制定各类自然资源产权主体权力清单，明确所有权和使用权等权利归属关系和权能权责。其

---

① 习近平：《关于〈中共中央关于坚持和完善中国特色社会主义制度推进国家治理体系和治理能力现代化若干重大问题的决定〉的说明》，《人民日报》2019年11月6日。

二，全面落实各类全民所有自然资源的有偿出让制度，建立自然资源资产评估制度，完善自然资源产权交易规则，加强自然资源资产交易平台建设。其三，健全自然资源资产管理体制。大理州按照国家和省统一部署，探索对分散的全民所有自然资源资产所有者职责进行整合，统一行使自然资源监管职责。

（二）建立国土空间开发保护制度

一是科学编制矿产资源规划，合理勘查开发利用矿产资源。大理州按照生态文明建设总体要求，做好第三轮矿产资源规划编制工作。其一，严格控制洱海流域矿产资源开采，禁止在洱海流域面山、风景名胜区和旅游景点周边、水源林区、河流汇水区、地质隐患区、高速公路沿线面山、城市城镇村庄附近等敏感区开采矿产资源。其二，加强部门沟通协调，强化矿产资源规划与有关保护区规划的衔接。其三，优化矿业布局，统筹开发保护，从空间和源头上管控矿产资源勘查开发。按照集约开发、优化布局的原则，深入推进大理州煤矿、非煤矿山开发整合。

二是健全国土空间用途管制制度。大理州按照国家、省用地指标控制分配办法，将开发强度指标分解到各县市，作为约束性指标，控制建设用地总量。其一，建立国土空间开发保护制度，推动覆盖全州国土空间的监测系统建设，动态监测国土空间变化。其二，根据国家、省安排部署，研究制定大理州自然空间用途管制实施办法。

三是推进国家公园体制建设。大理州严格执行《云南省国家公园管理条例》，积极申报将苍山世界地质公园纳入国家公园管理体制。其一，通过完善自然保护地空间布局，整合优化交叉重叠保护地，归并优化相邻自然保护地，将符合条件的优先整合设立国家公园。其二，在保持生态系统完整、保护地面积不减少、保护强度不降低、保护性质不改变的基本前提下，以保护为核心，充分保障人民权益，合理调整矛盾冲突区域，优化明细保护地边界区划。

(三)完善资源总量管理和全面节约制度

一是强化约束性指标管理,实行总量和强度双控。大理州强化约束性指标管理,实行能源和水资源消耗、建设用地等总量和强度双控行动。其一,创新资源宏观管理方式,采取资源节约和高效利用的硬措施落实这一要求,既要控制总量,也要控制单位生产总值能耗、水耗、建设用地强度。其二,把资源利用双控目标同环境改善目标、经济发展目标、社会和谐目标有机结合起来,建立目标责任制,合理分解落实,将资源利用双控指标纳入经济社会发展综合评价体系。

二是完善最严格的耕地保护制度和土地节约集约利用制度。其一,大理州完善基本农田保护制度,划定永久基本农田红线。加强耕地质量等级评定与监测,强化耕地质量保护与提升建设。其二,大理州完善耕地占补平衡制度。实施建设用地总量控制和减量化管理,建立节约集约用地激励和约束机制,调整结构,盘活存量,合理安排土地利用年度计划。

三是完善最严格的水资源管理制度。其一,大理州建立健全计量体系和征管体系,构建节约集约用水机制,促进水资源使用结构调整和优化配置。其二,大理州完善规划和建设项目水资源论证制度。主要运用价格和税收手段,逐步建立农业灌溉用水量控制和定额管理、高耗水工业企业计划用水和定额管理制度。

四是建立天然林保护制度和湿地保护制度。其一,大理州将所有天然林纳入保护范围。逐步推进国有林区政企分开,完善以购买服务为主的国有林场公益林管护机制。完善集体林权制度,稳定承包权,拓展经营权能,健全林权抵押贷款和流转制度。其二,大理州将所有湿地纳入保护范围,确定各类湿地功能,规范保护利用行为,建立湿地生态修复机制。

五是健全矿产资源开发利用管理制度。大理州完善矿产资源管理新机制,强化矿产资源开发与保护。按照公开、公平、公正原则,健全完善并严格执行矿产资源有偿使用制度。建立矿产资源开发利用水平调查评估制度，加强矿产资源查明登记和有偿计时占用登记管理。建立矿产资源集约开发机制，提高矿区企业集中度，鼓励规模化开发。完善鼓励提高矿产资源利用水平的经济政策。完善重要矿产资源回收利用的产业化扶持机制。完善矿山地质环境保护和土地复垦制度。强化生态保护意识，打造布局合理、开发有序、利用高效、管理科学、生态环保的矿产资源开发利用新模式，构建矿产资源节约集约利用的新格局。

（四）健全资源有偿使用和生态补偿制度

一是建立健全资源有偿使用制度。其一，大理州加快自然资源及其产品价格改革，建立和完善反映市场供求状况、资源稀缺程度和环境损害成本的资源性产品价格形成机制，推进农业水价综合改革，完善城镇居民用水阶梯价格制度。其二，大理州完善土地有偿使用制度，深化国有建设用地有偿使用制度改革，完善地价形成机制和评估制度。其三，大理州完善矿产资源有偿使用制度，探索矿业权出让制度。

二是完善生态补偿机制。其一，大理州按照省年度动态计算的生态价值以及预分配的省级生态保护补偿资金，结合全州实际，公正分配下达 12 县市生态功能区转移支付资金。不断完善生态保护成效与资金分配挂钩的激励约束机制，对生态环境变好的县市，适当增加生态价值补助资金作为奖励；对因非不可控因素导致生态环境恶化的县市，根据年度生态环境变差的情况扣减生态价值补助资金。其二，大理州建立地区间横向生态保护补偿机制，推动洱海流域、沘江流域等重点跨界水域水质补偿试点。进一步建立和完善自然保护区、森林公园、湿地公园、高原湿地等保护地的生态补偿机制，并认真落实。

（五）完善生态环境监督管理体制

大理州十分重视加强生态文明建设的总体设计和组织领导。根据国家和省的要求，结合大理实际，大理州设立了国有自然资源资产管理和自然生态监管机构，进一步完善生态环境管理制度。

一是建立健全环境治理体系。其一,大理州完善污染物排放许可制,建立污染防治区域联防联控机制,开展生态环境损害赔偿制度改革试点工作,落实省以下环保机构监测监察执法垂直管理制度,健全生态环境监测网络。其二,大理州健全环境信息公开制度,及时准确披露各类环境信息,扩大公开范围,保障公众知情权,维护公众环境权益。

二是培育环境治理和生态保护市场主体。大理州全面放开环境保护市场,推行环境供给市场化。通过相关优惠政策与措施,鼓励各类投资进入环保市场,吸引社会资本参与建设和运营,建立吸引社会资本投入生态环境保护的市场化机制,采取政府购买服务等方式,推进环境污染第三方治理。

三是推行排污权交易制度。大理州积极开展排污权交易试点,研究建立排污权交易制度,并不断扩大涵盖的污染物和排污单位范围。改变单纯以行政区域为单元分解污染物排放总量指标的方式和总量减排核算考核办法,通过实施排污许可制,落实企事业单位污染物排放总量控制要求,逐步实现由行政区域污染物排放总量控制向企事业单位污染物排放总量控制转变,控制范围逐渐统一到固定污染源。

(六)完善生态文明绩效评价考核和责任追究制度

一是健全生态文明绩效评价考核制度。其一,大理州制定生态文明目标评价考核办法、绿色发展指标体系,健全政绩考核制度,把资源消耗、环境损害、生态效益纳入经济社会发展评价体系。根据不同区域主体功能定位,实行差异化绩效评价考核,增加考核权重。其二,大理州完善县域经济发展分类考核评价办法,针对各县(市)所处的功能区域设定不同的考核标准,按照重点开发区、限制开发区、禁止开发区、农产品主产区、重点生态功能区、生态脆弱区的分类合理确定州对县的考核指标体系。其三,大理州建立资源环境承载能力监测预警机制,对资源消耗和环境容量超过或接近承载能力的区域,实行预警提醒和限制措施。探索编制森林(含公益林)、湿地、水、土地等自然资源资产负债表。

二是建立生态文明建设责任追究制。其一,大理州坚持任中审计和离任审计相结合,开展领导干部自然资源资产离任审计。建立生态环境损害责任终身追究制,实行地方党委和政府领导班子成员生态文明建设一岗双责。按照《党政领导干部生态环境损害责任追究办法(暂行)》,以自然资源资产离任审计结果和生态环境损害情况为依据,明确追究情形和认定程序,对领导干部离任后出现重大生态环境损害并认定其需要承担责任的,实行终身追责。其二,大理州建立环境保护督察制度,加大对环境质量差、环境隐患多、生态受损重的县(市)的环境保护督查力度,对存在环境突出问题的地方,开展不定期专项督查。

二、底线思维:筑牢生态安全绿色屏障

人类文明的进步与生态安全息息相关,生态安全的本质在于为人类可持续发展提供生态条件这一基本保障。为此,党中央确立了"五位一体"的总体布局,把生态文明建设与经济建设、政治建设、社会建设和文化建设并列置于同样重要的位置。据此,大理州通过划定严守生态红线、提升生态系统功能、重点区域生态治理、保护生物多样性等一系列坚强有力的举措筑牢了生态安全绿色屏障。

(一)划定严守生态红线

严格划定和恪守生态红线。其一,大理州构建生态安全屏障。大理州建设了以苍山—洱海为核心、老君山和无量山及其延伸地区为两翼、高原湿地湖泊区和其他块状分布的重要自然文化资源保护区域为重点的"一核两翼、一区多点"生态安全屏障,划定并严守生态保护红线。其二,大理州在重要生态功能区、生态环境敏感区和脆弱区等区域划定生态保护红线,实行严格保护,加大对越线行为的惩戒。其三,大理州划定并严守森林、林地、湿地、物种等生态红线。按照确保生态功能不降低、面积不减少、性质不改变的基本要求,不断扩大生态保护红线范围,逐步完善生态保护红线空间布局。其四,大理州强化各级政府及部门划定和

严守生态保护红线的责任，制定生态保护红线相关管控办法，建立健全严守生态保护红线的管控体系。

（二）提升生态系统功能

一是加强湿地生态保护。大理州以高原湿地为保护重点，加大对高海拔、脆弱地区沼泽湿地及湖滨带、面山及汇水区植被的保护，维护湿地生态系统的结构和生态功能。其一，建立完善全州湿地保护管理体系，全面提升湿地有效保护、科学管理和合理利用水平。其二，加强湿地分类管理体系建设，加快推进国家湿地公园建设。其三，继续加大退化湿地生态科学修复，扩大天然湿地面积。其四，完善湿地资源调查监测、科普宣教和技术培训体系，构建统一的湿地科研、监测、评估和预警平台；开展湿地可持续利用示范、社区扶持共建和湿地生态效益补偿；继续加大宣传，引导公众认识湿地，自觉参与湿地保护。

二是加强草原生态保护。其一，大理州实施生态修复工程，加大退牧还草和溶岩地区草地治理实施力度，对重度退化草原进行保护和修复。其二，大理州开展草原围栏建设、退化草原补助、草原改良等，对退化草原实施禁牧、休牧和划区轮牧，促进草原植被的休养生息。其三，大理州推进人工饲草地、舍饲棚圈、青贮窖和储草棚等草原基础设施建设，转变草原畜牧业生产方式，提升畜牧业集约化、现代化水平，减少天然草原放牧压力。

三是加强农田保护与改良农田生态系统。其一，大理州划定和保护永久性基本农田，严控建设用地占用优质耕地。加快高标准基本农田建设步伐，实施耕地保护和质量提升行动，加强耕地地力调查与评价，加大日常管护力度，加强旱地农田、果园、菜园等农田生态系统的保育以及退化农田的改良修复力度。其二，大理州加强水域生态保护，发展水产健康养殖。在宾川、祥云、弥渡、巍山等养殖池塘较多的县，一是要求加快进行标准化池塘建设与改造；二是要求实施规模化种养结合的生态稻田养鱼养蟹养虾，提高资源利用率和综合效益；三是要求注重渔业环保设施建设，保护渔业生态环境；四是要求强化示范带动作用，积极创建水产健康养殖示范场；五是要求大力推广生态养殖、养殖用水循环利用、微孔增氧、底部排污、水质在线监控等先进技术，扩大渔业机械普及率，全面提高养殖水产品质量和效益。

四是注重资源养护，建设水生态文明。其一，大理州加强流域性水生生物资源调查评估，科学确定捕捞限额指标，完善捕捞限额和捕捞许可制度。其二，大理州加大洱海流域水生态环境保护力度，禁止在流域范围内开展水产养殖活动。其三，大理州加强库区水产养殖承载量的研究，科学确定库区网箱养殖面积、区域布局、养殖容量、养殖品种。再次，大理州加快各类水生生物自然保护区和水产种质资源保护区建设，有效遏制渔业水域生态环境恶化、水生生物种类数量减少、资源衰退的趋势。其四，大理州切实抓好水生生物资源增殖放流工作，禁止投放转基因种、杂交种和外来种，规范在天然水域开展的群众性自发放生行为。其五，大理州认真贯彻执行洱海、青海湖、西湖、剑湖、草海以及州境内长江流域禁渔制度，适当延长重点湖泊的禁渔期。其六，大理州建立健全渔业生态补偿机制，切实加强对境内重点涉渔工程鱼类增殖站、捕捞过坝、人工模拟产卵场、标志性放流等水生生物资源补偿措施实施情况的监督管理。

五是强化渔政执法工作。其一，大理州加强渔政执法装备设施建设，提高渔政执法监管水平；健全渔政执法体制，加强执法人员培训，促进知识更新，提升执法水平。其二，大理州严厉打击破坏渔业资源的各种违法行为，依法严处电、毒、炸、绝户网等非法捕捞行为，强化水生野生动物保护。其三，大理州加大对涉渔工程环境影响评价报告等各项水生生态补偿措施落实情况的执法检查力度，努力弥补涉渔工程对水生生态环境和资源的不利影响。其四，大理州以金沙江、澜沧江电站库区、中型水库、重点养殖区为重点，抓好渔业船舶检验、登记、水产品质量检测体系和渔业水域环境检测体系建设，确保渔业生产、水产品质量和水生态安全得到有效保障。

(三)重点区域生态治理

一是加强洱海流域系统治理。其一,大理州紧紧围绕洱海流域生态环境保护优先的要求,关停洱海流域、洱海面山、风景名胜区、水源保护地、河流汇水区、矿山地质环境隐患区、高速公路面山、城市城镇村庄附近等敏感区域的采石、采砂、采矿等非煤矿山。其二,大理州对洱海流域(含大理市及洱源县)、需要恢复治理的已关闭采矿权的矿山按照“精准整治,一矿一策”的要求,结合各采矿点需恢复治理的实际情况,通过工程治理及生物治理,形成对已采矿区进行生态植被修复治理方案。

二是加强生态系统修复治理。其一,大理州稳步推进重点生态功能区、生态脆弱区的生态系统修复,自然修复与人工促进相结合,以点带面,综合治理,提升生态服务功能。其二,大理州加强退化森林和残次林修复,封、补、抚、改并举,逐步培育为地带性森林、混交林、复层林、异龄林,提高生态系统稳定性。其三,大理州加快工矿废弃地、破损山体和灾毁林地生态治理和植被恢复,加强石漠化生态治理。

三是加强水土流失综合治理。其一,大理州积极推进金沙江、红河、澜沧江、怒江等江河流域水土保持综合治理工程建设,重点做好小流域坡耕地水土流失综合治理和生态清洁小流域综合治理。其二,大理州进一步加大水土保持预防监督工作力度,从严控制重要生态保护区、水源涵养区、江河源头和山地灾害易发区等区域生产建设项目,特别对洱海流域及重要饮用水水源保护区域严格限制或禁止可能造成水土流失的生产建设项目。

(四)保护生物多样性

一是完善自然保护体系。大理州构建以自然保护区为主体、其他保护地和保护小区为补充的自然保护体系,完善生物多样性保护网络,加强典型生态系统、珍稀濒危野生动植物物种的就地保护,加强地质公园、森林公园、湿地公园等保护地管理，为生物多样性保护提供完整、有效的自然空间。

二是保护珍稀濒危野生动植物。其一，大理州保护、修复和扩大珍稀濒危野生动植物栖息地，建设生态廊道，改善栖息地碎片化、孤岛化、种群交流通道阻断的状况。其二，大理州开展濒危野生动植物抢救性保护，优先实施重点保护野生动植物和极小种群野生动植物保护工程，科学进行珍稀濒危野生动植物自然回归。其三，大理州加强物种基因保存，着力构建就地保存、异地保存和设施保存有机结合的野生动植物和林木种质基因保存体系。

三、全民参与：培育生态文明良好风尚

大理州通过生态教育、生态宣传、生态文化传播等多种形式，倡导尊重自然、顺应自然、保护自然的生态文明理念，提高全民生态文明意识，弘扬大理优秀传统生态文化，使生态文明理念融入到广大民众的日常生产生活中，实现生活方式绿色化。

（一）提高生态文明意识

一是开展生态文明教育，提高生态责任意识。其一，构建全民生态教育体系。大理州积极培育生态文化、生态道德，使生态文明成为社会主流价值观，成为社会主义核心价值观的重要内容，并将生态文化知识和生态意识教育纳入国民教育体系、干部教育体系和企业培训体系，加强生态教育能力建设。其二，开展生态日常教育。大理州有机结合社会主义核心价值观建设工程，开展环境污染与生态破坏案例剖析，建设特色鲜明的生态文化教育基地、生态文化长廊、生态公园、生态文化宣传牌，加强生态文明建设理论研究，重点做好社区公共生态文明教育体系建设，警醒公众的生态忧患意识。其三，开展生态体验教育。大理州结合洱海保护，广泛开展环保志愿者行动、义务植树造林等环保公益活动，打造青少年生态文明志愿活动示范区，积极开展生态农业、生态旅游等

实践活动,充分发挥各类保护地的生态教育和生态体验作用,引导全社会树立生态文明意识。

二是开展生态文明宣传,增强生态道德意识。其一,搭建生态文明建设热点问题点评专栏。大理州依托大理日报、大理州广播电台、大理电视台等3家新闻媒体,开辟专栏,进行相关生态知识的宣传,聚焦大理内外生态文明建设热点问题,加强舆论引导,不断普及和提高广大人民群众的生态文明意识。其二,编写印发生态文明宣传手册。大理州向各党政机关、企事业单位、学校、科研院所、民间团体及社会大众印发生态文明建设规划宣传手册,有效扩大生态文明建设宣传面。其三,利用世界地球日、世界环境日、世界森林日、世界湿地日、世界水日等载体,组织开展好主题宣传活动。其四,利用好互联网新媒体,加大生态文明宣传力度,提高公众节约意识、环保意识、生态意识,形成崇尚生态文明的良好社会氛围。其五,重视农村地区生态文明宣传教育工作。大理州紧密结合农村精神文明建设工程和文化惠民工程,不断强化农村生态文明的宣传教育,把生态文明建设内容纳入村规民约。

(二)倡导绿色生活方式

大理州通过倡导居民使用绿色产品,倡导民众参与绿色志愿服务,引导民众树立绿色增长、共建共享的理念,使绿色消费、绿色出行、绿色居住成为人们的自觉行动,在充分享受绿色发展所带来的便利和舒适的同时,履行好应尽的可持续发展的责任和义务。

一是强化绿色消费意识,推广绿色居住,鼓励绿色出行,在衣、食、游、住、行等消费领域加快绿色转变。其一,大理州倡导购买绿色环保产品,支持绿色生产企业,鼓励居民选购节水龙头、节水马桶、节水洗衣机等节水产品,鼓励居民使用节能、环保、高效的节能产品。其二,大理州要求星级宾馆、连锁酒店要逐步减少“六小件”等一次性用品的免费提供。其三,大理州加大对“白色污染”的源头治理,要求商场、超市、农贸市场等商品零售场所要严格执行“限塑令”。其四,大理州鼓励市民选择步行、自行车和公共交通等低碳出行及出游方式，选购节能环保型和新能源机动车，自觉保护景区生态环境及人文景观。

二是全面推行绿色办公，推进电子政务建设。其一，大理州引导各级公共机构及干部职工开展绿色建设、办公、出行、食堂、数据中心、文化等节能行动，推动生活方式向勤俭节约、绿色低碳、文明健康的方向转变。其二，大理州广泛开展全民节能低碳宣传教育，大力倡导勤俭节约、绿色低碳的社会风尚，在全社会营造节能降碳浓厚氛围，促进经济社会发展全面绿色转型，助力实现碳达峰、碳中和。

三是完善政府采购相关规定，制定政府采购绿色产品制度，倡导非政府机构、企业实行绿色采购。一方面，大理州要求对于已列入绿色品目清单的产品类别，采购人可在采购需求中提出更高的节约资源和保护环境要求，对符合条件的获证产品给予优先待遇。另一方面，大理州要求对于未列入品目清单的产品类别，鼓励采购人综合考虑节能、节水、环保、循环、低碳、再生、有机等因素，参考相关国家标准、行业标准或团体标准，在采购需求中提出相关绿色采购要求，促进绿色产品推广应用。

（三）鼓励公众积极参与

积极建立健全公众参与渠道。其一，大理州建立健全公众参与生态文明建设决策的有效渠道和合理机制，畅通环保信访、12369 环保热线、环保网络等渠道，支持鼓励公众对政府生态文明建设工作和企业等生产经营户的排污行为，特别是洱海流域的污染行为进行监督。其二，大理州完善公众监督举报制度、听证制度、舆论监督制度，增强公众在建设项目立项、实施、后评价等环节的参与度，保障公民知情权，构建全民参与的社会行动体系。其三，大理州引导生态文明建设领域各类社会组织健康有序发展、有序维权，充分发挥学校、工会、共青团、妇联、民间组织和志愿者积极作用，建设洱海生态保护公益基金，形成全社会积极参与生态文明建设的良好氛围。

第二节　八大攻坚:强化洱海水域保护

2015年1月20日,习近平总书记来到云南省大理白族自治州的洱海地区考察,殷殷嘱托大理干部群众"一定要把洱海保护好,让'苍山不墨千秋画,洱海无弦万古琴'的自然美景永驻人间",并"立此存照,过几年再来,希望水更干净清澈"①。2015年以来,大理州深入贯彻落实习近平总书记、韩正副总理批示指示精神和省委、省政府关于洱海保护治理的新部署新要求,坚持以洱海保护统领全州经济社会发展全局,健全完善组织领导体系,成立了州洱海保护治理及流域转型发展工作领导小组,制定了打好环湖截污、生态搬迁、矿山整治、农业面源污染治理、河道治理、环湖生态修复、水质改善提升、过度开发建设治理"八大攻坚战"系列专项方案,调整充实了州指挥部、州"八大攻坚战"工作推进领导小组和流域16支派驻乡镇工作队,全面打响洱海保护治理"八大攻坚战",开启了洱海保护治理及流域转型发展新征程。

一、环湖截污:实现系统性治污

大理州委、州政府时刻牢记习近平总书记"要治污、先截污,洱海生态环境优良,要好好保护,不能在我们手里受到破坏"②的嘱托,坚决打赢环湖截污攻坚战,决不让污水进入洱海。从2015年开始,大理州就启动实施了洱海流域截污治污工程,将洱海流域划分为15个片区,实行"厂网一体"整体推进,全面排查污水收集、处理和尾水排放3个体系,以及农户化粪池"四水全收"、农户化粪池与污水收集支管、污水收集支管与主干管、主干管与污水处理厂、污水处理厂与尾水库塘5个互联互通关键节点,确保洱海流域截污治污工程全覆盖。

---

① 2015年1月20日,习近平总书记在云南省大理白族自治州的洱海地区考察时的讲话。
② 2015年1月20日,习近平总书记在洱海边考察环境时的讲话。

（一）转变治污思路

为深入贯彻落实党中央和省州有关精神，大理州在科学论证和总结以往洱海保护治理经验的基础上，一致认为："当前保护治理面临重要'拐点'，如果继续按照传统方式，前几年保护治理将前功尽弃。污水问题没有解决，洱海就不可能治理好，只有环湖截污才能治标治本。"[①]2013年9月，大理州人民政府决定实施洱海环湖截污工程并委托中国市政工程西南设计院进行规划设计。整个工程包括新建污水处理厂6座，设计总规模为日处理11.8万立方米，一期建设污水处理厂总规模为日处理5.4万立方米；新建截污干管（渠）320.3千米，其中含十八溪河道截污管道211千米；干渠8.1千米；新建提升泵站12座，总规模为每秒8.2立方米；配套新建混合调蓄池15座，总规模为8.66万立方米。

（二）创新治污模式

洱海水质改善初期投入大、时间长、资金不足是洱海保护治理初期遇到的重大瓶颈。2016年，大理州抓住国家大力推进PPP项目的契机，通过政府与社会资本合作，缓解了洱海保护治理的资金投入难题。如大理市洱海环湖截污（一期）PPP项目双廊镇下沉式再生水厂建设项目，作为财政部第二批PPP示范项目，6座再生污水处理厂工程总预算34.9亿元，远超大理州"十二五"期间洱海保护治理的总投入。在此项目中，大理州用1亿元的资本金，撬动了社会资本投资28.8亿元。项目建成后由中国水环境集团负责专业化运营，代替政府提供洱海保护治理公共服务。最终通过中国水环境集团的技术提升，项目实际投资节省了约6亿元，并且按省、州、市抢救洱海的要求三轮提速，提前工期6个月。项目已经释放出巨大的生态环境价值。截至2020年1月，作为洱海环湖截污一期项目，洱海沿湖已经完成并投入运行下沉式再生水厂6座，全

① 大理州委书记陈坚在大理州2017年11月6日召开的洱海保护治理"七大行动"工作会议上的讲话。

年共计处理水量达1710.8万立方米，具有年消减COD量1351.3吨、氨氮239.6吨、总磷39.4吨的能力，实现了污水处理的资源化利用和零排放，为洱海水质持续改善提供了有力支撑。

（三）深化治污技术

一方面，大理州在洱海流域建成19座污水处理厂、4519千米污水收集管网、138个村落污水处理站、14.7万个化粪池、92座尾水库塘、生态湿地2.76万亩，日处理能力达到23.9万吨，系统构建了“从农户到村镇、收集到处理、尾水排放利用、湿地深度净化”的生活污水收集处理体系。自2018年6月闭合运行以来，累计收集处理污水2.14亿吨，削减总磷471吨、总氮3573吨、氨氮2608吨、化学需氧量34712吨。

另一方面，污水处理厂藏身于地下，下沉式再生水处理系统使用生态技术，污水经处理后水质优于地表水Ⅳ类标准，尾水进入生态塘库进一步自然净化后出水标准达到地表水Ⅲ类，用于城市景观用水、农业灌溉等，每年可减少从洱海抽清水进行农灌与使用2000万立方米以上。

二、生态搬迁：践行整体性治污

“绿水青山就是金山银山”，保护好生态环境，功在当下、利在千秋。大理州为坚决打赢生态搬迁攻坚战，通过实施划好生态“三线”、做好生态搬迁、建好生态绿道等系列举措，决不让“人进湖退”的现象发生，实现了大理经济的绿色可持续发展。

（一）划好生态“三线”

大理州根据国家重大水专项洱海课题研究成果和洱海流域水环境综合治理的相关专项规划，充分考虑洱海周边实际情况，坚持以人为本，广泛听取了沿湖群众和社会各界的意见，经过专家反复论证综合，形成了《大理市洱海生态环境保护“三线”划定方案》。其一，蓝线是洱海湖区界线，以“2007年环洱海数字化修测地形图”和2014年勘定的1966米湖区范围界线划定。其二，绿线是洱海湖滨保护带界线，以蓝线为基准线外延 15 米划定。其三,红线是洱海水生态保护区核心区界线,以洱海海西、海北(上关镇境内)蓝线外延 100 米,洱海东北片区(海东镇、挖色镇、双廊镇境内)环海路道路外侧路肩外延 30 米划定。大理州通过实施洱海生态环境保护“三线”划定,开展了洱海湖滨缓冲带、生态湿地和生态廊道建设,构建了生态屏障,促进了洱海水生态环境改善。

(二) 做好生态搬迁

“三线”划定生态搬迁安置工作涉及大理市沿湖 8 个镇 24 个村委会 1806 户建构筑物的生态搬迁,大理州根据群众意愿选取安置地块进行安置。工作启动以来,大理市成立了大理市洱海生态环境保护“三线”划定项目工程指挥部,成立“三线”划定工作组,下设综合组、资金保障组、生态搬迁安置组、工程组、法律顾问组、宣传组、纪律督察组、群众工作组,并在各镇成立镇指挥部,全力开展大理市环洱海流域湖滨缓冲带生态修复与湿地建设工程项目范围内房屋搬迁安置及补偿工作。截至 2018 年 12 月 30 日,圆满完成 1806 户“三线”划定生态搬迁工作。为做好 1806 户生态搬迁户安置工作,大理市于 2019 年启动洱海保护生态搬迁“1806”小镇项目建设,截至 2021 年 2 月已完成投资 32.48 亿元、1160 套安置房建设任务。下一步,将按照“宜安居、兴产业、共发展”的目标要求,以“1806”小镇项目建设为核心聚集产业,实现产城融合,将“1806”小镇项目打造成为生态搬迁和转型发展的典范,让搬迁群众实现安居乐业。

(三) 建好生态绿道

大理州在“三线”范围内实施洱海流域湖滨缓冲带生态修复与湿地建设工程,项目建设用地依法有偿征收,项目范围内土地房屋有序腾退,涉及的建筑物、构筑物及附属设施、零星林果木等依据相关规定补偿。征收的土地全部用于湖滨缓冲带、生态湿地和生态廊道建设,恢复洱海自然生态岸线,形成完整的陆地与湖泊水体的过渡缓冲区域,对于提高洱海水生态系统的稳定性,防止生态退化,改善水质具有重要作用。洱海生态廊道建设主要包括四大工程:790 多公顷的生态修复和湿地建设,129 千米的环湖生态廊道和若干环境监测站点,30 千米污水管网的完善和 5 个带有湿地修复功能的科研实验基地。

三、矿山整改:实行综合性治污

大理州坚决打赢矿山整治攻坚战,决不让已关停取缔的矿山死灰复燃。2016 年以来,大理州采取强有力的措施,全面关停洱海流域范围非煤矿山、持续推进洱海流域非煤矿山整治、关停和搬迁洱海周边水泥厂、实施矿山生态修复工程、加大矿山执法监督力度。如今,全市矿山整治工作成效明显,昔日被破坏的山体重新披上了“绿衣”。

(一)淘汰落后产能

按照洱海保护、生态保护的总体目标,大理州结合各部门对设置采矿权的要求,根据实地情况,对大理市 57 个非煤矿山采矿区展开拉网式排查。通过排查完成了全市 57 家取得采矿许可的企业和采矿权人的勘查储量报告、环评准入、环境恢复治理方案、安全生产许可证、营业执照、水土保持方案办理情况以及各类行政审批手续。按照《大理市洱海流域径流区内非煤矿山关闭工作方案》,大理市洱海流域范围 49 个非煤矿山(含 3 个水泥厂)需进行关闭。截至 2020 年 11 月,大理市洱海流域范围 49 个非煤矿山已全部关停,矿区生产生活设施已经全面拆除,废渣及时清运,并在矿区醒目位置设置关闭标识牌。43 个采矿权注销工作已完成,剩余 3 个采矿权等待到期注销。

同时,大理州按照省委、省政府关于洱海周边水泥产业向外转移要实现“2019 年底老厂拆除,新厂建成”的要求,滇西水泥、大理水泥、红山水泥等三家水泥企业已于 2019 年 12 月 31 日实现停产,限水限电,并且通过省工信委的淘汰产能验收。目前,三家水泥厂的职工安置工作完毕,正在开展矿山复绿,并开展“退二进三”转型发展的相关工作。

（二）布局新兴产业

大理州在产业转型升级上不断提质增速，高标准推动经济绿色发展，积极构建绿色现代产业体系。一方面，大理州积极发展现代农业。引进和培育新型农业经营主体，坚持“大产业＋新主体＋新平台”发展模式，健全“种养＋加工＋销售＋流通”产业链。推动洱海流域种植结构调整，大力发展生态互补型绿色高效农业，推进田园综合体建设，实施好云粮集团万亩绿色水稻项目，积极打造世界一流“绿色食品牌”示范区、国家现代农业产业园。另一方面，大理州加快发展绿色工业。抓实嘉士伯啤酒进口高速罐线、翰宇药业工业大麻深加工基地等10个重点工业项目建设。强化“一企一策”精准帮扶，切实为企业纾困解难。狠抓“小升规”工作，新增规模以上工业企业5户。稳步推进工业转型升级，加强高新技术企业、创新型企业培育，支持食品饮料、生物制药、烟草烟辅等重点企业实施数字化、绿色化升级改造，创建一批数字车间、数字工厂和绿色工厂。

（三）修复自然风光

大理州采取工程治理与自然修复相结合，以自然修复为主的方式开展矿山生态修复工程。修复中，根据矿山的开采现状及矿区地质地形的特点，本着宜喷则喷、宜栽则栽、宜播则播的原则，对边坡采用团粒喷播的工艺进行生态修复；对宕底采用种植土回填、栽植本地树种旱冬瓜、撒播乔灌草籽的方式进行复绿。经过多年专业的养护管理，矿山逐步形成了自然、稳定、完整的生态系统。截至2020年11月，全州已完成57个矿山修复，工程修复后植绿复绿8491亩。在此基础上，大理州还将洱海流域列入一级巡查区，各乡镇及市级相关部门加大巡查力度，向社会公布“关闭矿区　严禁开采”举报电话，在洱海流域挖砂取石敏感区域设置“洱海保护　严禁开采”警示牌，持久开展矿产资源领域“打非治违”专项行动，不断巩固强化巡查工作，决不让洱海流域关停矿山死灰复燃。

四、农业转型:推行多样性治污

坚决打赢农业面源污染治理攻坚战,决不让"大药大水大肥"的种植方式持续下去。近年来,大理州紧紧围绕洱海保护治理和打造世界一流"洱海绿色食品品牌"的总体目标,按照"源头控制、过程阻断、本底减排、末端消纳"的治理思路,全力开展农业面源污染治理和农业转型发展工作,力争把洱海流域打造成为全国面源污染治理的典范。

(一)实行"三禁四推"实现农业发展绿色化

大理州全面实施农业面源污染减量行动,强力抓实"三禁四推":禁止销售使用含氮磷化肥,禁止销售使用高毒高残留农药,禁止种植以大蒜为主的大水大肥农作物,推行有机肥替代化肥、病虫害绿色防控、农作物绿色生态种植和畜禽标准化及渔业生态健康养殖。如 2018 年,洱海流域化肥、农药使用量为 1.4 万吨、282.2 吨,分别比 2015 年减少 47.8%、16.7%。截至 2019 年 7 月下旬,洱海流域内有 40632 户农户自愿签订禁种大蒜承诺书,推广使用商品有机肥 1.7 万吨;已实施水稻、烤烟等绿色生态种植 18.3 万亩,稻渔综合种养示范 6300 亩,发展水果、中药材等常年生作物 5.75 万亩;累计建成有机肥加工厂两座、畜禽粪便收集站 25 个。2019 年上半年,共收集处理畜禽粪便 7.75 万吨。

(二)调整产业结构实现农业发展高效化

一方面,大理州通过调结构、减用水、做好"三基本"等措施,积极推广绿色生态种植,实施有机肥替代化肥,着力推行病虫害绿色防控,持续推进高标准农田和高效节水灌溉建设,构建种养循环发展机制,推进农业生产废弃物资源化利用等,全力做好农业面源污染减排,不断加快农业产业结构调整优化。另一方面,大理州还不断加快土地流转步伐,有序推进海西片区土地经营权流转工作,积极支持新型农业经营主体发展规模经营,引进云南省粮食产业集团有限公司等实力较强的农业经营主体入驻大理,有效示范带动大理市洱海流域水稻绿色有机化种植,进一步实现产业新、乡村美、农民富,助推产业转型发展。

(三)实施示范项目实现农业发展一体化

大理州通过扎实抓好两个国家级洱海流域农业面源污染综合治理试点项目,来实现农业发展一体化。如大理州在2017年12月31日前完成了喜洲镇和上关镇种养一体化示范区建设,使示范区畜禽粪便处置率、资源化利用率达90%以上。同时,大理州完成了大理镇、银桥镇3.2万亩水肥一体化高效生态农业示范区建设,使农药、化肥用量逐年减少,农业灌溉用水得到高效循环利用。

五、河道治理:执行连贯性治污

坚决打赢河道治理攻坚战,决不让劣质水体流入洱海。为改善和提升洱海入湖水质,大理州于2016年就启动实施了洱海主要入湖河道综合治理工程,对洱海主要入湖河流和山洪沟开展水土流失、污染防控和河道生态环境改善等综合治理工程,确保亿方清水产流入湖,促进洱海水质不断改善提升。近期,大理州更是主动作为、综合施策,坚守洱海主要入湖河道的生态红线,落实水质提升行动。

(一)压实主体责任

严抓"河湖长制"工作,落实各级责任。自2017年推行河湖长制以来,大理州始终聚焦管好"盛水的盆"和"盆里的水",推动河湖长制从"有名"走向"有实"。河湖长制组织体系、制度体系、责任体系全面建立,美丽河湖建设、四大水系保护修复、洱海保护治理、河湖"清四乱"等专项行动扎实开展。截至2021年7月,大理州委、州政府负责人担任27条主要入湖河道州级河长,30个州级部门联系配合河湖长制,全州五级河长共有22123人,开展河长巡河57.75万人次,处置河湖保护管理问题12.5万个。在此基础上,大理州层层压实各级河(湖)长工作责任,加强河道管理,从严执法监管,强化考核问责,发动全民参与,上下联动,汇集推进了入湖河流水质改善提升的强大合力,确保实现洱海入湖河流水质改善目标。

(二)强化河道治理

一方面,加强河道水质监测。大理州利用流域行政村交界断面水质监测点和入湖口自动监测站,对入湖河道进行水质水量监测,增设了51个州级河长考核断面、10个州级河长工作断面,监测结果一月一通报。与此同时,大理州还进一步加强分段监测,强化河道管控,采用无人机监测等手段,加大巡查、监测力度,找准问题所在,从源头确保清水流入洱海。另一方面,整治无序取水。其一,大理州构建了清水入湖工程体系,持续整治大理市无序取水,加强水资源科学统筹调度,坚决取缔非法取水口,严格管控无序取水,全面加强水资源管理和保护。其二,大理州已封堵苍山十八溪无序取水口106个,对洱海流域809个入河(湖)排污口进行建档立卡,建成流域内"三库连通"清水直补工程、13座大理市城乡自来水厂,实施了27条主要入湖河道生态化治理,累计完成河道治理344千米。在流域外实施海稍水库扩建、鲁地拉置换洱海供水工程,尽量减少流域外用水。

(三)巩固治理成效

一方面,推行绿色革命。大理州在河道两侧绿化精细度上下功夫,加快推进绿色革命,强化绿化工程实施,提升河道绿化层次和品质,加强河道景观精细化管理,高标准高质量做好沿河绿化美化。另一方面,开发旅游资源。大理州不断加强河道沿岸旅游资源开发研究谋划,做好洱海入湖河道沿岸旅游业发展规划,加快推进河道两侧道路慢行道与快行道分离改造,加强高品质步行道、骑行道打造和道路景观设计,让游客近距离接触、感受苍山十八溪最美风光。

六、生态修复:彰显绿色性治污

大理州政府坚决打赢环湖生态修复攻坚战,决不让湖滨生态再受伤害。大理州围绕退耕还林、洱海面山绿化、湿地修复建设和森林资源管护等重点工作,全力推进环湖生态修复,助力洱海保护治理取得明显成效。

（一）面山绿化推进源头修复

大理州以2017年国家储备林建设洱海流域林业生态质量提升一期工程获国家林业局批准为契机,大力推进面山绿化工作。在工程实施中,大理州因地制宜,坚持生物措施与工程措施并重和适地适树原则,探索出“林水结合,水利先行;宜林则林,宜灌则灌;优选树种,林经结合,实事求是,动态调整”的经验,造林中采用见缝插“绿”方式,灵活安放种植塘,确保工程建设实效。仅2018年,就完成造林1.7万亩、封山育林2万亩,建成水池26座,安装提水主管16.5千米、田间管网345.9千米。

（二）湿地建设彰显重点修复

2011年以来,洱海流域先后以工程修复、新建和改扩建的方式建成湿地50块,建设面积2.42万亩。同时,大理州编制了《云南省大理州洱海流域湿地保护修复总体规划(2017—2025)》,对流域中长期湿地修复建设进行了总体规划设计,2019年初依照规划制定了《洱海流域环湖生态修复攻坚战方案》,计划3年内实施0.93万亩环洱海流域生态修复与湿地建设,修复137千米湖滨生态,目前各项任务正有序推进。

（三）资源保护强化监管修复

一方面,大理州全面加强监管,整合林业执法力量,严厉打击乱占和破坏湖滨带湿地、滥挖乱占林地等破坏森林资源违法行为,全力做好森林防火工作,确保湖滨带生态功能的正常发挥。另一方面,大理州切实抓好洱海流域非煤矿山综合整治,开展了森林资源管理“三个全覆盖”、森林督察、中央环保督察“回头看”整改等专项工作,重拳出击,严厉查处洱海流域破坏生态环境问题,强力推进非煤矿山植被恢复,保障洱海流域森林资源安全。

七、水质改善:凸显智能性治污

为呵护碧水清流,让百姓喝得上放心水、看得见清澈水,大理州围绕水质改善提升这一中心,打出水环境综合治理“组合拳”,坚决打赢水质改善提升攻坚战,决不让大面积水质恶化风险发生。

(一)网格管理实现治水精细化

大理州按照“市级统筹、辖区负责、属地管理、责任到人”的原则,建立以水质倒逼,推动工作落实的网格化责任机制。点对点细化措施、层层传导压力,形成“点面结合、湖岸结合、网格管控、单元分析、迅速响应”的工作机制。网格主要由洱海湖区水质监测点、主要入湖河流入湖口水质监测点、38 条沟渠入湖口水质监测点构成,其他未设置监测点的河流沟渠及湖区也全部纳入网格化管理。流域水质网格化管理的核心就是定格、定员、定责、定岗,明确了“前哨机制”,实现巡查“即查即改”,不留一点治水死角,最大限度地为洱海生态筑起堡垒防线。

(二)藻水分离实现治水科学化

一方面,大理州全力除藻减负,确保清水入湖,以最实最硬最急的措施,全力抓好洱海流域生态修复增容,科学调度好洱海水资源,扎实做好蓝藻水华防控。截至 2019 年 6 月,大理州已建成日处理能力 50000 立方米的藻水分离站 4 座,日处理能力 5000 立方米的藻水分离站 1 座,日处理能力 1000 立方米的车载式藻水分离装置 4 套,集装箱日处理能力 2000 立方米的车载式藻水分离装置 7 套,打捞加压控藻船 6 艘,水体改善工程 2 座。另一方面,大理州还不断加强湖区水生生物资源保护和恢复工作。如 2019 年 2 月完成了增殖放流工作,共投放鲢鱼 101.76 吨、鳙鱼 10.1 吨、裂腹鱼 2 吨、杞麓鲤 18.8 吨、春鲤 21 吨、无齿蚌 20.4 吨、螺蛳 2000 颗,目前正在开展 2022 年度渔业资源跟踪监测评估工作。

(三)实时监测实现治水智慧化

一方面,大理州洱海流域生态环境智慧监管中心按照“统一规划、分期实施、整合资源、综合利用、信息共享”的原则，自 2016 年 9 月启动建设，于 2018 年 11 月完成建设并投入试运行，搭建起“1 + N”扁平化综合信息系统。其中“1”为一个监管中心，“N”为各运行系统，还有各委办局相关数据分享，包括环保局、洱管局、流域局、水文局、住建局等相关部门的数据提供，实现了对洱海流域的全方位、全过程的数字化、信息化监管。另一方面，大理州新建了包括污水处理厂、提升泵站、入湖河道、洱海湖湾、藻水分离站、雨量站等在内的 155 座自动化监测站，监测站实行 24 小时数据实时监测，每 4 小时自动取样并分析上传相关数据，监测数据统一存储于云中心，可以随时进行数据抽取及比对。智慧监管中心系统每天对重要指标信息数据进行综合分析，如无异常情况，下午 6 时定时向各级河长进行当日水质情况的短信推送。若发生河道或湖湾数据监测异常，后台报送系统启动后，智慧监管系统将第一时间抽取相关数据，综合分析异常指标，紧急通报区域河长以便及时采取相关应急措施。

（四）严格监管实现治水系统化

一是积极创新洱海执法监管模式，转变执法工作作风。大理州执法人员实行驻点工作制，进行全天候巡查执法监管，以片区为单位，采取白天与夜晚、水面与陆地相结合的方式，重点开展夜间巡查执法，特别针对傍晚和凌晨偷捕现象强化巡查。每天至少对管辖区域进行全方位巡查 4 次，夜间至少巡查 2 次。还从源头上强化监管，对违法违规网具、渔具等从流通环节进行监管，避免在大理市洱海流域销售、使用，与环湖村民签订洱海保护责任书，村民自愿承诺不使用违法违规网具。

二是建立健全洱海联合联动执法监管机制。大理州将沿湖 10 个镇划分为 5 个联合联动执法片区，整合了州、市、乡镇三级环保、公安、洱管等部门的执法力量，形成了“统一查、部门处、纪委督”的执法格局。执法工作突出重点区域、重点时段、重点违法行为等，执法巡查到户到岸、全面覆盖、不留死角，发现问题立即查处。截至 2019 年，联合联动执法工作就共出动执法人员 10471 人次，制止和查处非法捕捞 1662 起，收缴地笼10508个、丝网6388张、船只191艘、其他违法违规网具735件；巡查河流河道1024次，封堵排污口2个，限期完成整改3起，制止滩地违法549起；查办案件44起，移交案件4起，罚款20500元，为打赢洱海水质改善提升攻坚战奠定了坚实基础。

八、开发有序：确保长期性治污

坚决打赢过度开发建设治理攻坚战，决不让洱海流域无序开发乱象重现。近年来，大理州不断扩大洱海保护核心区范围，逐步规范海东新区开发建设，重点妥善解决了洱海周边房地产过度开发、旅游无序发展、产业结构不优、全流域治理不够等难题。

（一）立即整改凸显治理及时性

大理州修改完善相关规划编制，正在推进大理州、大理市国土空间规划编制工作和资源环境承载能力、国土空间开发适宜性评价工作。一方面，开展洱海核心保护区划定及规划编制工作，初步划定了洱海核心保护区的范围和面积。全面停止海东开发区建设，将规划区内已征未批、已批未供、已供未建的建设用地全部收回不再继续建设；已批建设项目除保留已建成和需完善的外，其余全部取消。另一方面，加快推进大理新区建设，开展大理新区生态本底调查，编制生态保护和绿色发展规划及水资源、交通、排水、地质等专项规划。目前，核心区内的客栈餐饮经营户减少了338户。2017年以来洱海流域共拆除违章建筑3329户，拆除面积42.9万平方米。

（二）科学谋划实现开发长效性

其一，大理州正在加快洱海流域相关规划编制调整，科学划定洱海核心保护区，强化洱海流域空间规划管控力度，完善开发保护制度和规划体系，合理确定洱海流域人口规模和发展规模。其二，大理州严格控制洱海流域开发建设，加快推进大理新区建设，有序疏导分流洱海流域产业和人口，逐步降低洱海流域的环境压力，实现洱海流域有序发展。

其三,大理州出台《关于进一步做好洱海流域开发建设项目处置工作的意见》,全面停止洱海周边开发建设项目,重新编制洱海流域国土空间规划,出台规范餐饮客栈经营和农村建房行为的具体办法,严格控制洱海流域城乡建设行为。

第三节 四维共生:提升村级人居环境

改善农村人居环境,是以习近平同志为核心的党中央从战略和全局高度作出的重大决策部署。习近平总书记强调,要建设好生态宜居的美丽乡村,让广大农民在乡村振兴中有更多获得感、幸福感。近年来,在党中央、国务院和省委、省政府的坚强领导下,大理州委、州政府坚持把农村人居环境整治作为打赢脱贫攻坚战的重要内容和实施乡村振兴战略的第一场硬仗,把农村人居环境提升与爱国卫生专项行动紧密结合,全面科学统筹、细化政策措施、强化工作保障,全面打响农村人居环境整治攻坚战,全州城乡面貌焕然一新,新时代美丽宜居大理的新画卷正在徐徐铺展。

一、党政同责:系统化推进政策落实

大理州委、州政府坚持党政同责、一岗两责、失职追责,高度重视村级人居环境提升工作,从成员构成、制度设计、资金保障、考核评价等方面系统部署大理州村级"厕所革命"、污水处理、垃圾治理、房屋整治等方面工作。

(一)坚持高位推动

大理州坚持高点站位、高位谋划、高位推定,从领导层面推动村级人居环境提升。其一,党政重要领导亲自抓村级人居环境提升。大理州成立了由州委书记、州长任组长,州委副书记任常务副组长,州人大、州政府、州政协分管联系领导任副组长,州级相关部门主要负责人为成员的

领导小组,统筹研究制定农村人居环境整治的政策措施,协调解决实施中的重大问题。其二,完善政策措施。大理州制定实施《大理州农村人居环境整治三年行动实施办法(2018—2020 年)》《大理州"厕所革命"三年行动实施方案(2018—2020 年)》《关于深入学习浙江"千村示范、万村整治"工程经验扎实推进农村人居环境整治工作的通知》,明确了主要目标、重点任务、保障措施等,将具体任务分解到县市、州级职能部门,层层抓好工作落实。

(二)强化建章立制

大理州坚持制度先行、制度可行、制度导行,从制度层面推动村级人居环境提升。其一,坚持制度指导。大理州制定实施了《大理州农村人居环境整治技术导则》《大理州农村厕所改造建设技术指南》,组建了大理州农村人居环境整治专家组,建立了改厕指导员制度,为农村人居环境整治暨"厕所革命"提供制度和技术保障。其二,坚持严督实导。大理州建立州级领导及部门(单位)挂钩督导责任制、农村人居环境整治工作季度督查制度,通过州级领导督查、挂钩单位督查、重点督查、专项督查等方式,压实各级党委、政府责任;落实农村人居环境整治成效"红黑榜"制度,强化社会监督,营造全民关心参与农村人居环境整治的良好氛围。

(三)加强资金保障

大理州坚持资金保障到位,从资金层面推动村级人居环境提升。大理州在积极争取中央、省级补助资金的同时,州、县市在财政十分困难的情况下,全力筹措整治资金。从 2018 年到 2020 年,全州累计投入农村人居环境整治资金 114.8 亿元,州级财政对农村无害化卫生户厕改建每座配套补助资金 400 元,三年来共计安排资金 6968.32 万元。如祥云县为提升村级人居环境,县财政每年投入 400 多万元,按照 300 元/月/千米的标准,对 240 千米乡村公路示范带、50 千米示范河道进行补助;筹措资金 903 万余元,按照 10 万元/村的补助标准建设州级"三清洁"示范村

26个、县级“三清洁”示范村66个;到2019年累计投入2.7亿元,完成433个自然村的综合治理。

(四)严格考核评价

大理州坚持干部运用与农村人居环境整治工作挂钩,从考核层面推动村级人居环境提升。大理州在全省率先实行《大理州“三农”工作暨实施乡村振兴战略责任制》,将农村人居环境整治工作纳入州对县市和州级部门综合考评的重要内容,配套制定印发考评办法,将考评结果作为干部选拔任用、追责问责的重要参考或依据。如祥云县通过党、群、企联动,全面凝聚攻坚合力。党政主推,成立了由县委、县政府主要领导任双组长的农村人居环境整治工作领导小组,深入开展“党建+人居环境整治”“党建+爱国卫生运动”行动,精心谋划、高位推动;群众主干,充分激发群众内生动力,切实发挥群众主体作用,祥城镇组织2800余人次开展“全民义务植树党员先锋行动”,栽种树苗5.06万株,绿化57.4千米;企业助力,引进企业投资办厂,生产农村人居环境整治设施设备,同时发动当地企业捐赠垃圾车26辆、垃圾箱1800个、垃圾桶1682个。

二、统筹规划:目标化指明发展方向

大理州委、州政府在乡村建设、村庄规划、农村建房等方面坚持规划引领,通过出台相关政策、实施网格化管理、坚守耕地红线等举措全面推进村级人居环境提升工作落实落细。

(一)乡村建设法治化

大理州按照乡村振兴“产业兴旺、生态宜居、乡风文明、治理有效、生活富裕”的总要求,将绿色发展理念贯穿到农村规划的全过程,充分展示大理独有的自然魅力和人文特色,依照《大理白族自治州村庄规划建设管理条例》及实施细则等规定,进一步理顺乡村规划管理体制机制,有力推动了乡村规划建设管理工作步入法治化、规范化轨道,乡镇总规、村庄规划编制全覆盖。

(二)村庄规划网格化

大理州综合运用卫星影像、无人机航拍等信息技术手段和镇村一级规划建设专管员,不断提升村庄规划许可覆盖率,在全省率先推行村庄规划建设网格化管理,截至2020年5月全州1109个行政村配备农村土地规划建设专管员1819人,实现全覆盖。如巍山县紫金乡推行干部职工及农村党员乡、村、组三级网格化管理制度,2019年全乡223名网格化管理员挂包3744户农户,累计上报各类事项1656余条(次),其中召开群众会议803场,排查各类矛盾纠纷124余件,排查治安安全隐患53起,宣传政策法律法规348次,为民综合服务228次,走访重点人员100余次,所有事项均已办结,提升了网格服务管理智能化水平。如今的李家村,生产发展、生活宽裕、乡风文明、村容整洁、管理民主,被评为云南省级文明村。

(三)农村建房规范化

大理州坚决守住耕地保护红线,强化农村建房用地管理,对农村“两违”保持“零容忍”的高压态势。结合城乡建设用地增减挂钩、棚户区改造,深入推进“空心村”整治。如弥渡县认真落实“一户一宅”政策,对超出“一户一宅”政策规定的农村“空心房”用地由村集体收回,按照解决村民宅基地刚性需求、村内公共设施建设、土地复垦三个用途盘活利用。整治收回的土地采取“以奖代补”的方式,按照75元/平方米的标准给予村集体一次性补助,主要用于村内公共设施配套建设及“空心房”退出户地面建筑和地上附着物的合理补偿。全县摸底排查“空心房”10928宗,拆除面积2792亩。

三、融合治理:创新化整治两污一厕

党的十九大以来,大理州以实施乡村振兴战略为总抓手,聚焦聚力农村生活垃圾治理、农村生活污水治理、农村“厕所革命”等各项重点工作,不断创新工作机制,着力改善农村人居环境。

（一）持续推动农村垃圾治理机制创新

大理州持续巩固“户清扫、组保洁、村收集、乡镇转运、县市处理”五级联动的农村垃圾治理工作机制，不断健全完善村庄生活垃圾保洁和垃圾清运收费制度，积极开展农村生活垃圾就近分类、源头减量试点工作。采取生活垃圾初分、减量、还田、填埋、集中热解气化处置等多种形式，因地制宜处理垃圾；打破县域界限，积极探索构建“一个中心、五个支点、覆盖全州”的城乡生活垃圾跨区域合作无害化处置建设格局。如宾川县全面推行农村生活垃圾分类和资源化利用“三元、三角、三分”模式：巩固“三元收费制度”，为农村生活垃圾分类及资源化利用提供保障；发挥河长制工作网络、垃圾回收公司化运营网络和农业废弃物处理网络的“三角”支撑作用；建立农户一级初分、转运站专人二级分和填埋场或垃圾热解气化站三级分的“三级分类体系”，建立健全了垃圾分类督导员、垃圾回收利用转运队伍和保洁员（分拣员）三支队伍，实现农村生活垃圾“减量化、资源化、无害化”目标。截至2020年6月，全州乡镇镇区垃圾处理设施覆盖率达96.94%、村庄垃圾有效治理率达94.73%，非正规垃圾堆放点整治销号工作全面完成。

（二）稳步推进生活污水处理设施建设

一方面，大理州因地制宜采用污染治理与资源利用相结合、工程措施与生态措施相结合、集中与分散相结合的建设模式和处理工艺，不断提升农村生活污水治理覆盖率。目前，全州12县市均已完成县域农村生活污水治理专项规划编制，并通过州级审查；印发实施《加快推进大理州农村生活污水治理的实施意见》《大理州农村黑臭水体排查工作方案》，把农村水环境治理纳入河（湖）长制管理，强化农村污水收集处理，大力实施农村清洁河道行动。另一方面，大理州在洱海流域村庄构建了“片区截污、村庄截污、河道截污、环湖截污”四层次、服务100.63万人口的截污治污体系，建成17个污水处理厂、88座村落污水处理设施、4292 千米污水收集和输送管网、14.72 万座农村化粪池,实现流域内管网配套全覆盖,初步构建了覆盖全流域“从农户到村镇、收集到处理、尾水排放利用、湿地深度净化”的截污治污体系,实现“四水全收”。截至 2020 年 9 月,大理全州乡镇镇区生活污水处理设施覆盖率达 53.06%,自然村农村生活污水处理设施覆盖率达 16.38%。

(三) 时刻牢记“厕所革命”行动方案落实

一方面,大理州认真贯彻落实习近平总书记“坚持不懈推进‘厕所革命’,努力补齐影响生活品质的短板”的重要指示精神,按照“有序推进、整体提升、建管并重、长效运行”的思路,全面提升农村厕所改建品质和管理质量。另一方面,大理州把“厕所革命”与脱贫攻坚有机结合,对拆除重建的农村危房、易地扶贫搬迁新建住房配套建设无害化卫生户厕。如巍山县投入 2600 万元在全县统建农村无害化卫生户厕 13101 座,永平县投入 2155 万元整县推进 127 座农村公厕建设。从 2018 到 2020 年,全州累计改建乡镇镇区公厕 434 座、农村无害化户厕 167242 座、行政村村委会所在地公厕 1012 座。

四、建章立制:法治化规范主体行为

大理州坚持强化法治引领,规范主体建设机制,通过以法促洁、以制管洁、以规定洁等途径提升村级人居环境。

(一) 以法促洁

大理州制定实施《大理白族自治州乡村清洁条例》,以旅游景点景区周边、公路沿线、村庄、公厕、田园以及沟渠等为重点,全社会动员开展以“清洁家园、清洁水源、清洁田园”等为主要内容的环境卫生整治行动。大理州认真组织开展“洱海保护日”活动,力争不让一点垃圾进入洱海;扎实开展村庄清洁行动,动员广大农民群众,集中力量集中整治村庄环境脏乱差问题。如开展“三清一改”以来,全州累计清理农村生活垃圾

80.97万吨、水塘13681个、沟渠3.18万千米、淤泥15.64万吨、畜禽粪污10.02万吨、残垣断壁3.74万处。

（二）以制管洁

大理州着力建立有制度、有标准、有队伍、有经费、有督查的县、乡、村三级长效管护机制，推动农村人居环境提升逐步实现制度化、规范化、常态化。其一，大理州在全省率先开展以自然村为基本单元的村民自治试点1617个，将村庄规划管控、环境卫生整治、村容村貌改进、古树名木保护、公共设施管护等要求纳入村规民约，引导村民自我管理、自我教育、自我提高，促进群众养成共治共享的良好习惯。其二，大理州将农村人居环境整治作为农村精神文明建设的重要内容，持续开展新时代“十星级文明户”“文明家庭”“最美家庭”等评选活动，广泛推广建设“爱心超市”。如永平县古富村按照“生态宜居”的总要求，围绕“家洁、路平、沟净、田地清”的目标，通过开展“三洁一绿一规范”活动和“十星评比”监督考评机制，采取村级制定方案推动干、党员顶在前面带动干、农户增强意识主动干、开展星级评比促动干，全村人居环境发生质的飞跃，成了远近闻名的人居环境提升示范村。

（三）以规定洁

大理州出台《大理村庄风貌控制及特色民居设计指导意见》、推广《大理白族自治州农村住房建设实用图集》，科学引导农村建筑风貌，以古镇名村等为重点，突出乡土风情、民族特色、地域特点，重点对村庄原有房屋屋顶、外立面等整体外观和门、窗、梁柱外部节点等进行风貌整治；加大乡村绿化美化力度，积极开展植树造林、湿地恢复等活动，扎实抓好“四旁”和庭院绿化，建设绿色生态、宜居秀美村庄。如漾濞县光明村紧紧围绕美丽宜居乡村建设，探索出了“五五模式”：以“旅游入村、土地入股、核桃入社、产品入网、院子入景”的产业“五入”，大力振兴乡村产业；坚持“教学中育、群众中培、企业中带、项目中练、社会中引”的人才“五中”，为乡村发展提供人才支撑；打好“历史文化、核桃文化、民族文化、农耕文化、饮食文化”“五张牌”,处处有乡愁;走“护山有队、管水有制、种田有标、植绿有责、保洁有约”的“五有”乡村治理之路,实现人与自然和谐发展;抓好“思想联员、班子联责、发展联户、管理联动、服务联心”的“五联”工作,个个争先锋。

第六章　在文化传承中活化乡愁

2021年8月,习近平总书记在河北考察时强调:“要保护好、传承好、利用好中华优秀传统文化,挖掘其丰富内涵,以利于更好坚定文化自信、凝聚民族精神”①。这一重要论述,为我们进一步加强优秀传统文化的挖掘与保护、传承和利用,提出了明确要求、提供了根本遵循。乡村文化是乡村振兴的灵魂,重塑和振兴乡村优秀传统文化为乡村振兴实施、乡愁文化发展提供了强有力的支撑和保障。走好乡村振兴道路、保护与发展乡愁文化,需要我们深入挖掘农耕文化蕴含的优秀思想观念、人文精神、道德规范,结合时代要求在保护与传承的基础上创造性转化、创新性发展,重塑和振兴中国乡村优秀传统文化,使乡村优秀传统文化在新时代焕发出新气象,让农村“看得见青山绿水,记得住乡愁”。② 大理抓住大力建设“国家级文化生态保护实验区”的机遇,紧紧围绕“遗产丰富、氛围浓厚、特色鲜明、民众受益”目标,坚持保护优先、整体保护、见人见物见生活理念,文化遗产得到了有效保护和传承,人文生态环境不断改善,遗产

① 龚正龙、韩莉、曹铮、肖煜、田恬:《保护传承利用好中华优秀传统文化》,《河北日报》2021年8月26日。

② 朱蕾、关友芳:《研究“乡愁”深刻内涵 构建“乡愁”理论体系 讲好“中国乡愁故事”》,《大理日报(汉)》2021年8月30日。

的可见度明显增强,文化的多样性得以彰显,社会参与文化遗产保护发展的自觉性进一步提升,①文化的活化利用迈上了新台阶。

第一节　加强保护:筑牢文化之基

大理始终坚持“保护为主、抢救第一、合理利用、传承发展”的方针和“在保护中发展,在发展中保护”的原则,始终秉承“见人见物见生活”的保护理念,出台了一系列文化保护的政策与法规文件,使得全州的文化保护工作有序推进,在传统古村落和非物质文化遗产保护方面取得了明显的成效,让民众在文化保护中记住乡愁。

一、政策引领,打好“底子”

大理在文化保护方面坚持用政策引领,牢牢把握文化保护的正确方向,先后出台了一系列的政策文件与条例办法,为大理的文化保护工作奠定了良好的先导基础。

(一)政策背景

党的十八大以来,以习近平同志为核心的党中央高度重视非物质文化遗产保护工作。习近平总书记多次对非物质文化遗产保护作出重要指示批示,强调党中央支持扶持非物质文化遗产,要着力培养好传承人,一代代接下来、传下去,让非物质文化遗产绽放出更加迷人的光彩。②2018 年 1 月,中共中央、国务院印发《关于实施乡村振兴战略的意见》,意见中指出“要传承发展提升农村优秀传统文化,切实保护好优秀农耕文化遗产,推动优秀农耕文化遗产合理适度利用。划定乡村建设的历史文化保护线,保护好文物古迹、传统村落、民族村寨、传统建筑、农业遗迹、

① 夏仕华:《大理州扎实推进文化生态保护实验区建设 全面开启非遗工作新篇章》,https://baijiahao.baidu.com/s? id=1688759615814567396&wfr=spider&for=pc,2021-01-13。

②《中国非物质文化遗产保护的生动实践》,http://wodsy.com.cn/news/bd04880a72fe4eaea936a3cf67419e4d.html,2020-11-05。

灌溉工程遗产。支持农村地区优秀戏曲曲艺、少数民族文化、民间文化等传承发展”①。2018年9月，中共中央、国务院印发《乡村振兴战略规划（2018—2022年）》，对乡村文化振兴进行了全面部署，提出“以社会主义核心价值观为引领，以传承发展中华优秀传统文化为核心，以乡村公共文化服务体系建设为载体，培育文明乡风、良好家风、淳朴民风，推动乡村文化振兴”②。2021年3月通过的《中华人民共和国国民经济和社会发展第十四个五年规划和2035年远景目标纲要》提出，要“深入实施中华优秀传统文化传承发展工程，强化重要文化和自然遗产、非物质文化遗产系统性保护，推动中华优秀传统文化创造性转化、创新性发展；健全非物质文化遗产保护传承体系，加强各民族优秀传统手工艺保护和传承”③。大理作为国家级历史文化名城，非物质文化遗产的挖掘、传承和保护工作得到了长足发展。但是，由于大理的非物质文化遗产具有项目数量大、种类多、涉及行业广、情况复杂等特点，在实践过程中也还面临着许多问题。因此，为更好地推动大理的非物质文化遗产传承保护工作，继承和弘扬各民族优秀传统文化，促进社会主义精神文明建设，④切实、有效地解决大理的非遗保护工作中的难点问题，大理以《中华人民共和国非物质文化遗产法》《云南省非物质文化遗产保护条例》为依据，先后出台了一系列的政策文件与条例办法。

（二）基本原则

大理在制定政策法规过程中始终遵循新发展理念，弘扬社会主义核心价值观，贯彻“保护为主、抢救第一、合理利用、传承发展”的方针，注重

①《中共中央国务院关于实施乡村振兴战略的意见》，《人民日报》2018年2月5日。

② 中共中央、国务院印发：《乡村振兴战略规划（2018—2022年）》，《人民日报》2018年9月27日。

③《中华人民共和国国民经济和社会发展第十四个五年规划和2035年远景目标纲要》，《人民日报》2021年3月13日。

④《大理白族自治州非物质文化遗产保护条例》，《大理日报（汉）》2020年12月24日。

文化保护的真实性、整体性和传承性,推动各民族优秀传统文化创造性转化,创新性发展。出台的政策、法规牢牢坚持以下几个原则:

一是牢牢把握社会主义先进文化前进方向。坚持中国特色社会主义文化发展道路,立足于巩固马克思主义在意识形态领域的指导地位、巩固全党全国人民团结奋斗的共同思想基础,弘扬社会主义核心价值观,培育民族精神和时代精神,解决现实问题、助推社会发展。

二是坚持以人民为中心的工作导向。坚持为了人民、依靠人民、共建共享,注重文化熏陶和实践养成,把跨越时空的思想理念、价值标准、审美风范转化为人们的精神追求和行为习惯,不断增强人民群众的文化参与感、获得感和认同感,形成向上向善的社会风尚。

三是坚持创造性转化和创新性发展。坚持辩证唯物主义和历史唯物主义,秉持客观、科学、礼敬的态度,取其精华、去其糟粕,扬弃继承、转化创新,不复古泥古,不简单否定,不断赋予新的时代内涵和现代表达形式,不断补充、拓展、完善,使中华民族最基本的文化基因与当代文化相适应、与现代社会相协调。

四是坚持统筹协调、形成合力。加强党的领导,充分发挥政府主导作用和市场积极作用,鼓励和引导社会力量广泛参与,推动形成有利于传承发展中华优秀传统文化的体制机制和社会环境。[①]

(三)政策内容

大理始终秉承"见人见物见生活"的保护理念,着力构建优秀传统民族文化传承发展体系,坚持整体性、真实性、活态性的科学保护,[②]非物质文化遗产和传统古村落保护工作有序推行,成效明显。先后制定了非物质文化遗产保护的实施细则、管理条例、项目暂行管理办法、代表性传承

① 中共中央办公厅、国务院办公厅印发:《关于实施中华优秀传统文化传承发展工程的意见》,《中华人民共和国国务院公报》2017 年第 6 号。

②《大理州:看得见传承 留得住乡愁》,http://yndl.wenming.cn/wmbb/201706/t20170623_2763889.shtml。

人认定、资助及管理办法、试点保护工作规定、重点项目保护工作规定、专项资金使用管理办法等，逐步建立起统一的保护非物质文化遗产的法律体系，完善相关配套法规，结合实际，使保护和传承非物质文化遗产的相关工作有稳固的政策保障。[①] 政策文件见表 6－1 所示。

表 6－1 政策文件汇总

时间	文件政策名称	主要内容
2015 年 7 月	《大理州非物质文化遗产项目保护与管理办法》和《大理州非物质文化遗产项目代表性传承人认定与管理办法》	加强非物质文化遗产项目保护与管理，进一步振兴传统工艺，加大非遗传承人的政策扶持与帮助
2020 年	《云南省大理白族自治州 2020 年中国传统村落集中连片保护利用示范方案》	将传统村落集中连片保护利用示范工作纳入“历史文化名城示范带”建设，建立形成传统村落保护管理体系
2020 年	《大理白族自治州传统村落认定办法(试行)》	进一步挖掘全州传统村落资源，不断加大传统村落普查力度，逐步建立州、县市传统村落名录
2020 年	《大理州传统村落集中连片保护利用补助资金管理办法(试行)》	对项目资金管理绩效进行了明确，规范推进全州传统村落集中连片保护利用工作
2020 年 12 月	《大理白族自治州非物质文化遗产保护条例》	加大保护工作力度，注重优秀文化传承，合理利用文化资源，高度重视人才培养，做好非物质文化遗产保护各项工作
2021 年	《大理国家级文化和生态保护实验区年度实施方案相关建设指导意见》	实验区建设和非遗保护有章可循、科学规范，政府主导效能显著
2021 年 6 月	《大理州加强传统村落保护发展工作方案》	探索出一套欠发达少数民族地区传统村落保护发展模式，基本实现大理州传统村落“集群示范、整体保护、连片发展”

① 郭大伟：《大理白族非物质文化遗产保护的对策与建议》，《今日民族》2019 年第 10 期。

二、转变思想,扣好"扣子"

文化保护工作不仅需要政策上的支持与引领,还需要用发展的眼光及时转变保护思想。进入文化保护的新时期,大理及时作出文化保护思想的三大转变,力争优秀传统文化在得到保护的同时能够得到持续健康发展。

(一)下好一盘整体保护之棋

为了贯彻落实党中央、国务院关于加强历史文化保护工作的相关要求,牢牢抓住建设国家级文化生态保护实验区的历史机遇,大理树立起连片整体保护的思维,分区规划布局,重点采取了"突出重点、强化特色、以点带面、辐射整体、凸显差异"的整体保护策略,努力下好大理历史文化整体保护这盘大棋。一是结合大理建设世界全域旅游目的地、"美丽中国"示范地、辐射南亚东南亚的国家文化窗口和交通物流枢纽、滇西地区综合型服务中心、民族文化与山水特色鲜明的人居环境典范地的总体发展目标,以文化线路和遗产廊道的思路,将历史文化资源进行重新整合,将原先的历史文化名城、名镇、名村、传统村落、民族文化生态保护区等零散的文化遗产变为区域性的整体,形成线性文化遗产廊道。二是以传统历史文化资源为纽带,以文化主题的挖掘和提炼为切入点,将主题性较强、地方特色明显的文化资源整合串联起来,融入大理全域旅游发展和生态文化保护区建设,形成大理历史文化遗产体系的架构,①以此对民族历史文化进行整体性保护。目前,大理的文化整体保护已经初见成效,这盘整体保护大棋已经对未来大理的文化保护开展奠定了良好的基础。

(二)探索一条"造血"保护之路

新形势下,大理以传统工艺项目为切入点,以代表性传承人为扶贫

① 高磊:《历史文化遗产保护与传统村落人居环境提升》,《城乡建设》2021 年第 4 期。

带头人,鼓励和支持优秀文创企业等融入大理非遗传承保护,支持和引进互联网商业平台,培育新兴文化产业,探索出了一条“造血”保护之路。一是加大对乡村文化资源的开发利用,把历史文化、民族文化、民俗风情与旅游结合,积极发展乡村文化旅游业。二是加强文化技艺培训,加强组织乡村非物质文化遗产传承人、民间艺人开展民族手工技艺传承培训,打造周城扎染、挖色刺绣等民族特色旅游产品。三是改变传统民族产品参观游览模式,让游客亲身体验,开发体验参与式文化旅游项目。扶持文化中心户,支持家庭式文艺队在文化旅游景区景点开展白族大本曲弹唱表演等经营性文化演出服务。四是深入挖掘白族少数民族风土人情、民俗文化、民族习俗等资源,积极培育白族三道茶民俗表演等民族特色产业,实现乡村文化产业与旅游产业良性互动、共同繁荣。目前,大理探索出了“非遗＋旅游”“节庆＋旅游”“民族特色＋产业融合”等活化利用模式,①以此带动传统村落和非遗的合规化保护、合理化利用、活性化发展,走出了一条具有大理特色的造血型文化保护之路。

(三)开启一扇全民保护之门

人民群众是历史的创造者,是社会物质财富和社会精神财富的创造者。近几年来,大理以人民群众为中心,通过多种措施让民众参与到文化保护中来。一是大力倡导人人参与、人人享有,鼓励群众自创自办、自编自演、自娱自乐,因地制宜地开展丰富多彩的文化保护传承活动。二是作出了从部门保护向全民参与保护的思路转变,在民间培育了一大批能够进行白族对歌、大本曲演唱、乐器伴奏以及文艺创作的队伍,并将有文化、有技艺的民间艺人作为弘扬民族文化的宝贵资源进行保护和利用,妥善解决他们的生活待遇和活动条件问题,使他们在传授技艺、弘扬文化、推动文化传承、促进旅游发展方面发挥积极作用。三是加大农村文化活动扶持资金的投入和管理,扩大公共财政覆盖范围,完善投入方

---

① 高磊:《历史文化遗产保护与传统村落人居环境提升》,《城乡建设》2021 年第 4 期。

式，以“我们的节日”为主题，开展好春节、元宵节、清明节、三月街旅游节、端午节、七夕节、中秋节等传统节日民俗活动，在节庆活动的开展中让民众广泛地参与进来，在节庆娱乐中对传统民俗文化进行保护。四是大力开展“非遗进校园”活动，让青少年从小就参与到文化保护当中来。大理在文化保护方面的这扇全民参与保护之门已然打开，未来要继续通过多方面的举措让全民参与保护更好地落到实处，覆盖面更加广泛。

三、落实行动，挑起“担子”

近年来，大理加强统筹协调，多措并举，积极行动，挑起文化保护的担子，不断加强对传统古村落和非物质文化遗产的保护和建设，取得了良好的成效。

（一）注重保护传统古村落原有风貌

传统村落是中国传统文化复兴的源泉，是历史文化资源的重要组成部分，是乡村振兴重要的平台和抓手。① 党的十八大以来，习近平总书记多次强调，建设美丽乡村，“不能大拆大建，特别是古村落要保护好”。②大理认真贯彻落实习近平总书记的重要指示精神，始终将传统村落作为重要的历史文化遗产进行保护，纳入地方政府工作的评价体系，并将其作为坚定文化自信、建设民族文化强州和实现全州跨越发展的重要基础。

一是大力实施保护利用项目。大理坚持“在保护中发展，在发展中保护”的原则，立足于古道、古树、古建筑等文化资源，出台了一系列配套文件和相关法律法规，整合各类资金 100 亿元以上，实施了传统建筑保护提升、公共基础设施建设、各级文物保护单位修复等一大批传统村落

① 高磊：《历史文化遗产保护与传统村落人居环境提升》，《城乡建设》2021 年第 4 期。

②《古村落保护亟待加强》，http://www.banyuetan.org/chcontent/wh/dt/2013922/78324.shtml。

保护利用项目。[1] 多数集中连片区传统村落实施了传统建筑保护修缮工程,对风貌不协调的建筑物外立面进行提升改造,对老旧民居进行整治排危,规范强弱电线路,排除安全隐患。古生村、喜洲村、双廊村、寺登村、诺邓村、云南驿村等传统村落通过开展传统建筑保护利用,人居环境得到很大改善,较好重现了传统村落原有的古朴风貌,并体现了大理特色。[2]

二是统筹推进保护和建设双布局。大理统筹实施传统村落保护管理体系的优化、传统建筑的保护与改造利用、历史环境要素的保护、民族文化的保护与传承、公共基础设施改善和产业发展六大工程。实现生态本底、文化遗存的有效保护与健康、持续、绿色发展有机结合。以 1.5 亿元中央补助资金为种子基金,以"以奖代补"为激励方式,积极发挥财政资金杠杆作用撬动社会资本参与传统村落保护利用示范,[3]全力探索"农业+旅游""非遗+旅游""节庆+旅游""民族特色+产业融合"等传统村落活化利用模式,为推动大理城乡统筹发展、实施乡村振兴战略、全域旅游发展和洱海流域转型升级着好底色、打好基础。

三是积极争取项目开发建设资金。依托大理的民族特色村寨等品牌积极申报村寨保护与发展项目。加大乡村旅游公共财政投入,积极争取国家和云南省对大理乡村旅游基础设施建设的财政性资金投入,加大乡村旅游项目扶持力度,鼓励和支持重点乡村旅游项目的开发建设。加大乡村旅游品牌培育推广,鼓励特色农产品企业、刺绣、木雕、银器等传统工艺品申报集体商标。加快民族客栈等特色品牌建设。积极探索乡村旅游、生态环境保护、金融贷款支持等方面的政策措施,推广乡村旅游

① 王宁、张晓彤、高磊:《区域性历史文化遗产保护与传统村落人居环境提升——以云南省大理白族自治州为例》,《城乡建设》2021 年第 14 期。

② 任维东:《云南大理保护传统古村落成效显著》,http://gmrb.cloud.gmw.cn/gmrb/html/2022—01/13/content_93790.htm。

③ 任维东:《云南大理保护传统古村落成效显著》,http://gmrb.cloud.gmw.cn/gmrb/html/2022—01/13/content_93790.htm。

大众创业,促进全域旅游发展。

四是创新打造综合性建设模式。2020 年 6 月,大理成功申报为全省唯一、10 个全国 2020 年传统村落集中连片保护利用示范州(市)之一,保护利用示范工作紧紧结合大理打造“一带三道十八廊”(历史文化名城示范带、环洱海生态廊道、千年茶马古道、环苍山国家步道、苍山十八溪绿色廊道)中的历史文化名城示范带,以巍山、大理、剑川三个历史文化名城为主轴,以沿线名镇、名村、传统村落、历史文化遗存、自然保护区和风景名胜为发展肌理,以茶马古道为纽带,将历史文化资源和自然资源、产业资源进行重新整合,以文化主题的挖掘和提炼为切入点,将主题性较强、地方特色明显的文化资源和自然资源整合串联起来,集中打造一批茶马文化、温泉康养、茶旅融合、民族手工艺等特色的传统村落保护利用示范村。①

五是科学编制传统村落建设规划。结合乡村振兴战略实施,按要求组织编制或修编传统村落保护发展规划,严格履行规划审批程序,建立形成一个保护发展规划(《传统村落保护与发展规划》)、一块保护牌子(中国传统村落保护标志)、一个管理技术导则(《传统村落管理技术导则》)、一个管理办法(《传统村落管理制度》)、一个村规民约(《传统村落村规民约》)的“五个一”②传统村落保护管理体系,建立健全决策共谋、发展共建、建设共管、效果共评、成果共享的传统村落保护协同机制,引导村民发挥传统村落保护发展的主体作用。③ 特别是传统村落的日常管理组织(村委会)应加强对保护管理体系的学习、宣传、执行,贯彻落实村落保护要求。

---

① 高磊:《历史文化遗产保护与传统村落人居环境提升》,《城乡建设》2021 年第 4 期。

② 任维东:《云南大理保护传统古村落成效显著》,http://gmrb.cloud.gmw.cn/gmrb/html/2022—01/13/content_93790.htm。

③《住房和城乡建设部办公厅关于加强贫困地区传统村落保护工作的通知》,https://www.mohurd.gov.cn/gongkai/fdzdgknr/tzgg/201909/20190918_241854.html。

（二）加强非物质文化遗产保护工作

大理有着悠久的历史和灿烂的文化，在长期生产生活实践中，各族人民用智慧和劳动创造了许多独具魅力、弥足珍贵的非物质文化遗产。大理始终坚持把文化建设作为推动全州文旅融合可持续发展的重要动力，以大理文化生态保护实验区建设为契机，顺势而谋，整体推进，非物质文化遗产保护工作呈现出良好的发展态势。

一是多措并举，落地非遗保护项目。自 2011 年被列为国家级文化生态保护实验区以来，大理围绕“遗产丰富、氛围浓厚、特色鲜明、民众受益”的建设目标，坚持保护优先、整体保护、见人见物见生活的理念，走出了大理文化生态保护实验区的特色之路。成立了文化生态保护实验区工作领导小组，全力抓好实验区建设工作；制定了大理非遗项目、代表性传承人认定与管理两个暂行办法，印发了实验区建设指导意见和非遗保护实施方案，使保护实验区建设和非遗保护做到有章可循。开办了民族文化传习班、讲习所，组建白族扎染协会、洞经音乐和唢呐表演队，举办大本曲弹唱、扎染技能、白族三道茶表演培训班等。2011—2021 年间项目补助经费 6000 多万元，其中保护实验区专项经费 3500 多万元。同时，各县市、乡镇通过资金补助、免费提供用房和场地等方式，积极为保护传承活动创造条件。

二是齐头并进，建立非遗保护机制。大理建立了完善的非物质文化遗产及代表性传承人传承体系与保护机制，对文化生态保护区内国家、省、州、县（市）四级非物质文化遗产名录项目及代表性传承人进行全面保护，修复完善非物质文化遗产的传承链，保证非物质文化遗产的真实性、整体性和传承性，使文化生态保护区的文化基因保持生命力。截止到 2021 年，全州共有四级非遗代表性传承人 2276 人，其中国家级 12 人、省级 134 人、州级 249 人、县（市）级 1881 人；四级非遗代表性项目 719 项，其中国家级 16 项、省级 59 项、州级 197 项、县（市）级 447 项，国家级项目总数位居云南省第一。

三是统筹引领,开展非遗保护活动。实施民族文化精品建设工程,切实加强对文物古籍、口传文化、民族歌舞、民间技艺等民族文化遗产的保护。大力开展非遗进校园、进社区、进乡村活动,每年组织开展活动近80场,"大理州非遗进校园实践案例"被评为全国第二届"非遗进校园"十大优秀实践案例。充分利用非遗节日开展非遗体验活动,三月街民族节、剑川石宝山歌会、弥渡花灯艺术节等非遗节庆旅游,得以让游客和民众亲身体验参与到非遗活动中去。此外,先后举办州内非遗展览、展演活动50多场次和融合非遗项目的展演活动1000多场次,全州各级各类非遗专题博物馆接待观众近100万人次。这些活动的开展不仅提升了非遗项目的知名度,也让这些非遗项目在活动开展过程中"活"了起来。

四是全面展示,加大非遗保护宣传。设立"非遗文化保护宣传周",举办"乡愁大理,多彩非遗"为主题的大理非遗展,将非物质文化遗产知识融入学校教育内容,提高全社会的保护意识。鼓励、支持开展以弘扬优秀非物质文化遗产为目的的文艺创作、动漫制作和文献典籍等的整理、翻译、出版。[①] 鼓励自治州代表性项目跨区域传承、传播,支持国内其他地区代表性项目在自治州传承、传播,切实加强非物质文化遗产的宣传。重视媒体渠道的宣传,先后拍摄了大理非物质文化遗产电视宣传片、电视纪录片,充分利用微博、抖音、快手等新媒体平台推介大理的非遗项目,相信借助传媒宣传的翅膀,大理非物质文化遗产的明天会飞得更高更远。

第二节　薪火相传:赓续文化之脉

大理深入挖掘本州的历史文化遗产底蕴与特色文化空间资源,保存大理区域历史发展轨迹,留存大理区域历史记忆,继承传统文化,延续民

① 杨明芳:《大理州非物质文化遗产步入依法保护新阶段》,http://www.dlzrd.gov.cn/newsinfo/1008802.html。

族发展脉络，让人民在文化传承中记住乡愁。

一、以政府为引领，让文化“兴起来”

大理州政府抓住大力建设“国家级文化生态保护实验区”的机遇，紧紧围绕“遗产丰富、氛围浓厚、特色鲜明、民众受益”目标，坚持保护优先、整体保护、见人见物见生活理念，非物质文化遗产得到了有效保护和传承，人文生态环境不断改善，遗产的可见度明显增强，文化的多样性得以彰显，社会参与非遗保护发展的自觉性进一步提升。

（一）长效机制“定盘子”

大理州政府层层压实属地责任，州、县分别成立大理文化生态保护实验区建设领导小组，制定了《大理国家级文化和生态保护实验区年度实施方案相关建设指导意见》等规范性文件，并于 2021 年 1 月颁布实施《大理州非物质文化遗产保护条例》，使实验区建设和非遗保护有章可循、科学规范，政府主导效能显著。截止到 2021 年，全州共有四级非遗项目 719 项，其中国家级项目 18 项，位列全省第一；有四级非遗项目代表性传承人 2344 人，其中国家级 12 人。建成大理传统工艺工作站、剑川木雕、白族扎染国家级生产性保护示范基地、非遗馆、综合传习中心、传习所(点)、非遗工坊(传承作坊)、“非遗 + 旅游”示范点、非遗进校园示范学校等非遗保护利用设施 265 个。

（二）资金投入“进池子”

自国家级文化生态保护实验区建设启动以来，共获得中央扶助经费 7648 万元，其中实验区专项经费 4344 万元，主要用于传习所建设、非遗进校园进社区和整体宣传保护工作。在地方配套资金方面，10 年间，州、县共投入实验区配套建设资金 6800 多万元，因地制宜打造非遗活动场地、活动中心，为传承活动创造条件。其中，州政府投入 1000 多万元建成大理州非物质文化遗产博物馆，云龙县投入 1600 多万元建成云龙白族吹吹腔艺术博物馆，南涧县投入 3500 万元建成南涧跳菜传承中心。

资金投入和阵地建设为各类非物质文化遗产活动创造了广阔的平台,据统计,全州现已成立13个非遗保护机构,有注册志愿者600多人,每个县(市)都有固定的志愿者队伍,年内开展各类非遗展演和送戏下乡活动达到1000场以上,基本做到年年有计划、月月有主题、天天有活动。

(三)数字赋能“活路子”

大理州委、州政府领导全州各县市逐步建立健全了四级非物质文化遗产代表性项目和代表性传承人资料档案,完成了4名国家级代表性传承人抢救记录工作、26项省级非遗项目和200多名国家级、省级、州级代表性传承人的视频资料拍摄,并同步开展国家级非遗项目大本曲、吹吹腔、白剧、剑川白曲等项目的专项数据采集。截止到2021年,制作技艺数字化博物馆、大理州非遗数字博物馆、大理文化生态保护实验区数据库都已建成上线,大理州博物馆建成的数字化展厅对大理非遗进行了专门的宣传展示。在中宣部的支持下,与中国版本图书馆合作,对以大理甲马文化及国家级非遗项目为代表的大理非遗古籍文献、乐谱、手稿、图片、雕版、拓片等全面进行收集整理,形成数字资源,促进遗产保护与资源共享。

(四)宣传推广“拓圈子”

在文化的传承中,大理州委、州政府强化“以文塑旅、以旅彰文”,将独特的文化优势作为载体,积极参与宣传展示活动,对非遗技艺进行推广,先后参加了澜沧江湄公河外长会议大理非遗专题展示、博物馆日宣传展览活动、昆明南亚博览会、非遗进校园进社区系列展以及文化和旅游部、云南省文化厅、云南省非遗中心举办的各种展览,宣传展示大理非遗,白族扎染、银器、布扎、刺绣等非遗产品深受青睐。与依文集团合作的北京“深山集市——风花雪月”大理专场和伦敦“绣梦中国·风花雪月”依文·大理时装发布会、鹤庆银器锻制技艺北京恭王府展等展示推广活动亮点频现。2021年,大理州政府结合中国共产党成立100周年,举办了非遗歌舞乐展演、非遗购物节等一系列宣传活动,依托新华网、《人民日报》客户端、大理州融媒体中心的宣传报道,极大地提升了大理非遗文化的认知度和影响力。①

二、以群众为核心,让文化"活起来"

"十三五"期间,大理把大力推动乡村文化振兴作为实施乡村振兴战略的重要内容,与决胜全面小康、决战脱贫攻坚相结合,繁荣发展乡村文化事业和文化产业,不断提高乡村社会文明程度,以"四个聚焦"引领乡村文化振兴,让文化"活"起来。②

(一)聚焦乡风文明,深化精神文明建设

文明乡风是乡村振兴的"根"和"魂"。大理以乡风建设为抓手,全面深化农村精神文明建设,激发贫困群众脱贫奔小康的内生动力。

一是坚持用习近平新时代中国特色社会主义思想武装教育农村干部群众,以社会主义核心价值观为引领,以培育新时代农民为着力点,突出思想道德内涵,坚持教育引导、实践养成、制度保障三管齐下,采取符合农村特点的有效方式,深化中国特色社会主义思想和中国梦宣传教育,大力弘扬民族精神和时代精神,凝聚起乡村振兴的强大精神力量。

二是创新宣传方式,从家庭做起,从娃娃抓起,选取农村群众喜闻乐见的戏曲、歌舞、小品等文艺形式,运用农村群众听得懂、听得进的语言,深入开展社会主义核心价值观的宣传教育,推动社会主义核心价值观转化为人民群众的思想自觉和行为习惯。

三是加强文明村镇创建,组织开展文化科技卫生"三下乡"等活动,倡导科学健康的生活方式,引导群众摒弃落后习俗,移风易俗、敦风化俗。坚持自治、法治、德治相结合,整治封建迷信等突出问题,涵养文明乡风,营造守望相助、崇德向善的文明风尚。截至 2020 年底,全州成功

① 资料来源:大理州人民政府门户网站,http://www.dali.gov.cn/dlrmzf/c101530/202107/a7c9bbcc6350482db9fb97fc0c357d1b.shtml。

② 周应良:《云南省大理州以"四聚焦"引领乡村文化振兴》,http://www.wenming.cn/dfcz/yn/202102/t20210226_5959788.shtml。

创建15个全国文明村镇、80个省级文明村,县级及以上文明村和乡镇占比达71%。

(二)聚焦人才培养,繁荣发展乡村文化

大理加强乡村传统文化的保护、抢救、发掘、整理、展示和研究工作,重视民族传统文化的保护和传承,建设乡村文化保护传承体系,在非遗传承人培养方面取得了显著成效。

一是为进一步挖掘民族文化遗产,积极开展传承人培养管理,举办扎染技艺、民居彩绘、三道茶、洞经音乐传承等培训班12期,培训学员350多人,培养了一批非遗传承后备人才。还成立白族扎染、白族大本曲、白文学校、白族甲马、白族刺绣等培训传承所,促使文旅结合,推进非遗资源合理利用。

二是加强对传承人的管理。从2011年起,每年年初与各级传承人签订年度传承协议,根据项目类别制定年度传承培训计划、年终总结考评。从2014年起,每年给80位市级传承人发放传承补助每人1000元,鼓励传承人带徒授艺。建立专门的村落文化传习馆或村落博物馆,展示其村落文化,同时也依托传习馆(或博物馆)这类专业机构研究乡村文化,为传承乡村文化提供理论参考。①

三是会同教育部门将优秀遗产内容和文化遗产保护知识纳入中小学教学计划,编入通识教材,组织中小学生参观学习,大力开展非遗进校园活动,让青少年从小就树立起保护、传承优秀传统文化的正确价值观。

(三)聚焦民众参与,抓实民族文化传承

大理文化生态保护实验区建设工作扎实开展,四级非遗项目和传承人总数位居全省前列,四级非遗名录体系基本建成,在民族文化传承方面民众热情参与其中。

---

① 郑浩:《小河淌水源头,茶马古道驿站——浅析密祉乡文盛街村保护内涵》,《云南建筑》2019年第5期。

一是充分发挥人民群众在民族文化保护与传承中的重要作用，支持家庭作坊式的保护传承，鼓励企业以保护核心技艺为重点的生产性保护传承。支持建设白族扎染、白族大本曲、白族甲马等传习所，创新发展白族扎染、白族甲马、白族刺绣、白族剪纸、白族三道茶等非遗保护传承项目。充分利用传统民俗节日组织开展花会、灯会、庙会等民俗活动，打造节会品牌，梳理挖掘地域文化、乡土文化，科学策划、组织开展节庆活动，打造乡村文化名片。

二是引导和建立“重大节庆活动政府办，群众文化和城乡文化活动在文化志愿者辅导下农民群众自己办”的群众文化活动机制，倡导人人参与、人人享有，鼓励群众自创自办、自编自演、自娱自乐，因地制宜地开展丰富多彩的文化活动。① 在永和村，花灯已成为群众文化生活中不可或缺的一部分，是人们自发组织的一种自娱自乐的群众文化活动。花灯节(正月十五)是当地最隆重的传统节日，花灯节期间，各村各寨张灯结彩，各家各户彩灯高悬，热闹非凡。各灯班表演的节目都是群众自编、自导、自演的，主要以歌颂伟人祖国、歌唱幸福生活为主题。密祉镇以花灯文化为依托，打造“旅游 + 文化 + 美食”的完整旅游产业链，不仅鼓了民众的腰包，也使民族文化在传承中“活”了起来。

(四) 聚焦服务群众，开展文化惠民活动

一是多措并举扎实推进“深入生活、扎根人民”主题实践活动，积极组织引导广大文艺工作者围绕全面小康、脱贫攻坚、乡村振兴、文化强国、抗击疫情、洱海保护治理等题材，深入基层一线采风，建立基层联系点，开展定点深入生活、“结对子、种文化”等帮扶基层工作，坚持“创造性转化、创新性发展”，将传统文化融入艺术创作之中。

二是推进优秀文化遗产、高雅艺术进乡村，送戏、送书、送电影下乡

---

① 黄江平、王展：《发挥民间文化团体在文化建设中的积极作用——上海民间文化团体的现状调研与政策建议》，《上海文化》2014 年第 8 期。

等项目和优秀出版物推荐活动,加强戏曲等优秀文化艺术的普及推广工作。鼓励文物保护单位、非物质文化遗产项目责任单位面向群众集体预约或定期免费开放,促进优秀传统文化瑰宝传播宣传。按照活动内容丰富、形式多样、基层群众乐于便于参与的基本要求,大理州先后组织开展了“三下乡”“文化大篷车”“送戏下乡”“文艺轻骑兵”“洱海保护治理及流域转型发展宣传文艺演出”等5000余场文化惠民演出活动,不断丰富人民群众的精神文化生活。

三、以社会为支撑,让文化“火起来”

文化的保护与传承不能仅仅依靠政府的主导、普通民众的参与,同时也需要社会层面的大力支持。民间文艺团体、社会资本、志愿服务队伍和高校在文化传承方面都起到了巨大的作用。

(一)社会团体促繁荣

民间艺术团体由于具备了非政府性、志愿性、非营利性、公益性等特性,在推动民俗文化发展和保护民俗文化传承的过程中,起着重要的“调和剂”和“补充剂”的作用。[①] 大理大力支持并积极引导民间文艺团体的发展,使其在文化传承中更好的发挥作用。大理知名的民间艺术团体主要有洱源县郑家庄阳光文艺队、剑川县景风诗社、南涧县跳菜队、祥云县鹿鸣洞经古乐演奏队、弥渡县密祉镇诗词楹联学会、剑川县甸南镇白族古乐队等。祥云县鹿鸣洞经古乐演奏队近年来进行的各种演出和比赛,发挥了极强的文化传承和增强民族自信心的作用。南涧跳菜已在舞台活跃了近30个春秋,不但提高了村民的收入,形成了产业,还跳出了民族豪情,在各种民族民间歌舞乐展演中频频获奖。此外,作为体制外的艺术存在,民间文艺形成于群众集体生活,作者是群众整体,既是“写民

---

① 霍斯科:《公益性社会组织参与民俗文化传承研究——以宁波市为例》,湖南师范大学2015年硕士学位论文。

间的文艺”，又是“民间写的文艺”，如剑川县景风诗社的社刊《景风诗词》共出版了25期，用诗词歌赋宣传了剑川的历史沿革、民族经济及“入境犹图画，花林锦绣堆”“南天瑰宝奇，古寺空中悬”的老君山、石宝山、满贤林、剑湖等国家级、省级风景名胜区和作为世界纪念性建筑遗产的剑川沙溪镇寺登街的古建工程。①

（二）民间资本注活力

在乡村振兴战略的推动下，全国上下掀起了资本下乡热潮，不仅带动了土地流转，盘活了农业、农村多种闲置资源，还直接促进了农村电商、现代农业、休闲旅游等产业兴旺发展，带动了农民就近就业、脱贫致富。可以说，资本下乡就是撬动乡村振兴的活水，是乡亲们的甘霖。大理州政府积极引导，省属国有重点骨干文化企业牵头，以开放的胸襟努力吸引社会资本进入，带动一批国际水准的高端品牌和对云南有感情的优质企业进入。千宿文旅的“凤羽模式”就是一个典型的“资本＋人才”案例。凤羽镇佛堂村依据自身资源优势，引进本村乡贤返乡创业，创立了大理千宿文化旅游发展有限公司，创建了凤羽慢城农庄，致力于乡村建设、专注于文化创意、深耕于文化旅游，努力把凤羽建设成为软乡村、酷农业、融艺术、慢生活的理想生活家园。同时也吸引了国内外有影响力的封新城、杨丽萍、于丹、李健等知名人士长期或不定期入驻佛堂村开展艺术创作，将现代元素注入传统文化之中，打造了“空中稻田剧场”“退步堂”等文化品牌，不仅推动了佛堂村乡村文化振兴，也让佛堂村的乡愁文化焕发新的生机。

（三）志愿队伍聚合力

由于社会的不断进步发展，志愿者服务影响力的扩大，文化志愿服务活动已经成为传承优秀传统文化的重要活动载体。近年来，随着越来

① 朱波：《论民间文艺团体的文化价值——以大理白族自治州为例》，《参花（上）》2017年第3期。

越多的人愿意参与到大理非遗保护和传承的队伍中来，志愿者队伍不断壮大，参与文保的方式也在不断拓展。志愿者们有的巡查文物，提供线索；有的收藏老物件，记录老故事；有的担任博物馆义务讲解员……街巷山野、线上线下、有老有少，这群志愿者满怀热爱与责任，激发了更多人对历史文化的敬畏之心，聚起了更强的保护之力。为此，大理州非遗中心专门制定了一套大理非遗志愿者管理体系，包括大理非遗志愿者管理办法、大理非遗志愿者登记卡、大理非遗志愿者活动统计表等，并向每次参与志愿者服务的志愿者发放志愿者荣誉证书。2021 年 3 月 5 日，正值第 58 个“学雷锋纪念日”，云南文化志愿者服务大理州支队正式成立，这将会为进一步健全大理文化志愿者组织，推动文化志愿服务常态化、规范化、制度化，推动文化志愿服务工作持续健康发展，提升大理公共文化服务水平贡献新的力量。

（四）校地合作谋双赢

乡村振兴既要塑形，也要铸魂。文化振兴是乡村振兴的关键一环，文艺工作者也将拥有更加广阔的施展空间。近年来，大理积极推进校地合作，不断搭建各种平台，将校地合作视为一次高校服务社会的实践，也是乡村振兴的一种重要探索。高校肩负着为地方经济社会发展服务的使命，同时也愿意与地方政府通过各种形式的合作，实现校地双赢，共同探索具有大理特色的乡村振兴模式。例如，中央美术学院与大理州剑川县进行校地合作，在“扶智”“扶技”“扶艺”上下功夫，以文化的力量和艺术的创意，促进剑川传统文化和传统工艺“火”起来，助力剑川脱贫摘帽奔小康。在中央美术学院对口倾情帮扶下，剑川传统工艺发展迅速，活力满满，呈现新气象。中央美术学院教师强勇于 2016 年 4 月到剑川县挂职任副县长，他认为，通过剑川延续至今的文化底蕴结合中央美术学院的设计资源，将“现代剑川”与“未来剑川”相联结才能使帮扶工作实现共赢。要完成这一目标，需要把剑川白族文化和中央美院所担负的美育普及嫁接起来，通过美育普及实现增收，促使经济发展，继而推进乡村振兴,从而绽放“帮扶之花、合作之花、美育之花、振兴之花、幸福之花”。

第三节　活化利用:焕发文化之魂

近年来,大理紧紧围绕建设“产业兴旺、生态宜居、乡风文明、治理有效、生活富裕”的“美丽乡村”的目标,紧密结合脱贫攻坚、乡村振兴工作,统筹推进文旅融合发展,有力促进文化活化利用质量整体提升。

一、规划先行,树好文化利用“一面旗”

《礼记 · 中庸》有言,“凡事预则立,不预则废”,事先规划的重要性由此可见。为了使大理的乡愁文化能够更全面、更科学地得到利用,大理坚持规划先行,科学编制发展规划,构建起文化利用的新格局,谋划文化利用的新业态,以此筑牢文化利用的新理念。

(一)规划融入,构建文化利用新格局

大理严格按照“突出重点、强化特色、以点带面、辐射整体、凸显差异”的要求,编制了《大理州历史文化遗产资源示范带保护与发展规划》。集中力量实施文化遗产保护利用工程,创新历史文化展示传播模式,使大理各类历史文化遗产得到有效的保护和利用,让新的作用和活动与大理历史城镇和城区的特征相适应,确保大理历史城镇和城区作为一个整体的和谐关系,并适应大理区域城市可持续发展的需要。大理历史文化遗产资源保护与发展示范带确定了“一个核心”(以保护历史文化名城名镇名村和中国传统村落为一个核心)、“三大重点”(以遗产本体有效保护、遗产生态环境和空间形态保护、遗产科学高效利用为三大重点)、“四个融合”(以历史文化名城、名镇、名村、传统村落保护与城镇化发展、乡村振兴战略、文化与旅游产业发展相衔接的四个融合)的工作思路,统筹规划大理历史文化遗产资源保护和发展,以进一步推动乡村全面振兴和边远民族地区跨越式发展,进一步巩固提升全国民族团结进步示范州创

建成效,争取将以中国传统村落和历史文化名城(镇、村、街)为重点的大理历史文化遗产资源保护与发展示范带列入世界文化遗产,将大理打造成为保护利用成效显著、在全国具有影响力的历史文化聚落集中连片保护利用示范地区。①

(二) 摸清家底,谋划文化利用新业态

根据大理文化资源禀赋和特点,完成了大理文化和旅游资源普查工作,在全面梳理大理文化和旅游资源的基础上,增加了乡村"空心村"、空置房等乡土元素,为下步发展个性化、特色化、差异化的乡村旅游业态,打造"一村一特色"的乡村旅游业态提供有力保障。例如,针对发展民宿群的传统村落,以一家一户为单元,打造一院一故事、一院一特色、一院一精品的庭院旅游经济,此举既可以对古院落进行保护,又可以为古村落打造一张高端住宿的名片,能够对古村落进行可持续发展的活化利用。在鹤庆县,"旅游经典+手工艺品"的产业模式已然形成,手工艺加工产业的发展为脱贫攻坚打下了坚实的基础,在发扬光大传统工艺的同时,大部分村民已经稳步迈向小康。通过新老艺人的不断探索,以传统工艺为基础,沿袭家庭作坊、手工制作、个体经营的模式,鹤庆的银器加工制作产业已经逐步走上了规模化生产经营的道路,基本形成"一户一品、前店后坊""散户+公司"和"电商销售"的生产销售格局。②

(三) 保护优先,筑牢文化利用新理念

有效保护民族文化遗产,必须正确处理好文化传承保护与文化利用发展的关系。针对民族文化遗产的"活态"特点,必须采取"动态"的保护,也就是用发展的方法保护和传承民族文化遗产。"在保护中创新利用,在利用中加强保护"是"活态"的民族文化遗产保护的根本方法,③要

---

① 高磊:《历史文化遗产保护与传统村落人居环境提升》,《城乡建设》2021年第4期。

② 资料来源:大理州人民政府门户网站,http://www.dali.gov.cn/dlrmzf/c100649/tydh_list.shtml。

③ 熊正益:《云南民族传统文化保护区建设的理论与实践》,《民族艺术研究》2010年第5期。

牢牢坚持“保护优先”的原则,要让优秀历史文化、民族文化“传下去、活起来、火起来”。大理围绕非物质文化遗产所依存的物质载体、文化场所及自然人文环境确立了“五个保护”,分别为:一是保护非物质文化遗产代表性项目,包括国家、省、州、县四级非物质文化遗产代表性项目。二是保护传承人及传承群体,包括各级非物质文化遗产项目代表性传承人以及优秀的民间艺人、传承团体等。三是保护非物质文化遗产所依存的相关传统村落、寺庙建筑、群众文化活动场所。四是保护文化保护区内传统文化形态与社会人文环境。五是保护非物质文化遗产所依存的自然生态环境。牢牢坚持保护优先的文化利用新理念才能让文化的利用更加合理,更加可持续。①

二、文旅融合,深挖文化利用“一眼泉”

推动文化和旅游融合发展是以习近平同志为核心的党中央作出的重要决策,要深刻领会“文化是旅游的灵魂,旅游是文化的载体”这一论断的重要内涵。大理始终高度重视文旅工作,通过文旅融合发展让大理的文化更加富有活力,旅游也更加富有魅力,文化利用开启了一个崭新的局面。

(一)扎实推进文旅品牌创建工作

大理紧紧围绕“美丽乡村”建设,以及将大理打造成为名副其实的中国乡愁文化中心和中国最美乡愁带的目标,最大限度发挥历史文化、美丽山水、自然资源和区位优势,聚集新业态新产品,通过“六个大理”的打造,提升旅游品牌和服务体系,推进大滇西旅游环线建设,助推全省文旅产业转型升级高质量发展。“六个大理”分别是:一是打造“生态优先、绿色发展”的“美丽大理”;二是打造“转型融合、品牌富集”的“艺术大理”;三是打造“消费升级、智慧赋能”的“创意大理”;四是打造“联结国际、合

① 高磊:《历史文化遗产保护与传统村落人居环境提升》,《城乡建设》2021年第4期。

作交流”的“开放大理”；五是打造“宜居宜业、主客共享”的“乡愁大理”；六是打造“市场繁荣、服务优质”的“诚信大理”。通过“六个大理”的打造，不仅让大理的山更青、水更绿、风景更美丽，也让大理的旅游品牌更加响亮、产品更加丰富、服务更加贴心，让大理旅游变得更加美好。①

（二）着力打造文旅特色业态产品

大理民族遗产与传统文化资源众多，艺术表演形式多样，名录项目资源丰富，传统舞蹈、传统音乐、传统戏剧、曲艺、民族节庆、手工技艺等都极具旅游开发价值。基于此，大理将民族文化遗产的传承发展与旅游产业相结合，以打造一批特色鲜明、标志性强的文化旅游景点，形成各具特色的旅游文化 IP，丰富传统村落旅游产业文化内涵。

① 余务洪、雷旭锋：《打造世界级全域旅游高质量发展》，《社会主义论坛》2021 年第 6 期。

第七章　在产业发展中留住乡愁

乡村振兴战略是党的十九大提出的一项重大战略，是关系全面建设社会主义现代化国家的全局性、历史性任务，是新时代“三农”工作总抓手。习近平总书记在云南考察时强调全面建成小康社会，一个民族都不能少。大理白族自治州以习近平新时代中国特色社会主义思想为指导，在乡村振兴过程中聚焦产业振兴促转型，以保护传统工艺产业、构建特色农业产业和打造乡愁文旅产业为切入点，开辟了产业兴旺、留住乡愁的新路径，形成了乡村振兴战略良好开局的实践经验。

第一节　保护传统工艺产业

乡村是文化的家园、维系情感的原乡，传统工艺根植于土地，世代传承而来，是各民族在生产实践中不断积累与创造的艺术。云南大理是一个民族特色浓郁、传统工艺种类丰富的地区，在乡村振兴过程中，大理州始终秉持着“留住传统，记住乡愁”的原则，以乡村传统工艺为基础，借助现代产业组织形式发展乡村传统工艺产业，传承乡村文化和农耕文明，留住乡愁，让人记住乡情。

一、加强顶层设计，搭建传承平台

大理白族自治州政府高度重视传统工艺的振兴工作，积极争取把传统传承技艺项目列入中国国家非物质文化遗产名录中，在政策措施出台方面，州文化和旅游局、州工业和信息化局、州财政局共同印发了《大理州传统工艺振兴行动计划实施意见》，并就制定州级政府传统工艺振兴目录、实施传统工艺振兴计划重点项目、壮大传统工艺传承人队伍等工作做出了具体安排部署，为大理州传统工艺的传承搭建平台。

（一）建立州级传统工艺振兴目录

大理州深入挖掘丰富的传统技艺类非物质文化遗产，培育非遗特色产业，以白族扎染、鹤庆银器、剑川木雕等传统工艺项目为切入点和龙头，稳步推进传承基地的建设工作。依托国家级、省级历史文化名镇、名村、传统村落等建设非遗项目的传习点，截至 2021 年 2 月，大理州共有非物质文化遗产 450 项，非遗传承人 1320 人，非物质文化遗产保护示范基地 4 个，“中国民间文化艺术之乡”8 个。以非物质文化遗产代表性项目名录为基础，对具备一定传承基础和生产规模、有发展前景、有助于带动就业和精准扶贫的传统工艺项目，建立州级传统工艺振兴目录，并对列入州级振兴目录的项目进行动态管理，对濒危的项目予以重点扶持，并鼓励各县(区、市)参照建立本级的传统工艺振兴目录，搭建传统工艺产业传承平台。

（二）推进传统工艺振兴重点项目

大理州充分利用其非物质文化遗产资源富集的优势，并结合传统工艺的分布与传承情况，确定一批重点项目给予支持。通过内容创新和科技创新，着力推进大理白族扎染、剑川木雕、鹤庆银器 3 个国家级传统工艺非物质文化遗产传承人企业(大理市璞真白族扎染有限公司、剑川县兴艺古典木雕家具厂、鹤庆县李小白文化传承有限公司)与中央美术学院和云南艺术学院等高等院校的全面合作，成立云南大理传统工艺工作站,为传统工艺的传承发展搭建平台。推动刺绣、乌铜走银、手工造纸、石雕等传统工艺项目的发展,积极探索“非遗 + 扶贫”的有效途径,加大贫困地区传统工艺振兴的工作力度,支持贫困地区探索设立非物质文化遗产扶贫就业工坊,充分发挥传统工艺在助力精准扶贫方面的作用。

(三) 壮大传统工艺传承人队伍

大理州积极完善州、县(市)级非物质文化遗产代表性项目和代表性传承人的申报、评审和管理体系。鼓励技艺精湛、符合条件的传统工艺门类的中青年传承人申报并进入各级非物质文化遗产代表性项目和代表性传承人队伍,调动年轻一代从事传统工艺的热情和积极性,形成合理的人才梯队。鼓励开办非物质文化遗产传习馆(所、室、点)或大师、名家工作室,支持传统工艺非物质文化遗产代表性传承人、工艺美术大师带徒授艺,培养后继人才,并且将带徒授艺、提升作品质量的情况作为传统工艺非物质文化遗产代表性传承人考核的内容。积极引导和鼓励支持居民、村民积极参与传统工艺、文化创意等活动,扩大活动的受众面和影响力。

二、创新工作思路,壮大传承队伍

在传统工艺传承队伍的建设方面,大理州创新性发展传统工艺发展工作思路,积极推动和教育部门联动,推进传统工艺专业建设研究,通过加强传统工艺传承人群培训,提升传承人能力素养,为扩大传承队伍,积极开展传统工艺的普及与交流。

(一) 加强传统工艺传承人群培训

依托云南大学、云南民族大学、云南艺术学院、大理大学、云南文化艺术职业学院、云南技师学院等高等院校及非物质文化遗产培训基地,组织传统工艺持有者、从业者等传承人群参加研修、研习和培训,提高其学习能力、文化素养、审美水平和创新意识,增强传承后劲。组织优秀传承人、工艺师及设计、管理人员到传统工艺项目所在地开展巡回讲习,举办“传承人对话”系列活动，扩大传承人群培训面。倡导传承人群主动学习，鼓励同行之间或跨行业切磋互鉴，提高技艺水平，提升再创造能力。

（二）推进传统工艺专业建设研究

大理州支持具备条件的普通高等院校、职业院校和技工院校等开设传统工艺有关专业和课程，培养传统工艺专业技术技能人才和理论研究人才。支持具备条件的职业院校加强传统工艺专业建设，培养具有较好文化艺术素质的技术技能人才。积极推行现代学徒制，建设一批技能大师工作室，鼓励传统工艺非物质文化遗产代表性传承人参与职业教育教学和开展研究。支持有条件的高等院校帮助传统工艺传承人群提升学历水平。鼓励高等院校、研究机构、企业等设立传统工艺研究基地、重点实验室等，在保持优秀传统的基础上，探索手工技艺与现代科技、工艺装备的有机融合，提高材料处理水平，切实加强成果转化。依托大理州非物质文化遗产研究基地等，加强传统工艺的挖掘、记录和整理。对具有独特历史意义的濒危传统工艺项目，加快实施抢救性记录，落实保护与传承措施，鼓励出版有关传统工艺研究和实践成果的书籍。

（三）开展传统工艺的普及与交流

大理州范围内大力开展非物质文化遗产进校园、进课堂、进教材、进社区、进农村等活动。支持大中小学校组织开展体现地域特色、民族特色的传统工艺体验和比赛，提高青少年动手能力和创造能力，加深对传统工艺的认知。充分发挥各级文化馆、图书馆、博物馆等的作用，开展面向社区和农村的传统工艺展演、体验、传习、讲座、培训等活动，丰富群众文化生活，增强传统工艺的社会认同。大力组织传统工艺非物质文化遗产代表性传承人参加博览会、展会或展示活动。积极组织传统工艺非物质文化遗产代表性传承人、企业和行业组织代表开展对世界各国特别是南亚东南亚国家的国际交流和研修培训。

三、推进文创研发，助力产业发展

大理州依托优势文化资源，不断推动文化创意产业发展，通过政策、资金扶持，优化发展环境等形式，助力一批优质文化创意企业腾笼换鸟、跨界合作，向规模化、集约化、专业化发展，让文化创意产业从"起步"走向"迈步"。

（一）提升传统工艺产品的市场竞争力

鼓励拥有较强设计能力的企业、高等院校和有关单位到大理州传统工艺项目集中地设立工作站，帮助当地传统工艺企业和从业者解决工艺难题，增强质量意识、精品意识、品牌意识和市场意识；结合现代生活需求，改进设计，改善材料，改良制作，引入现代管理制度，广泛开展质量提升行动，全面加强质量管理，提升产品设计和制作水平，提高产品品质，拓展市场。鼓励传统工艺从业者在自己的作品或产品上署名或使用手作标识，支持发展基于手工劳动、富有文化内涵的现代手工艺。鼓励各地建立传统工艺行业组织，研究制定产品质量行业标准。

（二）搭建文旅融合线上线下展销平台

创新传统工艺宣传展示销售模式，推动传统工艺与旅游、文化创意、设计营销等融合发展。鼓励在传统工艺集中的历史文化街区和村镇、自然和人文景区、传统工艺项目集中地设立传统工艺产品的展示展销场所，集中展示、宣传和推介具有民族或地域特色的传统工艺产品。在"文化和自然遗产日"、非物质文化遗产展示展演、文化产业博览会、旅游推介等节庆展会上举办传统工艺展示，搭建更多的展示交易平台，帮助推介销售传统工艺产品。充分利用"一部手机游云南""文化云南"等平台，提供电子商务服务，拓宽传统工艺产品的推介、展示、销售渠道。充分发挥行业组织作用，拓展传统工艺在设计开发、会展销售、技术支持等方面的合作渠道。主动融入和服务国家"一带一路"建设，支持有条件的传统工艺企业"走出去"，扩大产品和服务出口。

(三)培育有民族特色的传统工艺品牌

云南大理在传统工艺发展过程中,鼓励传统工艺企业和从业者合理运用知识产权制度,注册产品商标,保护商业秘密和创新成果;支持有条件的地区注册地理标志证明商标或集体商标;培育10个有民族特色的传统工艺知名品牌,认真办好大理传统工艺工作站,以点带面,推广经验;在条件成熟的县市择机建立省级传统工艺工作站,扩大示范引领;鼓励高素质设计力量的加入,优化产品设计,明确市场定位,实施科学管理,促进文化创意产业增强品质,创建区域内知名的文创品牌。同时加强产业体系的建设,依托当地的自然资源,发挥从业者的积极性,构建具有区域民俗特色、地域文化特点的文化创意产业体系;除文化创意产品的设计、加工、销售之外,大理州各地积极发展工艺体验和特色工艺旅游,一方面可以培养工艺爱好者,另一方面也可以成为人们减压和放松身心的健康途径,争取做到人才培养、资源利用、产品开发、产品销售、品牌建设、工艺体验全面发展,促进文化创意产业体系的健全。

第二节　构建特色农业产业

乡愁为魂,农业为本,发展为纲。大理白族自治州地处高原地区,由于其独特的地势构造,形成了区别于其他地区的农业种植气候优势,造就了大理州特有的高原特色农业。近年来,大理州立足资源优势,做大产业基地,按照"县有多业、一乡两特、一村一品"的发展理念,着力培植特色优势产业,做大农业产业基地,加快现代农业庄园建设,高原特色农业产业化、规模化水平不断提高,享有"中国核桃第一州(市)""乳牛之乡""中国西部优质早熟鲜食葡萄基地"等多种享誉世界的美誉。

一、发展现代农业,转变农业发展方式

大理州从基本州情出发,遵循客观规律,按照"调结构、转方式、促发

展”的要求，有重点、有计划、有步骤地扎实推进，努力走出一条具有大理特色的现代农业发展之路。

（一）推进农业绿色发展

一是强化政策支撑，细化工作措施，坚定不移实施“三禁四推”。大理州委、州政府于2018年8月，作出《关于开展洱海流域农业面源污染综合防治打造“洱海绿色食品牌”三年行动计划（2018—2020年）》的重大决定，建立生态补偿机制，实施“三禁四推”。2018年洱海流域大蒜种植面积比2017年调减10.18万亩，实现含氮磷化肥清零禁售和高毒高残留农药禁售禁用目标，化肥、农药使用量分别比2017年减少39%、9.9%。为加快推进洱海流域农业绿色生态转型发展，在广泛调查研究、充分征求意见基础上，州委、州政府出台《洱海流域农业面源污染治理攻坚战作战方案》《洱海流域种植业结构调整方案》《洱海流域大蒜禁种清零歼灭战工作方案》等具体措施，持续推进《关于开展洱海流域农业面源污染综合防治打造“洱海绿色食品牌”三年行动计划（2018—2020年）》各项目标任务落实落细。相关政策措施，更加注重农业面源污染治理与农业增效、农民增收的有机结合，主要任务是实施农作物绿色种植基地建设、奶牛生猪产业转移及畜禽标准化养殖、稻渔综合种养、高效节水灌溉及农田尾水末端拦截消纳、土地经营权流转发展适度规模经营、培育新型农业经营主体打造“洱海绿色食品牌”等。

二是完善工作机制，注重方式方法，坚决打赢打好农业面源污染治理攻坚战。成立由州委、州政府分管领导任组长、副组长的洱海流域农业面源污染治理攻坚战推进领导小组，及时分析研究和安排部署各项工作，及时分析查找工作推进中的困难和问题，明确细化对策措施，全面推进各项工作任务落实落细。大理州注重强化指导服务，州级27个成员单位、州农业农村局16个工作指导组和12个技术专家组挂钩联系洱海流域16个乡镇，积极开展政策宣传、业务指导和科技服务，并要求各级各部门，各工作队、工作组树牢以人民为中心的发展理念，注重工作方式方法，深入村组、深入田间、深入一线，围绕冷库经营户、蒜种经营户、农户等重点人群，抓实蒜种贮存监管、蒜种经营监管等重点工作环节，切实把“三禁四推”各项政策措施说清楚、讲明白，积极赢得最大范围的理解和支持，将各项工作任务落到实处。

三是拓宽工作思路，狠抓工作落实，加快推进农业绿色生态转型发展。大理州坚持治理与发展并重，抓实《洱海流域高效生态农业建设与农业面源污染防治“十三五”规划（2016—2020 年）》《洱海流域种植业结构调整方案》《大理州畜禽养殖污染防治“十三五规划”（2016—2020 年）》《大理州渔业发展规划（2017—2025 年）》《养殖水域滩涂规划》等规划和相关政策措施，以优化空间布局为龙头全力打造规模化主导产业，以实施“三禁四推”为抓手全力推进绿色生态转型发展，以资源化利用水平为切入点着力推进畜牧业平稳健康发展，以培育新型农业经营主体为重点加快推进适度规模经营，以创建名牌为突破口、着力提升农产品加工营销水平，以发展休闲农业为载体着力推进一二三产业融合发展。

（二）推动产业集聚发展

一是推进“一县一业”发展。以规模化、专业化、绿色化、组织化、市场化为着力点，集聚资源、集中力量，建设富有特色、规模适中、带动力强的“一县一业”，形成特色产业集聚区，提升产业规模化生产能力。大理州在统筹发展核桃、蔬菜、水果、中药材、乳业及肉牛、生猪 6 个重点产业的基础上，鼓励各县市立足本地实际，结合自身优势及特色，集中打造大理花卉、漾濞和永平核桃、宾川水果、弥渡和祥云蔬菜、巍山肉牛、南涧茶叶、云龙诺邓黑猪、洱源绿色水稻、剑川中药材、鹤庆奶业等“一县一业”，形成“多县一带”，在更大范围、更高层次上培育产业集群。依托资源优势，选择主导产业，建设一批“小而精、特而美”的“一村一品”示范村镇，形成一村带数村、多村连成片的发展格局。

二是建设一批农业产业强镇。根据特色资源优势，聚焦核桃、水果、蔬菜、肉牛等主导产业，吸引资本聚镇、能人入镇、技术进镇，建设一批标准原料基地、集约加工转化、区域主导产业、紧密利益联结于一体的农业产业强镇。

三是建设优势特色产业集群。依托资源优势和产业基础,突出串珠成线、连块成带、集群成链,培育品种品质优良、规模体量较大、融合程度较深的核桃、水果、肉牛、奶牛等优势特色农业产业集群,促进产业格局由分散向集中、发展方式由粗放向集约、产业链条由单一向复合转变,发挥要素集聚和融合平台作用,支撑“一县一业”发展。

四是促进乡村产业融合发展。按照“粮经饲统筹、农林牧渔结合、种养加一体、一二三产业融合发展”的要求,通过科学安排、综合利用农业生产物质资源要素及时间、空间等布局,加快种养业内部各产业间融合发展。纵向上,积极推进农业全产业链建设,引导应用新材料、新技术、新工艺、新设施,积极发展农产品精深加工和生产性服务业,健全“线上线下+农产品冷链物流”新型市场体系,推动农业“接二连三”、一二三产业或一三产业融合发展。横向上,加快农业与旅游、教育、文化、健康养老等相关产业深度互融,实现资源共享,优势互补,发挥农业多种功能。围绕产业融合模式、主体培育、政策创新和投融资机制,抓好大理市国家农村产业融合发展示范市建设,开展不同类型、多种方式的农村产业融合发展试点示范,形成一批融合发展模式和业态,打造一批农村产业融合领军企业,推进试点示范县乡农村产业融合提质增效升级。

(三)全面提升品牌影响

一是树立整体品牌形象。突出“高原特色、生态精品”主题,加快培育打造区域公用品牌、企业品牌和产品品牌,形成标准化生产、产业化运营、品牌化营销的品牌农业发展新格局,走出一条具有大理特色的品牌强农兴农之路。委托品牌策划机构,精心培育一批在全国乃至国际上有优势、有影响、有竞争力的大理区域公共品牌,全力打造世界一流“绿色食品牌”,树立大理高原特色农业整体品牌形象。加快现有农产品品牌化,结合地域差异、品种特性,创建一批具有文化底蕴、鲜明地域特征“小而美"的特色农产品品牌,推进农产品品牌创建示范区建设。

二是强化品牌管理。制定和严格执行区域品牌使用管理办法,鼓励企业按绿色和有机食品生产要求修订和提升企业品牌产品生产标准。建立品牌农产品目录和标识制度,实施准入和退出管理。建立授权使用、品牌危机预警、风险规避和紧急事件应对机制。加强对成长中的地方特色企业和产品品牌的保护和管理,实时监控、评估公用品牌状态,严厉打击各种冒用滥用公用品牌、恶意抢注商标、侵犯商标专用权等行为。加强绿色食品、有机食品和地理标志农产品认证管理。

三是打响"洱海绿色食品"金字招牌。利用互联网、广播电视、新媒体等宣传媒介和三月街民族节、漾濞核桃节、兰花茶花博览会、宾川葡萄节、无量山樱花节等节庆活动,广泛宣传大理绿色食品品牌。组织绿色、有机食品企业参加中国农交会,昆明南博会(商洽会)、农博会、绿投会、普洱茶博览会和高原特色农产品北京推介展、上海推介展、上海浦东农博会等国内外重要的农产品和食品展会,宣传推介大理绿色食品品牌,全面提升大理"绿色食品牌"在国际、国内和省内的影响力和美誉度。

四是鼓励新型农业经营主体争创品牌。鼓励龙头企业、农民专业合作社引入国际公认的先进质量管理方法,依法争创驰名商标、名牌产品、生态原产地产品和地理标志农产品。引导企业强化商标品牌意识,建立完善商标注册、使用、许可、转让、质押、投资、维权等管理制度。组织参与云南名牌农产品、云南 10 大名品、云南省十佳农产品品牌等评选活动。

二、加强科技支撑,建设农业生产体系

大理州农业部门深入实施科教兴农战略,提升现代农业科技装备能力,着力强化农业科技支撑,夯实全州现代农业发展基础。以技术推广为重点,着力加强基层农技推广服务体系建设,积极探索实践新形势下农业科技推广普及的有效办法和途径,不断健全农业科技推广体系,优

化农业技术推广资源配置。以物质技术装备为手段，着力提升农业科技装备水平，着力强化现代农业发展的科技支撑。

（一）构建现代种植体系

大理白族自治州认真落实国家关于大力开展种植业“卡脖子”技术攻关，打好种植业“翻身仗”的决策部署，按照“创新驱动、优势特色、协同高效”的原则，整合全州种植业创新优势资源，主动融入国家和云南省创新育种体系，组建体现大理州特色的高水平育种创新团队，着力推进现代农业发展，规划建设植物类大理种质资源库，支持各类经营主体建设畜禽和水生动物遗传资源保育基地，争取各类科研经费开展农作物新品种选育工作。

一是强化品种资源保护。全面普查全州农作物种质资源，加快国家级和省级种质资源库、畜禽水产基因库和资源保护场（区、圃）规划建设，推进种质资源收集保存、鉴定和育种，完善种质资源数据库。

二是鼓励和支持组建种植业龙头骨干企业。培育一批具有市场竞争力的商业化种植业龙头企业，积极鼓励和引导支持种植业公司兼并、整合或重组，努力实现资源的有效整合与优化配置，走“强强联手、共谋发展”之路，着力打造大理州知名大企业和民族大品牌，尽快顺应并融入现代种植业规模化、集团化、国际化发展潮流。积极引导科研院所与企业间双向技术协作联动，最大限度实现科研院所人才优势与企业资金营销优势高度互补，大幅提升种植业科技的原创力和创新驱动力，着力构建以产业为主导、企业为主体、基地为依托，“政产学研用”结合、多主体（教、科、企）联合、“育繁推”科研推广一体化的现代种植业体系。

三是建设粮食作物种植业创新体系。优化制种繁种基地布局，突出稳产、优质、多抗、广适、专用，开展新品种选育。支持科研院所重点抓好种质资源库建设、育种基地硬件设施建设，形成布局合理、设施配套、功能齐全的育种创新基地。加强种植业监管，提升执法效能，明晰种植业监管执法队伍，强化州、县（市）级为重点的种质管理机构与队伍建设。

健全完善检验检测体系和质量标准体系,坚持依法治种,严格规范种质管理,推动种植业绿色化、优质化、特色化。

（二）夯实农业基础设施

一是加强耕地质量保护与提升。大理州以科学布点、持续监测、系统评价为主线,建立健全耕地质量监测网络,及时掌握耕地质量现状及变化规律,统筹推进实施藏粮于地、藏粮于技战略,促进耕地质量提升、生态环境改善,为构建绿色种植制度、资源永续利用和农业可持续发展提供基础支撑。构建耕地质量保护与提升长效机制,以高标准农田项目区为载体,探索耕地保护与质量提升项目集中投入、集成建设的模式和机制,依托新型农业经营主体和服务主体,加强工程建设与农艺农机技术的集成应用,确保建成后耕地质量等级稳步提升;科学布设耕地质量调查监测点位,综合考虑土壤类型、种植制度、土壤环境质量等因素,开展调查监测点位的布设,持续开展耕地质量长期定位监测和年度调查评价。

二是提高农业供水保障能力。大理州积极做好农田水利重点项目建设工作,优先发展“五小水利”工程,打通农田水利“最后一公里”。加快大中型灌区续建配套与节水改造,突出抓好洱海流域高效节水灌溉工程建设,在洱海流域率先推行管灌和水肥一体化节水滴管。

三是提升设施化水平。围绕提高农业机械化水平目标,优化农机装备结构,合理确定农机具补贴目录,推进农业生产效率提升。探索推广洱海流域水稻全程机械化种植的模式及相关农机技术要求,推进生猪、肉牛和水果等优势特色产业的机械化发展。积极支持家庭农场、农民合作社、供销合作社、邮政快递企业、龙头企业建设产地分拣包装、冷藏保鲜、仓储运输等设施建设。推广精量播种、保护性耕作、复式作业等农机农艺融合技术,提升设施农业、病虫害防治、粮食烘干、农产品精深加工、冷链物流等装备水平。通过提高设施化稳定生产标准,推动农业高质高效,有力支撑现代农业发展。

（三）强化农业科技支撑

一是积极搭建农业关键性技术和公共服务创新平台，建好用好国家级、国家地方联合型、省州级农业工程研究中心、工程实验室和工程技术研究中心，积极争取国家和省级各类科技计划项目，开展粮油绿色增产模式及水果、蔬菜、核桃、中药材、生猪、肉牛和乳业等特色优势产业提质增效技术攻关，努力实现大理州特别是洱海流域生态经济效益双赢。建设重点产业科技创新联盟，强化企业在科技创新中的主体地位。

二是加强与省内外知名院校的技术交流合作，加快农业科技创新成果转化、推广和应用，全市重点区域主导品种、主推技术入户率达到100%，农机总动力达 43.6 万千瓦特，耕种收综合机械化率达 52%。持续加大气象服务“三农”力度，定期不定期发布气象预报，助力农业生产防灾减灾，实现乡镇、村组、农业合作社、种植养殖大户“直通式”农业气象服务全覆盖。

三是建设农业科技园区，推广安装使用农业科技服务云平台，强化科技进村入户服务，建立农业科技人员与农业经营主体之间利益共享机制，加速农业科技成果的转化利用。构建新型农技推广体系，依托各类新型农业经营主体，努力提高小农户素质，推进科技特派员农村科技创业行动。创建智能农业创新创业平台，建立农业科技成果转化网络服务体系，完善农业科技信息服务平台，鼓励和探索农业专家在线技术分享和有偿服务模式，为农民解决农业生产难题。创新服务供需对接机制，推行政府购买服务，鼓励社会资本和工商资本投入农业科技的开发、使用和推广，支持各类社会力量广泛参与农业科技推广，加大绿色技术供给。坚持增产增效并重、良种良法配套、农机农艺结合、生产生态协调，着力加强新品种、新技术、新模式、新机制“四新”协调和良种、良法、良壤、良灌、良制、良机“六良”配套，集成推广全产业链综合技术，全面提升产业生产经营科技应用水平。

三、强化政策扶持,优化农业产业体系

大理州加强顶层设计,强化政策支持,引导做精做优特色产业,通过发展农产品加工业延长产业链,并按照“政府引导、市场导向、统筹规划、分步实施”原则构建产业发展平台,使农业产业体系不断优化。

(一)做精做优特色产业

产业发展是乡村振兴的基础。大理白族自治州着重围绕发展和挖掘全州范围内各县(市)、乡(镇)、村(组)具有历史性、文化性、独特性或唯一性等特质的产品,通过特色产业的不断壮大,推动发展领域不断拓宽、产业层次逐步升级、区域带动日益增强。

一是花卉产业,坚持以大理市为核心重点布局辐射带动全州发展。开展以食用药用花卉为重点的加工用花卉标准化生产示范基地及系列产品精深加工平台建设。加强绿色种植技术、加工工艺研究及应用。加强基地认证、质量监测和认定、产品技术创新。强化品牌打造,将“大理花卉”打造成为具有国际知名度和影响力的大品牌。举办大理州重大花事活动“大理国际兰花茶花博览会”,加快“互联网+”花卉产业信息平台建设,促进大理州“大花卉”大发展。

二是高山生态茶产业,发挥南涧、永平、弥渡古树茶资源优势,着力打造古茶名山基地,强化古茶树资源保护和合理利用,对代表性古茶树植株实行挂牌保护,打造世界级的大理红茶。稳步推进标准化茶园创建活动,集中打造高山生态茶示范园区,加强茶园引水工程和茶园灌溉系统建设,逐步改善灌溉条件;加大低产茶园改造力度,开展茶树良种引进改良、茶园土壤改良、茶树整形、补密换种等,提升茶叶单产水平。加快提升茶叶精深加工水平,大力发展市场前景广和潜力大的茶叶精深加工产品,强化茶叶新产品研发,扩大精深加工产品的生产规模。加快茶食品、茶用品、茶药品、茶化工产品的开发。推动茶旅融合发展,进一步延伸茶叶产业链,提高产品附加值。

三是烤烟产业，坚持“市场、质量、绿色、生态、安全”的原则，以优化资源配置、加强烟区建设、完善产业体系、提高供给水平为主要任务，坚持生态优先、绿色发展、集中连片、规模发展，强化创新、高效供给，着力稳定核心烟区，促进烟区进一步向自然生态条件好、烟农积极性高、生产水平高、基础设施完善的区域转移，大胆创新，进一步优化组织模式，加快专业化服务体系建设，降低烟农劳动强度和生产成本，努力实现烟叶增效、烟农增收、生态增值，打造享誉全国的特色优质生态烟叶产业带。

四是乡土特色种植养殖业，加强地方品种种质资源保护和开发，以申报认定和巩固提升地理标志农产品成果为切入点，精细发展祥云百合、宾川拉乌核桃、弥渡芋头、南涧无量山乌骨鸡、巍山红雪梨等乡土特色种养业。以农民合作社为依托，选择主导产业，因地制宜发展小宗类、多样性特色种养业，建设一批“小而精、特而美”的“一村一品”示范村镇，形成一村带数村、多村连成片的发展格局集中打造区域性公共品牌，做精打响“土字号”“乡字牌”，加大品牌营销推介力度，提高影响力和带动力。

（二）发展农产品加工业

以“粮头食尾”“农头工尾”为抓手，推动粮食、畜禽、蔬菜、水果、核桃、食用菌等现代农产品加工业发展，健全生产、加工、仓储保鲜、冷链物流等全产业链，显著提升大理农业质量效益和竞争力。

一是优化农产品加工产业空间布局。统筹产地、销区和园区布局，形成生产与加工、产品与市场、企业与农户协调发展的格局，推进农产品加工向园区集中。推进农产品加工向优势区域聚集，鼓励引导大型加工企业在宾川、巍山等国家和省特色农产品优势区和“一县一业”示范县、重点县布局，向重点专业村聚集，依托工贸村、“一村一品”示范村发展小众类的农产品初加工，促进产村融合。推进大理绿色食品和省内昆明、丽江等城市及省外销区城市对接，扩大市场销量。

二是推进加工技术创新、加工装备创制。围绕优质水果、蔬菜、核桃、奶产品等,以加工关键环节和瓶颈制约为重点,建设农产品加工与贮藏重点实验室、保鲜物流技术研究中心及优势农产品品质评价研究中心。组织州内外科研院所、大专院校与企业联合开展技术攻关,研发一批新型实用技术和先进加工技术。集成组装一批科技含量高、适用性广的加工工艺及配套装备,提升大理州农产品加工层次水平。

(三)构建产业发展平台

依托大理、洱源稻田、花海、南涧茶园等田园风光、绿水青山,以及白族村落建筑、文化、民俗风情等资源优势,发展景观农业、农事体验、观光采摘、特色动植物观赏、休闲垂钓等业态,开发古生有机稻米、乳制品、腌菜、民族银器等"后备箱""伴手礼"等旅游产品,着力打造创新与服务平台。推进农业公共服务平台建设,统筹全州涉农信息系统建设工作,深入实施信息进村入户工程,加快建设益农信息社,完善社会服务管理。

按照"政府引导、市场导向、统筹规划、分步实施"原则和"集聚、特色、精品"要求,通过集聚资源要素、提升产业层次、延伸产业链条、拓展农业功能等途径,创新农业生产、经营、管理和资源利用方式,培育建成一批"一县一业"示范县和特色县、现代农业产业园、农业产业强镇、农业绿色发展先行区等。

第三节 打造乡愁文旅产业

2013年12月,《中央城镇化工作会议》指出:"要传承文化,发展有历史记忆、地域特色、民族特点的美丽城镇……要依托现有山水脉络等独特风光,让城市融入大自然,让居民望得见山、看得见水、记得住乡愁;要融入现代元素,更要保护和弘扬传统优秀文化……要注意保留村庄原始风貌,慎砍树、不填湖、少拆房,尽可能在原有村庄形态上改善居民生活条件。”①2018 年 9 月,《乡村振兴战略规划(2018—2022)》发布,再次提出“留住乡愁记忆,满足人民日益增长的美好生活需要”“重现原生田园风光和原本乡情乡愁”。这一系列发展理念的提出,为乡村旅游发展指明了方向。近年来,大理州紧紧围绕建设“产业兴旺、生态宜居、乡风文明、治理有效、生活富裕”的“美丽乡村”的目标,紧密结合脱贫攻坚、乡村振兴工作,统筹推进乡村旅游发展,有力促进乡村旅游质量整体提升。

一、规划引领,下好乡村旅游“一盘棋”

规划引领抓布局,促进全域旅游稳步发展。云南大理按照旅游革命要求,根据《大理市全域旅游发展规划(2017—2030)》,将全市辖区作为完整旅游目的地进行整体规划布局、统筹推进乡村旅游发展,全新构建出“一核、两轴、四区、二十镇、百村、百园”大理州乡村旅游空间布局,充分挖掘整合乡村旅游资源,形成点、线、面有机结合。

(一)规划融入,构建发展乡村旅游新布局

乡愁文化是生活在本地的居民回忆。大理白族自治州地处云南省中部偏西,是以白族为主的多民族集聚区,历史悠久,是云南最早的文化发祥地之一,各民族在长期的生产生活中传承和创造各自独特的民族文化、民居建筑、服饰、音乐、舞蹈、饮食、民俗节庆文化等异彩纷呈的文化,形成了以白族为主要特征的多元民族文化,是乡村旅游资源的重要内涵。

乡村旅游资源主要以自然环境为背景,乡村村寨和乡村城镇为核心,以农耕景观、农牧方式、农业文化、特色建筑、民族民俗等为基本内容,是大理州旅游资源的重要组成部分。依托农耕文化保存较为完整,具有鲜明文化优势的特点,积极开发农业休闲实践基地和观光体验项

---

①《中央城镇化工作会议在北京举行》,http://news.xinhuanet.com/video/2013—12/14/c_125859839.htm。

目,对传统技艺进行改造提升,对传统农业用具进行了广泛收集,积极推进“村史馆”建设,着力展示原始风貌,传承农耕文化,留住乡村记忆。严格按照“突出重点、合理布局、逐步推进”的要求,编制了《大理白族自治州乡村旅游发展规划(2017—2025)》,全新构建出“一核、两轴、四区、二十镇、百村、百园”的大理州乡村旅游空间布局,充分挖掘整合乡村旅游资源,形成点、线、面有机结合,循序渐进的立体推进开发模式,科学配置乡村旅游要素、创新乡村旅游产品、营造乡村休闲环境、优化乡村产业结构、完善乡村旅游系统,促进乡村旅游产业转型升级与国家全域旅游示范区创建,统筹推进大理州乡村旅游持续健康快速发展。

(二)厘清家底,科学谋划乡村旅游新业态

大理州严格按照“突出重点、合理布局、逐步推进”的要求,编制了《大理白族自治州乡村旅游发展规划(2017—2025)》,规划在全州范围内打造100个以上乡村旅游村寨。

大理市、洱源县、漾濞县以打造特色突出、配套完善、要素齐全且宜游、宜业、宜居的乡村旅游新业态为重点,依托自生资源,重点开发大理市大建旁村、双廊村、古生村、周城村,洱源县佛堂村、梨园村、郑家庄村,漾濞县金牛村、太平村。大建旁村、双廊村、古生村创新“党建+洱海保护+脱贫攻坚”的双推进模式,大建旁村、双廊村以农、渔业为主的农渔村寨向以旅游业为主的旅游村寨跨越发展,休闲度假、慢生活体验村寨的旅游业态正在形成。古生村以“美丽乡愁、人文古生”为主题,大力发展民族特色生态旅游、休闲度假旅游、农业生态观光游、现代农庄、创意农业等乡村旅游新业态。洱源佛堂村抓住脱贫攻坚和乡村振兴的机遇,立足“农业+文创+旅游”开发主题,打造了古梨园空中稻田剧场、退步堂半山酒店、江登湿地雕塑公园、白米仓青年文创空间等大理乡村旅游新业态,构建佛堂村独特的“软乡村、酷农业、融艺术、慢生活”乡村旅游模式,成功创建为全国乡村旅游重点村。梨园村、郑家庄村被评定为省级民族特色旅游村,充分挖掘历史文化资源、生态资源和特色旅游资源,

打造梨园村为“全国农业旅游示范点”，郑家庄村为“民族团结的村庄范本”。漾濞县金牛村挖掘开发“商旅古道”资源，打好旅游文化牌、农耕文化牌和饮食文化牌。太平村以建设“生态文明建设示范乡、民族团结进步示范乡、高原特色生态农业示范乡、民族文化建设示范乡”为目标，保护、传承、发展民族文化，发展生态旅游。

剑川县、鹤庆县重点培育以民俗工艺体验为主体的乡村休闲度假业态集群，发展乡村度假、民俗体验、工艺传承与体验、美食购物、研学旅游、康体养生等文旅产业新业态。剑川县充分挖掘民族旅游特色村的自然风光、民俗文化、人文景观、传统木雕工艺和红色文化等资源优势，从根本上改善公共旅游基础设施建设薄弱环节，打造山水田园村寨、生态旅游村寨和革命传统村落。鹤庆县新华村依托国家4A级旅游景区、银器小镇等品牌的创建工作，重点打造手工艺传承与体验、万亩草海湿地游、特色街区和特色庭院民俗体验等项目。鹤庆县奇峰村用活用好“党建+”模式，以支部为引领，依托万亩梨园、千亩绿色蔬菜，着力打造奇峰村为“民族团结示范村、脱贫致富样板村、乡村旅游新亮点”的社会主义新农村。

宾川县、祥云县以高原特色农业和红色文化为基底，打造以田园综合体、生态农庄、红色文化传承基地等形态的开发建设为切入点，建设具有乡村度假、农业休闲、红色旅游体验等为一体的乡村旅游。宾川县萂村、盘谷村、朱苦拉村加大历史文化名村的保护与开发力度，打造历史文化遗产品牌；宾川县新庄村坚持“旅游搭台、文化唱戏、农业增收”思路，充分发挥当地集红色文化、农耕文化、民族民俗文化及海稍鱼文化为一体的优势，探索实践“党支部+红色旅游+贫困户”扶贫模式，走出了一条“以文促旅、以旅兴农、农旅文融合”的发展新路，助推了村民脱贫致富奔小康。祥云县云南驿、王家庄村、大营社区充分发挥中国历史文化名村、优秀红色旅游乡村、中国少数民族特色村寨的资源优势，坚持走乡村振兴、红色旅游文化、乡村旅游融合发展的道路，以发展多元化、规模化、服务化乡村休闲产业为导向,充分植入民俗体验、农耕体验、乡村休闲、革命传统教育为一体的多功能村寨旅游景区。

巍山县、南涧县、弥渡县以南诏文化为主线,融合区内的自然生态资源、多元民族民俗文化、乡村美食文化和农业种植资源,以点带面重点开发乡村度假、生态康养、民俗体验、文化探秘、美食体验、农业休闲等乡村旅游业态,并逐渐培育成乡村旅游产业带和产业集群,形成特色鲜明的民俗体验型乡村生态旅游区。高品质开发乡村康养度假新业态。依托无量山、巍宝山等优越的自然生态环境,融合宗教文化、民族医药、高原特色农业等元素中的康养内涵,差异化开发一批高品质的乡村康养度假设施。

云龙县、永平县以山地特色为基底,整合山地民族、山地建筑艺术、山地农业、茶马古道文化等资源要素,融合山地度假、户外康体等适宜山地的时尚旅游形式,以点带面,以线串联的形式发展山地特色生态乡村旅游,构建山地民族文化乡村生态旅游区。云龙县诺邓村以"中国历史文化名村""中国景观村落""中国美丽乡村百佳范例""中国最具旅游价值古村落"等品牌助力诺邓景区发展农旅融合的山地特色立体农林休闲度假、农林科普、美食体验、康体露营等旅游业态,形成立体复合生产经营。永平县围绕古村遗存、民族文化、古道文化、宗教文化等进行挖掘,充分利用"一乡一业""一村一品"特色农业资源和独特的旅游资源,发展集休闲、观光、娱乐、度假于一体的特色村寨民族文化旅游和生态休闲乡村旅游产业。

(三)生态优先,筑牢生态环境保护新理念

大理白族自治州编制出台《大理州旅游行业环保标准》,从自驾游营地、特色客栈、农家乐、旅行社、景区等方面出台乡村旅游开发规范标准,做到科学规划、合理开发利用乡村旅游资源,盘活乡村旅游资源存量,发展旅游循环经济。强化乡村旅游项目环保前置审核制度,落实乡村旅游项目开发环保"一票否决制"。结合人居环境提升、农村环境整治等行

动，提升乡村旅游地区环境卫生，持续开展乡村旅游地区绿化、美化、亮化工程，全面加强乡村旅游发展地区生态环境保护工作。

二、多措并举，激活乡村旅游"一池水"

大理州加强统筹协调，多措并举，结合特色小镇打造、历史文化名镇(村)保护、乡村振兴等工作，扎实推进乡村旅游品牌创建工作，并着力打造乡村旅游特色业态产品，形成了大理州乡愁文旅的"十大模式"，促进乡村旅游产业转型升级，统筹推进全州乡村旅游持续健康快速发展。

(一) 扎实推进乡村旅游品牌创建工作

聚合全州资源，结合脱贫攻坚、乡村振兴工作，着力打造乡村旅游靓丽名片。重点推进全国乡村旅游重点村、旅游扶贫示范村以及省级旅游名镇名村创建工作。一是成功将大理市双廊村、大建旁村和洱源县佛堂村打造成为全国乡村旅游重点村。2021 年 7 月，推荐申报大理市双廊镇、鹤庆县新华村为第三批全国乡村旅游重点镇、村。二是将宾川县新庄村、鹤庆县奇峰村等 12 个村创建为省级旅游扶贫示范村，将大理市伙山村等 15 个村打造成州级旅游扶贫示范村，让旅游成为贫困地区脱贫致富的重要手段。三是鹤庆县草海镇、巍山县南诏镇等 11 个镇被命名为云南省旅游名镇，漾濞县光明村、云龙县诺邓村等 20 个村被命名为云南省旅游名村。

(二) 着力打造乡村旅游特色业态产品

大理州在破解洱海流域旅游转型升级和高质量发展难题过程中，紧紧依托乡村本土资源优势，因地制宜打造了一批乡村旅游特色产品。建成"云南新文旅 IP 战略合作计划"首个落地项目白塔邑《英雄联盟》电竞文创村。宾川县新庄村、鹤庆县母屯村、祥云县王家庄为代表的红色旅游基地持续火热；宾川县寺前村、云龙县诺邓村等村组紧紧依托景区做好乡村旅游文章；大理市周城村、鹤庆县新华村、剑川县狮河村等以传统手工艺制作为支撑，走出了一条"非遗 + 旅游"的好路子；洱源县下山口村、宾川县萂村等依托当地资源，充分挖掘乡村休闲游潜力；祥云县七宣村、巍山县琢木郎村、弥渡县文盛街村等充分挖掘当地民俗资源，提升乡村旅游民族文化内涵。

（三）积极探索乡愁文旅"十大模式"

2016年中央一号文件《中共中央国务院关于落实发展新理念加快农业现代化实现全面小康目标的若干意见》中指出，要依托农村绿水青山、田园风光、乡土文化等资源，大力发展休闲度假、旅游观光、养生养老、创意农业、农耕体验、乡村手工艺等，使之成为繁荣农村、富裕农民的新兴支柱产业。① 重点突破方能带动活跃全局，近年来，大理州通过十大模式创新推进了乡村文化旅游，在产业发展中留住乡愁。

一是"旅游+农业"，变农业基地为旅游景区。推进"旅游+农业"深度融合发展，在全州范围内发展休闲农业经营主体1850个，带动农户3.5万户从事休闲旅游业。宾川县华侨庄园被原国家旅游局公布为全国旅游扶贫示范项目，大理市被评为全国休闲农业与乡村旅游示范县(市)，宾川县咖啡园和石榴休闲园被认定为全国休闲农业与乡村旅游示范点，巍山县东莲花村和云龙县检槽稻田分别被原农业部列为"中国最美休闲乡村"和"中国美丽田园"。发展认定州级休闲农业与乡村旅游示范园区(示范企业)29个。

二是"旅游+民间传统工艺"，变工艺创作为旅游体验。以少数民族传统手工技艺传承保护为抓手，大力支持有"云南省淘宝村"之称的鹤庆县新华村通过挖掘民族传统手工艺，走出一条可持续的乡村旅游发展之路，发展民族旅游产品商家700多户，增加就业3000余人。

三是"支部+旅游企业+贫困户"，变个体经营为"红色股份"。成立集企业股份、村集体股份和村民股份为一体的宾川县红色海稍农业观光

---

①《中共中央国务院关于落实发展新理念加快农业现代化实现全面小康目标的若干意见》，人民出版社2016年版。

旅游开发公司,通过“红色股份”带富群众,打造“红色体验、观光休闲、特色美食”的红色旅游体验项目。如自2016年以来,宾川县新庄村通过该模式共接待游客90余万人次,实现旅游收入1400多万元。

四是“旅游+节庆”,变单一节庆为产业化收益。盘活地方节庆资源,突出个性化、特色化、开放化特征,构建餐饮、住宿、消费为一体的产业化体系,丰富乡村旅游业态。如2018年鹤庆县奇峰梨花文化旅游节期间,共接待游客5.62万人次,带动发展农家乐、客栈13家,实现村民人均增收1800元,旅游经济总收入达1686万元。

五是鼓励“景区+扶贫”,变旅游经营为旅游扶贫。以旅游综合开发项目为依托,在项目建设以及景区开发和经营中,优先聘用本地村民,特别是建档立卡贫困户,搭建起“村集体+公司+农户”的发展平台,使群众在旅游开发中受益。如弥渡县借力“小河淌水”名片,打造了密祉旅游小镇,近年来年元宵节灯会两天期间,吸引了近8万人到密祉游玩,实现旅游综合收入达100余万元。

六是“民族文化+产业融合”,文化旅游扶贫带动一二三产业融合发展。围绕少数民族村寨和特色民族文化、非物质文化遗产、传统工艺、特色旅游商品等资源合理开发利用,通过乡村旅游带动一二三产业融合发展,助力乡村振兴和农民脱贫致富。剑川县沙溪古镇被列为国家级特色小镇,吸引了众多海内外投资,建成特色民宿客栈107家,餐馆84家,木雕、刺绣等传统工艺品商店32家;2018年接待游客123.97万人次,其中海外游客9万人次。“十三五”以来,剑川县通过发展乡村旅游直接带动3000多户1万多人从事旅游服务、旅游商品生产销售等产业,仅2018年就实现旅游社会总收入达61.63亿元。

七是依托景区带动,辐射周边脱贫致富。按照全域旅游的发展思路,做好点、线、面的景观打造,解决好景区与周边地区联动发展,发挥旅游行业的特点和优势,一方面,依托全州23个国家A级景区以及国家级、省级历史文化名城、名镇、名村等旅游资源的知名度,通过宣传营销等方式,延长旅游产业链,吸引游客前往景区周边乡村休闲度假,引导村民参与旅游服务,拓宽群众增收渠道,探索出旅游脱贫新模式;另一方面,积极引导旅游企业、各知名景区在同等条件下优先吸纳周边群众为员工,通过从事旅游实现脱贫。

八是依托民族资源,举办节庆拉动扶贫消费。通过举办少数民族商品交易会、宾川水果节、巍山小吃节、鹤庆七峰梨花节等全州丰富多彩的民族文化节庆会展活动,以人气聚财气,吸引全国、全省各地公司、客商、游客等前来旅游消费,引导村民参与销售旅游商品,通过旅游商品展销,实现农产品向旅游商品的转换,并结合招商引资等方式,拓宽村民旅游商品销售渠道。

九是扶持农家乐,创新服务业态助力扶贫。大理州坚持以农家乐为载体,积极推进乡村旅游富民工程,调动旅游扶贫积极性。发挥好旅游在增加群众收入、解决农村就业、脱贫致富等方面的积极作用。州级、各县市旅游部门通过出台对农家乐、客栈建设经营等方面给予以奖代补的政策支持,引导农家乐带动当地就业,实现脱贫致富。通过逐年培植,提升服务水平,提高知名度,剑川沙溪寺登村、鹤庆草海新华村两家创建为中国乡村旅游模范村、3 家农户为中国乡村旅游模范户、30 户农户为乡村旅游示范户、30 户农家乐为农家乐示范户,数量排在全省前列。

十是推进“旅游 + 互联网”模式,拓展文化旅游扶贫。推进“互联网 + 旅游 + 银行”转型升级,推出来融 e 购大理旅游商城等政银合作的新兴平台,吸引全州 210 家名优产品商户签约入驻,上架商品包括酒店客栈、特色餐饮、地方特产等在内的 1800 种,先后通过联合漾濞彝乡情、箐口核桃、李家庄苹果和鹤庆众民养殖等农民合作社,开展 O2O 购物体验宣传销售活动,融 e 购运行一年,交易额突破 4 亿元。

三、夯实基础,织牢乡村旅游“一张网”

大理白族自治州依托自然的资源优势,以完善乡村公共服务基础设施、培养乡村旅游发展人才和创新乡村旅游宣传推广机制为重点，进一步夯实乡村旅游发展基础，扎实推进乡村旅游发展。

（一）完善乡村公共服务基础设施

大理州深入开展村级综合文化服务中心建设，全州范围内村级综合文化服务中心覆盖率达100%，实现了行政村（社区）全覆盖。同时整合统筹各类资源，完善乡村旅游交通体系，在规划通乡、通村公路时优先考虑修建改善通往乡村旅游点的道路，大力发展旅游公交和旅游专线车。持续加强对农村公共文化服务设备使用的检查督促，保证基层公共文化设施发挥活跃群众文化娱乐生活，用科学、健康、向上的思想文化占领基层文化阵地，陶冶群众情操的效益。进一步开展村级综合文化服务中心建设，在实现全覆盖的基础上，着力在提高使用率、提升活动质量上下功夫。通过多渠道筹措资金、全面整合统筹各类资源、合理运用农村土地政策，帮助开展乡村旅游的村组建设游客服务中心、旅游步道、旅游厕所、停车场、供水供电、应急救援、旅游标识系统等乡村旅游公共服务设施。

（二）大力培养乡村旅游发展人才

始终把加强对开展乡村旅游村庄大学生村官、致富带头人、旅游经营户、从业人员培训，作为落实乡村旅游发展的有效手段，2020年以来，大理州先后组织30多名大学生村官参加了全国旅游扶贫村村干部培训班，重点培训从事乡村旅游等方面的知识，提升了村干部的素质和能力，为发展乡村旅游打下坚实基础。施高样等5名乡村旅游从业人员成功入选文化和旅游部乡村文化和旅游能人支持项目，“领头雁”效应发挥明显。充分开展校地合作，聘请大理大学专家教授，走下讲台，走进村庄，为乡村旅游出谋划策；数以千计毕业生以乡村为实习场，和村民一道开展乡村旅游服务。各县市也立足实际，广泛开展乡村旅游从业人员培训，2020年以来，累计开展乡村旅游培训40余场次，培训内容涉及吃、住、行、游、购、娱等要素，参训人员达1200余人次。

(三)创新乡村旅游宣传推广机制

大理市把乡村旅游作为主打产品和营销重点之一,纳入旅游整体宣传营销计划,整体对外包装营销。根据各县市不同的乡村旅游特色产品,塑造不同的主题旅游形象,进行准确的市场定位,结合市场需求,采取不同的营销手段和方式,对乡村旅游产业进行整体营销。重点推出民族文化体验、现代农业观光、温泉休闲养生、到农村过大年、民俗风情展示、花灯戏等具有浓郁地方特色的旅游品牌,吸引八方宾客聚集。

建立健全政府、协会、媒体、企业四位一体的宣传推广体系,完善部门联合、上下联动的乡村旅游宣传机制和激励机制,实现大理州乡村旅游宣传推广的专业化、市场化和高效化。注重乡村旅游产品的策划、组织和包装,把乡村旅游宣传纳入整体旅游宣传计划,抓好宣传工作的策划、组织和实施。有效应用新媒体效应,通过文旅头条、微信公众号、微博、微电影和媒体专栏专题等多种形式,提升“风花雪月 · 自在大理,健康生活来体验”的乡村旅游品牌形象。

第八章　在乡村善治中融入乡愁

2016年4月25日，在安徽凤阳小岗村召开的农村改革座谈会上，习总书记指出，“建设社会主义新农村，要规划先行，遵循乡村自身发展规律，补农村短板，扬农村长处，注意乡土味道，保留乡村风貌，留住田园乡愁”①。而在新农村的建设和治理工作中，乡愁文化是非常重要的治理因素，乡愁文化和乡村治理的融合能够推动农村走出一条属于自己的治理之路，推动实现善治。在现实的乡村治理工作中，大理州以挖掘乡愁文化的治理功能为主线，从基层党组织建设、培育乡风文明、发挥乡贤群体带动作用以及建立治理有效长效机制等方面入手，转变群众治理思想，培育主人翁意识，推动实现乡村善治。

第一节　党建引领，握好治理指挥棒

十九届四中全会指出，要把党的领导落实到国家治理各领域各方面

①《习近平对深化农村改革有何最新部署》，http://www.xinhuanet.com/politics/2016-04/29/c_128945969.htm，2016-04-29。

各环节。[1] 近年来,大理州坚持党建引领,以推动乡村振兴为主线,以提高基层党组织战斗力为抓手,强组织、夯基础、抓队伍,实现了以党建引领组织振兴、以组织振兴推动乡村振兴,助推基层治理与乡村振兴互促共进。在大理州的乡村治理工作中,依据本地的文化资源与具体情况,筑牢党在社会基层组织中的战斗堡垒,以党建“三带一联”为抓手,培育能人带,实现治理人才乡土化、干部年轻化、队伍专业化;夯实组织带,在乡村治理过程中坚持做到家风教育强化到位、阵地资源整合到位以及服务群众精准到位“三个到位”;发挥党员带,在乡村治理工作中坚持推进农村“领头雁”以及农村本土党员两大本土队伍建设;通过思想联员,加强思想教育,加强党群联动,实现党群连心。突出引乡贤、强组织、抓党员,健全完善上下贯通、执行有力的组织体系,实现基层组织、党员干部和人民群众相互联结,解决好乡村治理”最后一公里”问题。

一、培育能人带,凝聚治理向心力

人才是夯实党的力量、推动乡村振兴的重要资源要素,大理州注重培养乡土人才队伍,实施基层党组织后备干部“雏雁工程”,为干部队伍补充新鲜血液,推动党员干部队伍抓好“关键少数”,现实“引才归巢”,同时加强农村基层党员队伍建设,推动干部队伍专业化。

(一)引贤聚能,实现治理人才乡土化

一是积极开展“干部规划家乡行动”活动,将其作为党员干部“我为群众办实事”实践活动的重要内容,推动建设多元主体参与的乡村规划的工作机制,广泛地动员更多的党员与本地干部根据自己的信息资源和专业储备,投身于家乡的乡村振兴见者工作中来,服务自己的家乡。利用乡贤群体对于家乡的情怀和了解以及独特的专业见解,广泛动员拥有

① 文宏、林仁镇:《中国特色现代化治理体系构建的实践探索——基于新中国70年机构改革的考察》,《社会科学战线》2020年第4期。

专业知识储备、有回乡参与家乡规划的党员干部积极参加“干部规划家乡行动”。

二是关注少数民族干部的培养、任用和选拔等各个过程，在民族内部与各民族之间形成团结和谐、风正心齐、实事求是、办事公道、讲究信誉的风尚。三是充分调动本土干部与人才资源如村“两委”成员、党员群众代表、致富带头人等参与村庄规划编制的积极性，发挥村党支部的引领作用，将退休返乡人员、致富带头人等优秀乡村社会资源有效整合凝聚起来，激发护林员、管水员等公益岗位人员的工作积极性，进一步设置更多的基层村民小组基层服务人员，并按照惯例区域划分，厘清与责任权属问题。

（二）重用人才，促进本土干部年轻化

动员优秀青年进入村“两委”班子，着力打造一支忠于党和人民、拥有较高素质的专业化年轻干部队伍。一方面是把返乡创青年、致富能手、大学生村官等优秀青年吸纳到基层干部队伍中，给村“两委”补充新鲜血液，大理州政府始终坚持优化两委班子年龄结构和干部队伍学历结构两手抓，两手硬，使村“两委”班子更具活力，提升了党员干部推动工作、服务发展的思维和能力。另一方面是通过从外地“引”，在学校“培”，由县乡“招”等多个渠道，为每村储存一批年龄在 35 岁以下的人才资源作为后备军，实施基层党组织后备干部“雏雁工程”。

（三）选优配强，推动干部队伍专业化

一方面是大理州着力加强干部队伍教育培训，着力提高“三农”工作能力。另一方面是聚焦新时代干部工作重点和实施乡村振兴战略的现实需求，着力在“育人”上提高质量、在“识人”上精准考核、在“选人”上严把关口、在“管人”上从严从紧，以干部队伍高素质保证经济社会发展高质量。同时，大理州以基层领导干部换届为契机，优化干部队伍的学历结构，改善来源结构、提升专业结构以及完善队伍的知识结构，在培养选

拔干部过程中,要体现针对性和科学性等原则,进一步选出为民服务的好干部,配出能够助力乡村振兴的好班子。

二、夯实组织带,提高基层凝聚力

农村党组织是乡村振兴和乡村治理的直接领导主体,是党在农村中全部工作和战斗力的基础[①]。大理州在乡村治理过程中坚持做到“三个到位”,以家风廉政为抓手增强基层党组织的思想道德水平,推动提高党组织的整合能力和引领能力,发挥组织优势,解决好服务村民的“最后一公里”问题,建设美丽乡村。

(一)思想教育强化到位

一是坚持以家风促作风。强化党员干部优秀家风教育,推动党政廉洁。深入挖掘本地古代廉吏的生平典故和家风家规家训,抓实三个载体:以文化厅为载体,收集辖区历史廉政名人典故,针对党政群体,定期开展教学,让廉政家风薪火相传。以文化墙绘为载体,绘制廉政文化墙,墙体彩绘以艺颂廉,用通俗、简洁、明快的形式,汇聚古城历史廉政名人典故、好家训、好家风,全方位展示廉洁文化的历史传承和现实精神,组织党员学习参观,体会文化墙所表现的清风正气理念以及廉政文化。以主题教育为载体,开办具有民俗文化特色的廉政文化讲堂。廉政文化讲堂立足地方特点,结合传统元素,以本土各朝代反腐倡廉故事为主线开展教学,通过教学,弘扬风清气正、崇廉敬德的社会风尚,以此加强社区党员群众的廉洁自律意识,促进廉政文化深入人心。

二是坚持以党校为基地。大理州将乡村振兴和乡村治理作为2021年“万名党员进党校”和市镇村组干部培训的必修课,组织全市副科级及以上领导干部集中学习了乡村振兴、基层治理等方面的内容。规范党内

① 夏银平、汪勇:《以农村基层党建引领乡村振兴:内生逻辑与提升路径》,《理论视野》2021年第8期。

政治生活,认真落实“三会一课”“主题党日”“积分评定”“微党课”等活动,严抓组织生活会、民主评议党员等基本制度,不断提升基层组织凝聚力、战斗力,实现了全市干部对乡村振兴和治理工作的认识再提高、能力再提升,为更好地发挥党员干部在乡村治理工作中的带头和示范作用奠定了基础。

(二)阵地资源整合到位

一是“头雁效应”充分彰显。村看村,户看户,农民看支部,有了好支部,不愁没前路。一方面,选好带头人、建好党支部,大理州政府不断落实全面从严治党要求,扎实开展“基层党建创新提质年”活动,只在进一步加强乡村振兴工作中基层党组织的全面领导作用。大理始终坚持以农村基层党组织建设为主线,以“党建+治理”模式为抓手,在党的全面领导之下推动形成党的建设与基层治理工作互促共赢。在乡村振兴工作中,大理州政府着力突出基层党组织的政治功能,充分发挥其战斗堡垒作用。另一方面,推进“五个强化”,建立“四项制度”,实施自然村村民自治试点,建立健全了“组织为龙头、党员作表率、干群齐参与”的工作机制,发挥了村党组织在基层组织中的领导核心作用,团结带领基层组织共建共治共享。① 如西山村充分发挥党支部战斗堡垒作用和党员的先锋模范作用,坚持每个支部就是一个阵地,每名党员就是一面旗帜;树立起了“小康不小康,关键看老乡;老乡富不富,关键在支部;支部强不强,全靠车头带”理念。②

二是加强农村基层党组织规范化建设。大理州政府在党建工作中始终坚持开展党支部达标创建工作,党支部活动场所进行提升建设,突出管用结合,打造活动场所示范亮点。以建制村为基本单元设置党组织,以“党支部+”创新党支部设置,推动党组织对农村工作的有效覆盖,

① 林静、陈红:《和谐风韵漫云岭》,《共产党员(河北)》2019年第22期。

② 中央农村工作领导小组办公室编:《小康不小康关键看老乡》,人民出版社2013年版。

为发挥党支部在乡村治理中的引领作用打好基础。如罗官积极开展基层党组织达标创建工作,完成党总支及所属 8 个支部的达标创建工作,达标率为 90%,其中罗官村党总支、宏源合作社党支部被评为州级达标创建示范点,罗官村党总支连续 4 年被金牛镇党委评为先进党总支。

(三)服务群众精准到位

习近平提出,"要大力弘扬密切联系群众的优良作风,深入基层一线,增强同人民群众的感情,学会做群众工作的方法,从基层实践找到解决问题的金钥匙"①。大理州在党组织建设过程中,始终坚持用好当地治理力量,深入基层一线,提升服务质量,深化"群众路线"。

一方面,注重用好老党员力量,延伸服务"触角",打通服务群众"最后一公尺",采取"党员 + 困难户 + 老党员户 + 产业大户"模式,交流思想、宣传政策、服务工作。另一方面,以"党建 + 政务""党建 + 服务"等多种形式,认真抓好"四站一室"建设,深入实施"互联网 + 党建",实现党建服务零距离。群众办事不用再往返跑,不仅有效节约了行政成本,更增进了党和群众之间的感情,精心描绘出了党建时时促振兴、村民户户心向党、乡间天天有欢笑的幸福生活。

三、发挥党员带,提高队伍战斗力

农村基层党员干部队伍是乡村振兴战略的最直接实施者,其素质高低、能力强弱、作风好坏直接关系党的乡村政策方针的贯彻落实,也关系到乡村治理工作的最终进展。② 大理州在党建引领社会治理的工作实践中,坚持加强推进"两个队伍"建设,用好和培育好乡村治理过程中的"领头雁"和"排头兵"。

---

① 习近平:《在中央和国家机关党的建设工作会议上的讲话》,《当代党员》2019 年第 22 期。

② 夏银平、汪勇:《以农村基层党建引领乡村振兴:内生逻辑与提升路径》,《理论视野》2021 年第 8 期。

（一）加织强农村领头雁队伍建设

一方面是实施农村“领头雁”培养工程，通过政策宣传、前景引领、组织引导、选聘下派等途径，加大从本村致富能手、外出务工经商人员、本乡本土大学毕业生、复员退伍军人中培养选拔力度，将优秀人才吸引到农村，发挥党员干部在乡村治理中的带头作用。如光明村党总支书记杨雪明就是一位有30多年党龄的老党员，为人办事公道正派，致富带头能力强，自2010年担任了党总支书记，他团结带领村“两委”班子，利用自己的经验、资源和人脉，带头创业、带动发展，带领本村群众改变贫困面貌，大力推进民主自治、移风易俗、生态保护、人居环境、资源管控等各项基层治理工作，基层党组织战斗堡垒作用和党员先锋模范作用得到充分体现。

另一方面是落实基层工作责任制，用好“四支队伍”。坚持书记抓、抓书记，实施农村党组织带头人整体优化提升行动。充实基层乡村治理工作力量，以乡镇党委换届为契机，配齐配强乡镇领导班子。树立鲜明用人导向，管好用好驻村工作队员、第一书记、包村干部和村“两委”成员“四支队伍”，注重选拔党性觉悟高、熟悉当地、既懂经济又善于抓党建的干部人才，促进各司其职、形成合力。

（二）加强农村本土党员队伍建设

一是加强党员发展、教育、管理、监督、服务。严格标准程序，把政治标准放在首位，加大从青年农民、致富能手、外出务工人员、妇女中发展党员的力度。严格党的组织生活，全面落实”三会一课”、主题党日、组织生活会、谈心谈话、民主评议员、党员联系农户等制度。

二是注重发挥无职党员作用，推行无职党员设岗定责、依岗承诺、志愿服务、积分管理等，推动农村党员在农村人居环境整治、扫黑除恶专项斗争、移风易俗、乡村治理等方面发挥先锋模范作用。

三是建堡垒、树旗帜，全面提升基层党组织的战斗力。充分发挥党员先锋模范作用，密切党员与群众的联系，做到从群众中来，到群众中去,以实际行动引导农民群众以饱满的热情、昂扬的斗志,积极投身到推动乡村振兴中来。

四、关键在于"联",注入治理原动力

将党的基层组织网络与乡村治理网络有机结合,有效动员与整合全州的人力资源投入乡村治理和乡村振兴。大理州在乡村振兴和治理过程中编织起了党员和群众思想联结、协同联动的治理网络。

(一)思想联员,思想教育"接地气"

一是把学习教育平台搭到生产一线、田间地头、农户家中,面对面教授,心与心交流,以火塘会、院坝会等广大群众喜闻乐见、易于理解的形式,把习近平新时代中国特色社会主义思想和党的路线、方针、政策以及优秀传统文化根植到广大群众心中,教育引导群众时刻感党恩、听党话、跟党走,培育良好的乡风文明。

二是着力提升村党总支在人民群众心中的威望,广大群众把党总支作为最大的靠山,"有事找总支"成为广大村民的口头禅,心往一处想、劲往一处使,形成真心实意拥护党、热爱党的思想自觉和行动自觉。

三是坚持全面从严,压实管党治党责任,基层基础工作进一步夯实,党的领导更加坚强有力,推动党的十九大精神进机关、进农村、进社区、进校园、进企业。结合宣讲,在全县开办新时代农民讲习所,推动乡风文明建设工作,为做好新时代治理工作搭建了新的平台。

(二)党群联动,实现党群"一条心"

一是压实村"两委"班子责任。大理州以"党总支包村""支委连片区""班子带党员"等形式为抓手,做到每一名党员身上都有责任、肩上都有担子,帮助群众解决实际困难问题,协助做好群众工作,把群众的思想和力量凝聚到发展上来,引导群众主动参与、支持和推动发展。

二是推行"党员中心户"制度。继续推进党建网络与社会治理网格一体化,构建"镇党委—村党总支—村民小组党支部—党员中心户—普

通农户”网格化管理和服务格局，把支部建到网格、任务落到网格、民心聚到网格，组织有能力的党员参与志愿服务，引导广大党员群众主动承担服务事项，形成党组织引领、全民参与的为民服务格局。农户有困难找挂钩党员、党员有困难找党总支成为常态，实现了党员群众组织“一条心”、党员服务群众“零距离”。如喜洲镇加强“环洱海党建示范圈”建设，回引人才和举荐乡贤参与乡村治理，构建了村“两委”牵头、村干部带头、党员为中心、村民为主体的联动治理体系，尤其在疫情防控中，广大党员用“顶在前面、干在难处”的具体行动，让鲜红的党旗在喜洲镇闪耀光芒。

第二节　成风化俗，激活德治新气象

在乡村振兴和乡村治理工作的具体实施过程中，乡村良好社会风尚的培育、乡村治理凝聚力的提升，都要根植于乡村优秀的本土传统文化和道德风尚之上。对此，大理州积极推进繁荣乡村文化，唤醒乡愁记忆，以移风易俗为抓手，道德模范为榜样，提高村民群众思想道德水平，培育乡风文明，促进了乡村治理凝聚力的提升和治理氛围的形成。

一、以文化人，推动德润人心

一方水土一方情，村子要发展，还要着力繁荣兴盛乡村文化，用乡土之美、人文之美凝聚人心，为集中力量办大事、加快推进发展增添后劲。中华优秀传统文化蕴含着优秀的思想观念、人文精神、道德规范，发掘、继承、创新和发展优秀乡土文化。保护传承好乡村物质文化和非物质文化遗产，对于凝聚人心、教化群众以及淳化民风，实现有效治理方面具有重要作用。对此，大理州从三个方面唤起民众的乡愁记忆，保护传统文化，发挥了优秀传统文化对人们心灵的滋养和道德的提升作用。

（一）打好历史民族文化牌，为善治助力

一是抓风貌，传承民族文化，留住乡愁之魂。大理将优秀乡土文化

融入了群众生活,为文明乡风的建设提供了良好的环境基础。按照“保护古建、引导在建、规范未建、改造老建、打击违建”的工作思路,严格控制新增建筑物的规划布局、建筑风格和建筑高度,保持青瓦白墙、斜屋顶、淡墨画的白族民居风格。加强了对乡村建筑风貌的引导,以特色小镇、古镇名村等为重点,突出乡土风情、民族特色、地域特点。以自然村落肌理为本底,空间内有机布局文化节点,规划延续传统的街巷格局,保留了重要文化遗存。

二是建平台,展示民族历史文化。大理州着手推进建设民族文化博物馆和村史馆,把典故传说、祖训家规、人文传说、风土人情等一一陈列进去,把旧时生活、旧时乐趣、旧时民俗镌刻其中。以建设博物馆和村史馆为主线,结合大理州深厚的民俗和文化资源,进一步挖掘了乡贤文化、古道文化、民歌文化、花灯文化、饮食文化等资源对乡村治理现代化实现路径的催化及推动作用,让村名村史承载了乡土记忆,让美丽乡愁有了心灵归处。

三是标红线,保护优秀的历史文化。大理州严格按照《文物保护法》与《文物保护法实施细则》的规定,结合实际情况,出台了《大理历史文化名城保护规划》,补充完善了传统居民、历史建筑及古树名木的保护内容,明确了保护目标,保护策略和利用措施。大理州区域内的文物建筑、重点保护建筑院落得到了明显的修缮,传统民居、其他历史遗存等建筑也得到了有力的维修和改善,其他历史要素得到了集中保存。大理州保护了传统村落的重要文化元素,传承了老百姓的精神依托,使得乡愁对人们的滋养和教化历久弥新。

(二)跑好非遗传承接力赛,为善治赋能

一是非遗活态发展,延续民族精神,助力乡村治理。有效保护非物质文化遗产,必须处理好非遗保护与经济发展的关系。针对非物质文化遗产的“活态”特点,大理州采取了“动态”的保护,也就是用发展的方法保护和传承非物质文化遗产。“在保护中创新发展,在发展中加强保

护”，通过将非遗和旅游产业相结合，开发和保护好特有传统民居、民族服饰、民族祭祀、民族语言等优秀传统文化元素，广泛开展民族歌舞展、非遗文化展，在发展中探索出了保护和传承非物质文化遗产的可持续路径，延续了非物质文化遗产所蕴含的民族精神。如弥渡县密祉镇永和文盛街村唱好《小河淌水》曲子，用花灯传唱的方式宣传乡风文明，助力乡村治理能力提升。

二是非遗能人培养，实施乡土人才培训计划。首先，大理州组织开展了非物质文化遗产展演和培训，培养了一批农村工匠、非遗传承人等文化能人，为乡村治理培养了一批乡土精英人才。大理颁布了《大理市非物质文化遗产项目代表性传承人管理办法》，内容规定了市级非物质文化遗产项目代表性传承人的界定、传承人推荐和认定的条件、传承人评审的原则和程序、传承人应履行的义务、市人民政府及相关部门支持市级非物质文化遗产项目代表性传承人开展传承活动的主要方式、传承人的考核机制等，使得大理市非遗保护、管理、传承工作有法可依，有章可循。其次，大理州积极实施历史文化、非物质文化遗产进校园、进社区活动，发挥非遗文化能人的凝聚作用，开设“文化大讲堂”，邀请文化名家、非遗传承人讲述历史文化、非物质文化遗产故事，展现非物质文化遗产传统技艺，让传统文化能够更好地深入人心。再次，大理州鼓励支持农村文艺队伍建设，传承弘扬培育优秀的民族民间文化、历史文化，弘扬新时代新文化。最后，大理州进一步完善了代表性传承人的扶持、资助和激励机制，为其授徒传艺、展示交流、提高技艺提供基本条件，努力培养了一批在全国有较大知名度和影响力的代表性传承人。

（三）弘扬优秀传统文化，为善治铸魂

一是开展“文化上墙”，深化精神铸魂。以文化墙为载体，围绕中国梦、社会主义核心价值观、中华优秀传统文化、社会新风正气、优良家教家风、村规民约、公约民俗等主题进行图文并茂绘制，用特色文化助力乡村振兴。以党建和社会公德宣传为重点，把社会主义核心价值观融入社

会发展各方面，在整体保护中弘扬尊贤敬祖、敬老爱幼、爱家爱国等优秀的传统思想和民族精神。

二是开展"文化下乡"，引领乡村风尚。首先，大理州依托文化广场和民俗传习所的建设，组建了文艺演出队深入挖掘、继承、创新数千年发展积累沉淀下的优秀传统文化，推出了具有浓郁乡村特色、充满正能量的文艺作品。其次，积极挖掘、整理、传播了如阿查阿红等故事，以故事吸引人，以文化留住人。最后，大理州开展了各类文化下乡活动，继承弘扬优秀乡村文化和民族文化，通过各类文创事物的出现改变农民对农村的固有观念，无形中提升村民的整体意识和素质，引导农民树立正确的价值导向，从而在乡村治理工作中发挥自身作用，提高治理水平，加快促进善治。

二、移风易俗，培育乡风文明

国务院新闻办公室于 2019 年 10 月 29 日举办《关于进一步推进移风易俗建设文明乡风的指导意见》发布会，进一步强调了乡风文明建设在乡村振兴过程中的重要性①。大理州在推动移风易俗，培育乡风文明方面也作出了很多努力，大力倡导发扬传统美德，构建与现代文明相适应的新生活、新追求、新风尚，革除陈规陋习，培育乡风文明，培养广大民众的道德自律和文化自觉，进而将大家的思想精力集中到实现乡村善治的目标上来。

（一）革除陈规陋习

大理州认真学习贯彻了中宣部、中央文明办"推动移风易俗、树立文明乡风"电视电话会议精神，总结成功经验，倡导新风，摒弃乡村落后乡风民俗，努力形成良好社会新风尚。出台了《关于倡导移风易俗客事从

---

① 李永萍：《村庄公共性再造：乡村文化治理的实践逻辑——基于福建省晋江市 S 村移风易俗的实证分析》，《中国农业大学学报(社会科学版)》2021 年第 3 期。

简的意见》，积极引导广大群众养成文明、节俭、健康、科学的生活方式，形成崇尚勤俭节约、反对奢侈浪费的良好社会新风尚，推动全州城乡社会文明程度不断提高。坚决破除人情歪风、婚丧陋习、邪教组织，大力开展移风易俗行动，着力遏制大操大办、迷信恶俗等陈规陋习。

首先是建立健全了红白理事会组织，红白理事会通过采取“一事一议”等方式，将农村客事办理问题纳入村规民约。明确了办理客事范围、申报审批制度和责任追究制度，对客事办理的种类、规模、宴席的标准进行了规范，建设了村民集中客事办理场所，制定了“三不”客事办理标准：请客范围标准“不扩大”，严格控制在邻里亲朋范围内；客事时限标准“不延长”，严格控制在3天范围内；待客菜谱标准“不铺张”。有效破除了农村客事乱办、大操大办、铺张浪费等不文明陋习，把推进移风易俗客事从简工作与乡风文明建设、村民自治和美丽宜居乡村建设等工作相结合，切实减轻村民的经济负担和精神负担，形成了崇尚文明、节俭、健康、科学的良好风尚。其次是把整治不文明闹婚作为移风易俗的重点来抓，加大宣传教育力度，建立健全了长效管理机制，由文明办牵头，公安、交警、城管、民政等部门参与，构建综合整治的长效机制，使不文明闹婚行为得到有效遏制。再次是加大了对农村非法宗教活动和境外渗透活动的打击力度，依法制止利用宗教干预农村公共事务。最后是展开了绿色家庭评比等群众性生态文明创建活动，引导农民倡导积极健康的精神文化生活。

（二）树立文明新风

一是不断丰富“自强、诚信、感恩”主题实践活动，充分激发村民内生动力。大理州采取入户宣讲、召开群众会等多种形式，宣传乡村振兴政策，激发群众内生动力和提升自我发展能力，不断推进乡风文明建设水平更上一层楼。

二是巩固农村思想文化阵地。首先，大理州深入实施公民道德建设工程，大力开展“讲文明树新风促和谐”活动，推进社会公德、职业道德、家庭美德、个人品德建设。其次,非常重视发挥好农村老党员、老教师等新乡贤作用,凝聚道德力量、传播主流价值。最后,其高度重视未成年人的思想道德建设工作,扎实推进了乡村儿童之家和学校少年宫建设。

三是因地制宜,实事求是。长期以来各民族群众的客事办理过程中蕴含和传承着极其丰富的优秀传统文化。如体现尊老敬老的孝道文化、体现向上向善的勤勉文化、体现互帮互助的邻里文化、体现和谐温馨的亲情文化等等。因此,在推动移风易俗客事从简的过程中,大理州坚持从实际出发,不搞"一刀切",既倡导客事从简,又注重优秀传统文化的传承弘扬。

三、树典于民,激发治理动力

大理州在乡村治理工作中重视道德榜样作用,坚持发挥各级典型的示范带头作用,建立评选激励长效机制,推动美丽乡村和文明创建活动,树立道德"红黑榜",激活群众的参与意识,努力达成治理的有效目标。

(一)树立道德模范,发挥榜样带头作用

一是在村内树榜样,弘扬正能量。大理州持续深化"文明家庭""最美家庭""十星级文明户"等文明创建活动、提升农村文明素质和文明程度。广泛开展好媳妇、好儿女、好公婆等评选表彰活动,开展寻找最美乡村教师、医生、村官等活动。大理州深入宣传道德模范、身边好人的典型事迹,弘扬真善美。以乡情为纽带,以优秀基层干部、道德模范、身边好人的嘉言懿行为示范引导,培育新型农民,涵育文明风尚。

二是结合"省级生态县""文明镇村"等创建活动,强化宣传引导和示范引领。褒扬好人好事、鞭笞丑行陋习,通过道德约束的力量,发挥良好乡风文明对乡村善治的作用。

三是持续发挥州级"三清洁"示范村模范带动作用。大理州健全完善了村庄保洁和垃圾清运收费制度,按照村统管、组清运、户清扫管理模式,实施"门前三包"制度、设立村庄保洁员,确保村庄公共环境干净整洁,同时,其积极开展美丽庭院创建活动,打造了美丽庭院示范户。通过

这些卫生文明示范户的引领和示范，带领和激励村名能够积极投身于乡村环境的治理工作中。

（二）建立激励机制，加强道德规范引领

一是建立道德激励约束机制和道德评议机制。大理州成立道德评议会，开展建村标、立家风、讲家训等活动，发挥道德引领作用，深入挖掘乡村熟人社会蕴含的道德规范，结合时代要求进行创新，引导农民向上向善、孝老爱亲、重义守信、勤俭持家。同时，其深入推广开展道德评议活动，建立了道德激励约束机制，引导农民自我管理、自我教育、自我服务、自我提高，最终实现家庭和睦、邻里和谐、干群融洽的目标。

二是设立乡风文明“红黑榜”。将荣获道德模范、优秀共产党员、文明家庭、好媳妇、好婆婆等各项荣誉的人员，热心于社会公益事业，支援帮助弱势群体的人员，孝敬老人、关爱子女的人员以及带头移风易俗、爱护村庄环境的人员都公布到“光荣榜”上，引导群众形成良好的社会新风尚。对于那些不履行赡养老人义务、恃强凌弱、破坏公共财物等拥有不文明行为的人员会被公式在警示榜上，以此来对社会形成相应的警示作用。通过乡风文明“红黑榜”的设立，大理州实现了对于村民道德风尚的正向引领，利用传统道德文明标准等资源，助推乡村走向善治。

三是用活积分制度奖励制度。由支部书记、村民小组长、妇女、党员、老协、村监委等代表村民成立了卫生评比小组，采取集中评选和随机抽查的方式，挨家挨户进行卫生评比，利用“爱心超市”，采取积分制管理，兑换生活用品，以评比奖励机制督促大家整治户容户貌，实现家庭卫生打扫常态化和持久化，在评比中促落实，在落实中见成效。通过活动，营造了“家家爱清洁、户户讲卫生”的良好氛围，这也进一步激发了村民作为乡村振兴主人翁的能动性，充分调动了基层群众参与乡村治理的积极性。

第三节　能人带头,筑好社会自治墙

依靠村民自治,并不断深化自治的程度,既是村民当家作主的政治制度保障,也是盘活农村、振兴农村的根本。然而,需要指出的是,在大理的乡村振兴实践中,乡村社会的现代元素越来越多,虽然没有城市社会体现得明显,但现代乡村社会已然不同于传统乡村社会是不争的事实。而大理在面临传统乡村社会向现代乡村社会的转型过程中,做出了很多值得学习的举措。大理积极推进乡贤回流引进工作,通过利用其道德示范、能力引领与学识涵养,全面激活乡村自治体系,振兴自治组织,发挥村民在治理中的“主人翁”作用。大理州因地制宜地制定了村规民约,推动培育乡村共同体,以期达到乡村善治的目的。

一、乡贤回流,激发乡村治理活力

2018年中央一号文件中指出:要培育富有地方特色和时代精神的新乡贤文化,积极引导发挥新乡贤在乡村振兴,特别是在乡村治理中的积极作用。[①] 近年来,传统文化的传承以及乡村治理都进入新的瓶颈期,一些地区不同程度出现了诚信危机、孝道危机和文化断层等现象,乡愁记忆慢慢消散。而乡贤文化以中国传统文化为根基,蕴含着乡愁和善治的力量,在化解乡村矛盾、稳定社会关系中有着不可替代的作用,是维护乡村社会祥和稳定的重要力量。为了实现善治,大理州政府在乡贤回流、乡贤参与治理以及发挥好乡贤治理作用等方面都做出了很多努力,为乡村治理融入了乡愁元素。

(一)留住乡贤,助力善治

一是实行乡贤聘任制度,大理州通过个人自荐、村级推荐、镇级审

---

① 中共中央、国务院(受权发布):《中共中央、国务院关于实施乡村振兴战略的意见》,http://www.xinhuanet.com/politics/2018—02/04/c_1122366449.htm。

核、市级联审等流程，将思想有觉悟、社会有影响、事业有热心、心中有情怀的乡贤吸纳到乡村治理的过程中来，充分发挥了乡贤的智慧优势和资源优势，让有志于投身大理发展的乡贤能人干事有平台、成事有舞台，实现了“聘任一人，引领一群，带富一方”的目标。2021 年 9 月 13 日，大理市新聘任了 18 名经个人自荐、村级推荐、乡(镇)级审核、县(市)级联审等流程的思想有觉悟、社会有影响、事业有热心、心中有情怀的乡贤作为名誉村长，助力实现乡村善治。

二是加强政策引导，一方面，大理州政府依据云南省自然资源厅联合云南省委组织部、省发展和改革委员会、省农业农村厅等 9 个部门共同印发的《关于开展“干部规划家乡行动”的通知》，积极动员开展“干部规划家乡行动”，并将其作为党史学习教育“我为群众办实事”实践活动的重要载体，在全州范围内动员国家公职人员深入基层为民办实事、服务基层发展，充分发动和依靠群众，凭借返乡干部的专业知识以及对于家乡的乡愁情怀，结合家乡具体情况，编制“多规合一”的实用性村庄规划，促进乡村振兴。另一方面，大理州积极实施苍耳人才“霞光计划”，进一步畅通智力、技术、管理下乡通道，鼓励引导大中专毕业生回原籍工作，形成了乡贤干部人才向农村基层一线流动的用人导向专业的人做专业的事、专职的人专心做事，造就一支懂农业、爱农村、爱农民的农村工作队伍。

(二) 培养乡贤，招贤纳士

一是多措并举，广开渠道。大理州强调建立一支数量充足、素质较高、作风过硬的村级后备干部队伍，并按照德才兼备、以德为先的要求，采取从优秀党员中“挑”，从大学生村官和致富带头人中“选”，从现任优秀村干部中“留”，以及从外出务工能人和高校毕业生中“请”这几大方式，建立一批村级人才资源库。通过人才资源库的建设以及对于有潜力的外地人才资源的回引和本地人才的孵化，形成乡贤人才资源的长效循环机制。

二是加强培训,提升技能。大理州在乡贤人才的培养过程中,重视对于人才的思想教育培训。以本地的乡镇党校为依托,以"缺什么,补什么"为原则,常态化组织开展习近平新时代中国特色社会主义思想的学习工作。利用特定人才资源,分项目开展乡村振兴、生态养殖、农村电商等转向技术培训,进一步提升乡贤的治理技术与水平。在此基础上,大理州政府积极为乡贤人才资源搭建"成长舞台",推动乡贤人才能够通过在"项目"中练,更多参与到乡村治理的工作中来,提升乡村治理水平。

(三)用好乡贤,当好"三员"

一是文明培育员。一方面,发挥乡贤本身具有的威望,把社会主义核心价值观融入农村社会发展的各方面,转化为农民群众的一种情感认识和行为习惯,立足农村人居环境和思想道德建设,带领各村深入开展"双创"活动。另一方面,建立健全道德评议会和红白理事会等群众组织,发挥乡贤在其中的榜样引领作用,开设道德讲堂,提升群众的思想道德水平。

二是矛盾调解员。建立乡贤矛盾纠纷调处队伍,积极参与信访维稳、治安巡逻、扫黑除恶、网格化服务等基层群防群治工作,乡贤调解员将调解阵地拓展到田间地头、院落屋场,调解成功率明显高于传统调解。

三是政策宣讲员。乡贤通过乡贤馆、乡贤工作室活动等平台,开展政策宣讲活动,宣讲党和国家政策法律,通过学习宣传,引导群众增强主体意识,激发内生动力,培养出爱农业、懂技术、善经营的乡村振兴主力军。同时,积极响应上级号召,带头宣讲脱贫攻坚、乡村振兴、疫情防控等重点工作政策,助力打通了政策宣讲和落实"最后一公里"。

二、群众参与,凝聚社会自治合力

(一)以理事会为中心,健全村民自治机制

一是健全理事会牵头机制。按照"治理有效"的总要求,坚持探索实践村民自治的多种有效形式,全面提升村民自我教育、自我服务、自我管

理、自我监督、自我发展的能力,为乡村治理工作的实施构建了坚实的群众基础。在此基础上,以村级组织换届为契机,同步推行以村民小组或者自然村为基本单元的村民自治,推选产生村民代表、村民理事会和村民监事会等自治组织,实现村民理事会理事长与村党委书记或村民小组长一肩挑。如光明村组建“三会”即暖心公益会、连心民议会、合心管理会,群防群治,强化基层组织建设,让基层组织更加暖心。

二是健全“四级会议”监督机制。全面建立健全村务监督委员会,推行村级事务阳光工程。以“四级会议”(村民会议、村民代表会议、村民理事会、村民监事会)等为载体,形成民事民议、民事民办、民事民管的多层次基层协商格局。发挥农村居民主体地位,进一步健全和完善“四位一体”村民自治机制,完善了议事决策主体和程序,健全了民主决策程序,规范了村务公开程序,保障了村民的知情权、参与权、表达权和监督权。

三是健全“一事一议”资金运转筹措机制。坚持以“村民自筹为主,政府补助为辅”的原则,采取“一事一议”、发展壮大村组集体经济、发动群众自筹和社会各界捐款等方式,广泛筹建工作经费,解决“有钱办事”的问题,实现村民自治的长效发展。

(二)以特殊群体为抓手,深化推动自治实践

大理州在推动乡村治理工作过程中,注重发挥特殊群体作用,利用妇女与老年人群体在乡村生活中的特殊地位,借助妇女与老人等社会资源与力量,助力乡村善治。

一方面,大理州大力组织开展“美家美户”活动,以大理市妇联牵头,发布《“美家美户”创建倡议书》,充分调动妇女群体的参与积极性,发挥妇女同胞的独特作用,将文明理念带进家庭、带进四邻。发挥女同胞们在家庭中的独特作用,从自身做起,改变陈规陋习,培养健康的生活习惯。以孝老爱亲和睦家庭,以明理贤德教化子女、以诚信友善融洽邻里,以良好家风沁润社会,以妇女整体素质的提升培育文明乡风。鼓励全市、县、镇、村的女人大代表、女党员、女能人们起到先锋模范作用。同

时，组建了巾帼志愿队，坚持弘扬“风险、有友爱、互助、进步”的支援服务精神，结合村庄实际，充分发挥巾帼志愿者队伍的作用，不断扩展工作领域，开展生态种植、安全宣传、洱海保护、疫情防控等各类巾帼志愿服务活动。通过发挥妇女群体的带头引导作用，推动每家每户都能参加到乡村治理工作。

另一方面，大理州多地建立了老年协会，在保护老年人合法权益的同时，积极鼓励老协会员对青少年进行社会主义核心价值观和艰苦奋斗优良传统的教育、参与维护社会治安协助调理民事纠纷、积极参与老年人志愿服务，兴办公益事业，期待利用老年人群体特有的生活经验和较高社会威望等资源，推动乡村治理工作顺利进行。

（三）以群防群治为手段，实现自治同频共振

瞄准村民生活陋习和“只管我”“各管各”的落后思想，大理州不断深化村民自治实践，将村民吸引到乡村治理过程中，充分保证村民在乡村治理工作中的“主人翁”地位。

一方面，大理州积极动员全体村民投入乡村治理工作，实现自我振兴。把村民的思想观念由“看着政府干”转变成“我要主动干”，“政府要我做”转变成“我要自己做”。社区根据群众的情况，做出相应的工作要求，督促群众完成，按程序把村规民约制定好，用村规民约约束群众，让全村每一个群众都参与到乡村治理中来，发挥群众内生动力，真正实现自我振兴的目的。

另一方面，大理州大力丰富村民自治组织队伍建设，发挥群众主力军作用。以村民自治组织队伍建设为载体，针对村庄具体治理情况，进行专业化分工，对症下药，提升乡村治理水平，丰富村民治理实践。最重要的是充分发挥了村民议事会、红白理事会、道德评议会等村民组织的积极作用，进一步推动实现乡村善治。如光明村建立“六支队伍”，提出乡村治理“五有”，以六大志愿队分管乡村治理工作中的不同领域，在联防、护山、清洁、助困、文化、调节等领域开展志愿活动，实现治理有效，同时,其组建了乡村治理领导小组与乡村综合治安治理委员会等自治组织,在村庄“治理有效”上持续用力,加强村庄的自我管理。

三、村规民约,提升基层治理效力

很多风俗习惯、村规民约等具有深厚的优秀传统文化基因,至今仍然发挥着重要作用。大理州结合本土文化习俗,制定融入体现治理需求和治理思想的村规民约,结合村情民意,根据法治乡村建设的需要和民族地区乡村治理的实际,实现了国家法与乡村实情规则协同。基于实际问题、政策法规、治理需求等因素的共同作用,制定了村规民约中的惩罚性规条,使村规民约成为了促进基层治理有效的重要抓手。

(一)抓好“两个融入”,修订务实管用的村规民约

一方面,大理州把“自强、诚信、感恩”理念融入村规民约,通过抓实村组文化氛围营造、人居环境提升、家规家训挂厅堂、村民健康生活习惯养成等活动的开展,大力弘扬中华民族自力更生、艰苦奋斗的传统美德,进一步健全乡村治理体系,促进农村社会和谐,助力乡村振兴。如为了加强推进“信用+村规民约”,大理州民政局将社会信用体系建设与基层治理结合起来,大力开展村居信用管理,以村规民约为依据,以树立诚信文化理念、弘扬诚信传统美德为内在要求,以守信激励和失信约束为奖惩机制,推动群众道德信用水平提升,助力乡村文明建设。

另一方面,大理州将村庄规划管控、环境卫生、村容村貌、古树名木保护、公共设施管护、洱海保护等要求融入了村规民约,充分发挥了群众的主体作用,引导村民自我管理、自我教育、自我提高,让群众知道提升农村人居环境重大意义,又让群众知道如何做、怎么做的问题。

(二)强调“三个严肃”,抓实村规民约的严格执行

一是制定流程严肃。首先,注重起草环节,大理州结合村情民意,发动群众、集思广益,起草村规民约。其次,注重认可环节,分别召开党员、群众代表和全体户长会议,逐条修改完善并进行表决,取得广大群众的

同意认可，最终形成宣传手册发到各家各户遵守实施。最后，注重落实环节，大理州在治理过程中把群众基础好、有公心、有威望的党员、群众选为监事会和理事会组成人员，制定相关工作规则，精心指导他们履职尽责。

二是“红白板”公布严肃。在大理州，凡是村民遵守村规民约的好人好事都会在红板上进行公布，凡是村民违反村规民约的人和事，则会在白板上公布，但是最终还是以批评教育为目标导向。白板上凡经过批评教育后有明显改正迹象的行为，则会取消公布。同时，合理利用了村民理事会和村委会等村民组织，对违反村规民约情节轻微的村民，由理事会成员批评教育，对涉及违反法律法规的则会上报村委会，请求上级职能部门来处理，并根据违反村规民约的不同情况在白板上公布。

三是惩戒严肃。对被列为不诚信、不守法、不道德、不友好的村民，采取不予优先推荐享受惠民政策，将村民表现情况提供给银行系统，依法限制提供其信贷等服务，不予优先推荐参加合作经济组织和参与发展产业等措施。

（三）融合民族特色，挖掘村规民约的现代价值

大理州是以白族为主的多民族聚居区，所以在乡村治理过程中，大理州不断顺应少数民族的民俗传统与生活习惯，使得少数民族同胞共同享受乡村振兴带来的红利。在明清时期，白族就已经逐渐形成了具有自身民族特色的村规民约，其中蕴含着的关于社会公共道德、家庭伦理道德、个人品德修养以及生态伦理道德等方面的道德内容与社会主义新农村道德建设内容有很多共通点。大理州在制定村规民约的过程中，充分尊重白族村规民约所特有的民族特点，在吸收民族传统村规民约优点的同时抛弃其中已经脱离时代的糟粕内容，使得传统白族村规民约与现代乡村治理工作结合起来。

一方面，大理州的村庄在制定村规民约的过程中，注重突出白族传统美德的引导作用，把“清白传家”“百忍家风”等白族优良家风家训融入

到现代乡村的村规民约的制定过程中，以期进一步引领村民追求真善美。另一方面，面对白族传统村规民约中存在的带有封建等级色彩的、不符合时代发展的内容，大理州也会进一步予以抛弃，在制定村规民约时在因地制宜的基础之上不断推陈出新，助力实现乡村善治。

第四节　长效建设，建好法治保险杠

乡村治，百姓安，国家稳。乡村治理是国家治理的基石，也是乡村振兴的基础，实现乡村治理有效是乡村振兴的重要要求。为了推动乡村治理成果的长效保障，推动建成治理有效的新目标，大理州通过加强法治思想建设，推动了平安构建活动；以乡贤群体为主要抓手，推动乡贤参与乡村调解；构建智治平台，明确主体责任，贴近乡土习俗，保证治理长效机制与乡愁文化相融合，进而提高治理水平。

一、理念先行，推动法治入人心

（一）“心连心”创建平安大理

1．以家风为载体，创建“平安家庭”

由大理州妇联牵头，围绕五个方面开展“平安家庭”创建活动。

一是按照“谁执法谁普法”的普法责任制工作要求来开展好法制宣传活动。将“平安家庭”创建纳入平安建设和社会治安综合治理工作的总体规划，推动社会治理有效运行。切实加强矛盾纠纷排查化解机制，结合“红色网络”，充分发挥妇女议事会、村治保调节的作用，加大婚姻家庭纠纷、邻里纠纷而引发的案件的调解工作力度，有效化解矛盾纠纷。对矛盾纠纷激化有可能引发恶性案件，加强防范，把风险化解在萌芽状态。

二是切实保护妇女儿童合法权益，注重将“平安家庭”建设与家庭教育相结合，以加强未成年人的思想道德建设为主线，结合“美丽乡村女子学堂”家风宣传进一步引导父母注重言传身教,加强对孩子的道德教育。

三是积极做好“平安家庭”创建宣传工作,努力做到“平安家庭”创建活动家喻户晓、人人皆知,助力全州市域社会治理现代化试点工作,促进平安大理建设。如南涧县以“家庭文化节模式”“向阳花安心之家”模式以及“文艺带动”模式三种模式探索了在不同村情民情的村(社区)开展“平安家庭”创建的有效方式,结合实际、因地制宜,创新活动载体、拓展创建内容、激活家庭细胞,形成人人关心平安、家家争创平安的良好氛围。

2. 平安理念进校园,创建“平安校园”

一方面,大理市启动实施了“法治宣传进校园全覆盖工程”,从法院、检察院、公安局、司法行政等部门中聘任法治副校长在大理市的学校推行“双法治副校长”负责法治宣传教育和学校治安管理,并成立普法讲师团,通过专业普法团队的宣传和教育,从根本上让孩子们认识到法律的重要性,培养学生法制观念。同时,专业团队进入校园,对于进一步完善校园治安管理工作,创建“平安校园”具有重要作用。

另一方面,大理州严格按照“谁执法谁普法”的责任要求,切实开展以“弘扬法治精神,共建平安校园”为主题,以学习宣传《宪法》《民法典》《刑法》《未成年人保护法》《义务教育法》《预防未成年人犯罪法》《社会治安管理处罚法》《网络安全法》《刑事诉讼法》等相关法律法规为主要内容的法治宣传进校园活动,通过上好“开学第一课”、专题法治宣传教育活动、专题法治辅导、警示教育活动、校园法治文化阵地建设、“家校共建”活动、“平安校园”创建活动等形式,积极引导学生进行学法用法时间,做好法治宣传进校园系列活动。

3. 强化治安管理,创建“平安乡村”

一是健全落实社会治安综合治理领导责任制,健全农村社会治安防控体系,推动社会治安防控力量下沉,加强农村群防群治队伍建设。持续开展扫黑除恶专项斗争,严厉打击农村黑恶势力、宗族恶势力,围绕恐爆枪、盗抢骗、黄赌毒、食药环、校园暴力、传销、拐卖等社会治安突出问题开展专项治理，深入开展“乡霸”“村霸”专项治理，严打整治突出违法活动，维护基层群众合法权益。

二是依法加大对农村非法宗教、邪教活动打击力度，严防境外渗透，坚决制止利用宗教干预农村公共事务和煽动宗教狂热，继续整治农村乱建庙宇、私设教堂点、滥塑宗教造像。

三是健全农村公共安全体系，持续开展农村安全隐患排查和治理。对乡村留守老人、妇女儿童等强化服务教育，提高自我防范意识和能力。

（二）“点对点”延续法治文脉

一方面，大理州加大了村民法治学校、法治宣传栏（廊）、法律图书角（室）、“学法中心户”、农民法治公园、农民法治广场、农村普法文艺队等农村普法阵地的建设力度，强化了对镇村、家庭法治文化活动的指导和扶持，点对点实现了法治文化和思想的宣传与普及，形成法治氛围，通过接地气、通俗易懂的形式，是村民学法、懂法、守法、用法。

另一方面，为了进一步增强全州法治文化的渗透力、引导力和感召力，形成全民执法、守法、懂法、用法的良好社会氛围推动乡村治理成果长效保护，大理州将文化广场作为开展公益普法的新阵地、全民学法的新窗口，借助文化长廊的建设、传统法治故事的传播、道德风尚的熏陶等来传播法律知识与提升乡村治理水平、实现乡村振兴有机结合。

其中，剑川县以“六城同创”为契机，建成法治文化广场，主要有六个功能区：一是在广场东侧设有“法治文化长廊”，以“遵法、学法、守法、用法”为原则，设置40个立式宣传牌，集中展示古今中外法治格言和经典法治故事。二是西侧设置“道德文化长廊”内设置了具有剑川文化元素的40个木雕德治宣传牌。三是广场南侧人行道设有法治8组宪法法律综合宣传栏。四是在广场设有“典型案例”警示教育牌。五是设置了户外法治宣传广告。六是北侧依托全民健身中心LED电子宣传屏，可及时播放法治音视频。这是一个集文明城市创建、法治宣传、休闲健身等社会功能为一体的多功能法治文化阵地，将法治、德治、自治和社会主义核心价值观有机地融为一体，助力实现乡村善治。

（三）“手牵手”助力法治宣传

一是法律“三下乡”，法律宣传接地气。大理州把农村普法工作摆在非常重要的位置，不断创新农村法治宣传方式方法，利用农闲季节和节假日，结合重大涉农政策法律，集中时间、集中人员，通过形式多样、喜闻乐见的“送法下乡”“法律进农村”“法律进家庭”等活动，推动农村法治宣传教育工作向纵深开展。通过各种普法宣传引导农村干部群众自觉学法律、讲义务、讲责任，牢固树立依法办事的法治思维，不断提高农村法治化水平，为建设美丽乡村营造良好的法治环境。

二是用好“关键少数”，法律宣传有牵引。对村委班子成员、党员、村民小组长、村民代表等“关键少数”进行常态普法教育。同时，为辖区各小学聘请了派出所民警为法制副校长，通过对学龄儿童普法进一步开展“小手牵大手”。针对普通村民，主动走下去，加大民族政策法规的宣传，贴近老百姓切身利益，真正把法律服务送到群众身边。

三是法官上街头，法律宣传更权威。随着社会经济快速发展、生活水平不断提高，人与人之间的交往更加频繁、多样，老百姓对法律知识、法律服务的需求与日俱增，再加上生活中也难免会遇到一些纠纷，因此法官们到街头为群众提供法律咨询服务、开展普法宣传，延长司法服务线，分别从立案、执行、民事、刑事等不同的业务领域耐心为群众答疑解惑。

二、体系建设，构建治理安全阀

（一）调解体系：乡村治理有温度

一是双语调解贴近群众。坚持发展新时代“枫桥经验”，规范化建设调解机构。由于大理州分布大量少数民族，日常语言比较丰富，其中白族占大多数。很多年纪大的老人听不懂汉语，调解委员会选配通晓民族语言和风俗习惯的民族调解员，提供汉语白语双语调解服务，贴近乡村民情，增强了广大民族群众的认同感，拉近了法律和村民的距离。当遇到比较复杂的案件时，通常会寻求法律顾问和法庭法官支持参与调解，不断提升基层依法治理现代化水平，为实现率先突破发展和构建和谐社会提供了法治保障。

二是强化乡村司法保障。大理州在涉及农村邻里纠纷、打架斗殴、农民工劳动争议等案件纠纷处理过程中，充分发挥各级调解组织的作用，努力践行“枫桥经验”，做好矛盾纠纷排查化解工作，将基层矛盾纠纷吸附在当地、解决在基层、化解在萌芽。如在法治实践过程中，大理州的一些县乡组建成立了交通事故纠纷调解委员会，在扶持和培育“光祥调解工作室”“兴祥调解工作室”“白安宁个人调解室”等群众性民间调解机构的基础上，新建了沙龙镇的“邹章调解工作室”，在进一步化解基层矛盾纠纷工作中发挥了重要作用。

三是健全村、乡镇、县三级矛盾纠纷排查调处机制。大理州在处理化解矛盾纠纷的工作中，坚持健全和完善相关规章制度，落实排查调处责任，定期开展排查工作。对排查出的矛盾纠纷，逐一落实属地责任、主管责任和层级责任，做到了“小事不出村、大事不出乡镇、矛盾不上交”。加强了对民生诉求的分析研判和回应化解，高度关注及时调解林权、土地等纠纷引发的矛盾问题。同时，大理州加大了对偷盗贫困户种植的中药材、养殖的大牲畜等违法行为的打击力度。

（二）规则体系：公约民俗促和谐

大理地区在明清时期由于宗族势力的庞大和接受汉文化程度较高，朝廷弱民愚民的政策渗透至深，各个宗族内部都以奉公守法、安分守己为原则制定本族乡规民约(即习惯法)，教导民众讲仁义，为人厚道淳朴，明礼尚节。抛开封建统治阶层的目的，从其制定的公约民俗的内容和现实效果来看是仍然值得称赞，其对于现代法治秩序的形成也发挥了重要的作用。

一方面，对于大理州这样一个多民族地区，其传统思想规范如父慈子孝、兄友弟恭、诚信不欺、患难相恤、守望相助、禁赌劝善、防贼防盗、和气致祥、严守法规、勤力劳作、封山育林、保护环境等对于人们的行为起到了非常重要的软规范作用,形成了不同于国家法律法规的“准法律”。尤其是在大理州的回族地区中,统一的宗教族规是当地村民行为规范的重要依据,其对于回族村民的婚嫁、习俗等方面都作出了明确的规定,形成了高于道德约束却又不同于国家法律的另一种规范,对于当地和谐社会的形成起着重要的作用。而其中,严守法规等法治思想的传承也为当地村民更好地理解、遵守和执行国家的法律法规奠定了思想基础。

另一方面,大理州正确地处理了村规民约与国家法律的关系。村规民约以国家法律为基准,经过法定程序,由全体村民代表依法参与制定,保证了村规民约形式和程序上的合法性,但是又将国家法律规定通俗化、具体化并且很好地融入了当地的民族特色,将践行社会主义核心价值观和传承中华传统美德结合起来,有效地填补了国家的立法空缺,完善了乡村治理制度。

(三)人才体系:培育法治明白人

农村党员干部是农村法治建设的组织者、推动者、实践者、示范者,只有党员干部带头学法、守法、用法、依法办事,才能推动群众形成办事依法、遇事找法、解决问题用法、化解矛盾靠法的行为自觉。

一是大理州坚持加强农村基层干部法治培训,实施了农村“法律明白人”培养工程,重点培育了一批以村“两委”班子成员、人民调解员、网格员、村民小组长等为重点的“法治带头人”,提高了运用法治思维和法治方式深化改革、推动发展、化解矛盾、维护稳定、应对风险的能力,扎实推进了乡村依法治理。

二是大理州切实围绕乡村振兴、绿色发展、乡村治理等工作主题组建了一支政治信念坚定、业务技能娴熟、执法行为规范、人民群众满意的综合执法队伍,为实施乡村振兴、推进农业农村现代化提供了有力的执法保障。

三是深入贯彻《云南省党政主要负责人履行法治建设第一责任人职责实施办法》，将法治建设第一责任人职责“落实到基层”，大理州出台了《村(社区)“两委”主要负责人履行推进法治建设第一责任人职责实施办法》，切实强化了村(社区)“两委”主要负责人履行法治建设组织者、推动者和实践者的意识和职责。《实施办法》对全州村(社区)党组织主要负责人、村(居)民委员会主要负责人在推进法治大理建设中的具体职责、工作要求作出了明确规定。

三、平台创新，助力智治促善治

公共法律服务平台的建设和智能化技术的应用是实现乡村社会治理现代化的重要工作，对于提升治理效率，提高村民满意度具有非常重要的作用。为此，大理州政府积极开展“雪亮工程”建设，突出公共安全视频监控建设重点，通过推动网格化、综治中心等平台的创新建设，结合“12348”公共法律服务热线和网络平台，切实将公共法律服务的功能融入法治宣传教育、法律援助、人民调解、公证、司法鉴定事项办理等各个环节，全面提升乡村依法治理水平。

（一）网格建设促进治理系统化

1. 加强网格化服务管理

一是大理州设置村民小组一级、二级网格，实现网格全覆盖，配备乡镇网格巡查员，村一级网格管理员、村民小组二级网格管理员、专兼职网格管理员，实现“人在网中走、事在格中办，问题在网格中解决，矛盾在网格中化解”，真正做到“服务群众零距离，解决矛盾无时差”。

二是大理州推进综治中心建设，按照整合资源，设置矛盾调解、心理咨询、视频监控、治安研判等功能区，以综治、信访、司法为主体打造综治中心规范化建设和综治中心网格化一体化建设示范点，使之成为应对矛盾风险的最前沿、联系服务群众的第一线。截至目前，州、县(市)、乡(镇)和村(社区)成立四级综治中心，在全州打造“综治中心＋网格化＋

信息化+N”的智能化模式，通过网格化、系统化的服务管理模式的构建，大理州充分利用了熟人网络，实现了对于乡村治理工作系统化推进。

2. 深化网格化管理内容

一方面，以网格为基础，织密织牢社会治理网络，切实把基层警务、消防急救等管理服务延伸到网格，把流动人口、易肇事肇祸精神病患者等特殊群体的管理服务纳入网格，充分扩充网格治理内容与范围，发挥网格长的治理和联结作用，在网格内部满足村民的日常服务需求，在增强村民获得感、满足感的基础之上，提升治理水平。

另一方面，大理州充分整合律师、公证员等法律服务资源，聘请法律顾问等专业人员，为村委会安排了免费法律顾问。大理州为贫困群众开展法治宣传培训，提供免费实时解答法律咨询及免费代写法律文书等公益法律服务，通过使法律专业人员与网格长等人员联合，在乡村开展调解工作，以期解决扶贫发展、农村扫黑除恶等领域的法律难题，推动法律在乡村社会更好的融合与运用。同时，法院系统也开展了巡回审理，进一步解决了贫困地区群众诉讼不便等问题。

（二）十户联防实现治理长效化

大理州坚持推动依法治村和治安网络中心建设，切实加强农村基层民主法治建设，大力推进全村“四个文明”建设协调发展，真正让各项事业步入法制化、规范化、科学化的轨道。随着互联网和信息华技术的升级发展，整合乡村社会资源和各方力量共同推动平安工程长效建设的过程中出现了更多的网络化和信息化手段。

如洱源县强化了“6995”十户联防信息平台建设，实现“一户有难九家帮”的邻里互帮互助工作机制，“6995”为平安和谐团结建设筑牢了群防群治网络。当真正在群众遇到紧急情况的时候，只需拨打6995（谐音“来救救我”），能做到“一呼九应”，实现邻里守望、户户联防、互帮互防的群防群治新格局。而联防机制和信息平台工程的建设，进一步整合了乡村治理的当地乡村社会资源和力量，更有效地解决了乡村基层管理人员不足、治理力量薄弱的缺点。同时，“6995”十户联防信息平台的建设联通了村民之间维护乡村治安的责任和义务，构筑起了一张紧密的安全防护网络，解决了乡村治理过程中存在“空白地带”的问题，同时也进一步提升了乡村治理水平。

（三）“雪亮工程”推动治理智慧化

大理州加快“雪亮工程”建设，围绕视频监控建设、联网、应用三个方面，推进综治信息平台建设与“雪亮工程”建设深度融合。

首先，大理州突出公共安全视频监控建设重点，积极筹备启动“雪亮工程”三年建设规划，在城乡主要道路、路口、重点部位、重点场所增设视频监控探头，大力推动视频监控探头的安装与普及工作。

其次，大理州在完善的监控设备基础之上，积极推动各地民用监控设备的整合与联网工作，同时，推动监控设备连接公安视频监控网，在大理州全面构建一张“全域覆盖、全网共享、全时可用、全程可控”的“雪亮工程”视频监控网。

最后，大理州共建成了 351 个高清监控探头、61 个视频抓拍卡口、10 个交警视频监控；在重点单位、商住小区、行业场所、学校推行社会化视频监控建设，现已建成 3123 个社会自建视频监控。大理州实现了对城乡视频监控的全覆盖，公共区域视频图像也实现了联网共享工作。

第九章　乡村振兴的“大理路径”：典型案例

习近平在中央农村工作会议上强调，从中华民族伟大复兴战略全局看，民族要复兴，乡村必振兴；从世界百年未有之大变局看，稳住农业基本盘、守好“三农”基础是应变局、开新局的“压舱石”。[①] 2020 年是全面建成小康社会和“十三五”规划收官之年，也是脱贫攻坚决战决胜之年，但脱贫攻坚与乡村振兴的过渡期中，依旧存在难啃的硬骨头，产业发展单一、规划引领不够、人才严重缺失、文化依旧匮乏、基层队伍素质不高等。对此，古生村、双廊村、光明村、诺邓村，这四个村庄都探索出极具特色的发展道路，为巩固脱贫成果，并有效实施乡村振兴提供了“大理路径”。

第一节　古生范本

古生村位于大理苍山洱海核心区，属湾桥镇中庄行政村，是一个典型的白族自然村落。紧临洱海西岸，南与新溪邑村接壤，西面是大片农田，北至阳溪，与向阳溪南片村隔溪相望。古生村山川秀丽，气候温和，

---

① 习近平：《在中央农村工作会议的重要讲话》，新华社 2020 年 12 月 29 日。

物产丰富,文物古迹和历史遗存较丰富。2015 年 1 月 20 日习近平总书记考察云南时来到古生村,称赞古生村“让人颇为羡慕、舍不得离开、记得住乡愁”,并在洱海边留影“立此存照”,叮嘱干部群众一定要保护好洱海。

近年来,古生村牢记习近平总书记的殷殷嘱托,抓牢乡村振兴战略发展机遇,以“美丽乡愁,人文古生”为主题,将“守住青山绿水、留住最美乡愁”作为共识,建立“一引领一示范一主体三共建”的美丽乡村建设机制①,把保护洱海“母亲湖”作为“留住乡愁”的生命线,努力将村庄建设成洱海之滨生态环保优先、传统文化浓郁、田园风光秀美的幸福家园和让人“记得住乡愁”的美丽乡村。

2015 年古生村被列入第三批中国传统村落,2017 年入选“中国美丽乡村百佳范例”,2018 年被确定为大理州乡村振兴试点村,2019 年被列为州级乡村振兴重点试点村,并入选全国乡村振兴典型案例,为活化乡愁提供了“古生范本”。

一、精准施策,守好生态筑乡愁

2015 年习近平总书记在云南考察工作时,专程来到古生村,详细了解洱海湿地生态保护情况。在碧波荡漾的洱海边,习近平和当地干部合影后说:“立此存照,过几年再来,希望水更干净清澈。”他叮嘱,一定要把洱海保护好,让“苍山不墨千秋画,洱海无弦万古琴”的自然美景永驻人间。近年来,古生村以洱海保护为抓手,与生态文明建设相结合,以壮士断腕的决心和勇气留住乡愁之本。

(一)党建引领:集聚力量夯底色

在洱海保护治理中,古生村充分发挥党支部的“火车头”作用,党员的示范带头作用,加强引领宣传,提高村民洱海保护意识。号召和动员

① 袁海毅:《大理古生村 千年古村美如画》,《云岭先锋》2020 年第 1 期。

全体村民参与到洱海保护治理中,将保护意识内化于心、外化于行,增强村民的责任感和使命感,促使“保护洱海,我不上谁上,我不干谁干,我不护谁护”成为广大干部群众的共识和行动,多方协同发力,下好洱海保护一盘棋。

一是支部领航聚合力。从“要我干”到“我要干”,古生村党支部把思想宣传教育工作作为洱海保护治理的“马前卒”,通过召开户长会、村民大会,利用黑板报、广播等宣传方式,把习近平总书记考察云南的重要讲话和对大理工作重要指示精神以及美丽乡村建设理念宣传到每家每户,让全村各族群众在思想上达成“一定要把洱海保护好”的共识,在行动上拧成一股绳。同时,村党支部把年轻有文化的党员组成党员义务宣传服务队,利用闲暇时间到群众中宣传党的路线方针政策、村规民约,并督促村民遵守,村容和环境保护长效机制得到有效实施。此外,村党支部主动融入大理州环洱海党建示范圈和沿洱海流域党建示范带建设,在推动全村基础设施、人居环境全面改善的同时,实行洱海流域保护网格化管理和环境综合整治,建立“支部包片、党员包户”包保责任制,全覆盖构建5个党建网格责任区,组织动员洱海流域党员干部群众3000余人参与洱海保护,不断扩大党支部的组织和工作覆盖。

二是党员带头挑大梁。探索建立党员带动包片,网格化管理村内卫生、村民建房、发动宣传的日常管理长效机制。71名党员联系439户群众,每名党员干部联系群众包干到户、分片包干,带头缴纳垃圾清运费、带头落实“门前四包”责任,对联系户进行引导监督,对党的方针政策广泛宣传。先后开展了“洱海先锋”行动和抓党建促洱海保护治理“顶在前面、干在难处”专项行动,党员在洱海保护“七大行动”“八大攻坚战”中当先锋、作表率。在大理市1806户洱海生态环境保护“三线”划定生态搬迁中,全村党员主动入户宣传动员,挨家挨户做村民思想工作,并带头进行腾退。古生村涉及的53户全部完成房屋腾退,党员为村民带了头、为洱海更美腾出了空间。

三是群众同心齐改善。一定要把洱海保护好，这是全村各族群众达成的共识。近年来，村民通过流转土地，调整种植结构，主动放弃了养猪、养奶牛，对其他家禽实施圈养，尽可能减轻禽畜养殖给洱海带来的污染。家家建好“三格式”化粪池，户户配备垃圾桶，垃圾做到日结日清。积极充当垃圾收集员、河道管理员、滩地管理员，合理划分责任区，定人、定时、定点保洁。为了让环保理念深入人心，村民们用白族语言编排了洱海保护大本曲，在村内广为传唱。家家户户都参与到了洱海保护的工作当中，让村庄更美乡愁更浓，让洱海的水更清澈。

（二）“四治一网”：创新举措提成色

保护洱海是大理最大的政治责任，历经多年探索实践，大理市在洱海保护治理上探索出以“四治一网”为统领的工作思路。古生村紧跟指示，以“四治一网”为抓手，结合洱海保护“七大行动”和“八大攻坚战”，全力推进洱海保护和生态文明建设。

一是依法治湖，强化法治保障。大力宣传《洱海保护管理条例》《乡村清洁条例》《海西保护条例》等地方性法规，完善村规民约和“三清洁”环境卫生长效制度等一整套制度体系，运用法规制度明确责任和义务、规范工作和行为、处罚违规事件和行为。

二是科学治湖，提供理论支撑。以洱海保护和生态文明建设引领古生村经济社会发展全局，科学编制村庄《建设控制规划》《美丽乡村建设规划》《乡村振兴试点规划》，划定永久基本农田保护区和村庄发展边界，科学划定村庄生产、生活和生态空间，为洱海保护治理提供科学的依据和发展蓝图。

三是工程治湖，减少污染负荷。投入大量建设资金，先后实施环湖截污管网建设、完善村落污水收集系统、全面建设化粪池、建设污水处理厂、湖滨带生态修复、生态湿地建设、主要入湖沟渠治理、生态库塘建设、阳溪河小流域治理、“三线划定”生态搬迁、建设洱海生态廊道、发展生态农业、村庄环境综合整治等工程项目，为洱海保护打下了坚实的硬件基础。

四是全民治湖，集聚社会合力。全面开展“三清洁”活动，形成“政府主导、部门挂包、村组主体、全民参与”工作机制和“户保洁、村收集、镇转运、市处理”四级垃圾处理模式。以“五节一讯”为重点，与挂钩单位一起，组织发动村民、党员、干部、卫生保洁员、河道管理员、滩地管理员开展环境卫生集中整治活动，集中解决环境卫生突出问题，并形成长效化。开展“洱海保护进校园”活动，大手拉小手，将洱海保护形成全体村民和外来人员的共识和行为规范。

五是网格化管理，落实具体责任。将洱海保护治理责任全方位细化分解，建立和完善以“行政村包自然村、自然村包村民小组、村民小组长与党小组长包片、村民代表与党员代表包户、农户门前四包”的“五包五级网格”责任体系。建立“政府引导、村民自治、群众主体、全民参与、分片包干、责任到人”的工作机制，突出村级组织和党员群众在洱海保护治理中的责任和义务，发动全民参与，实现横向到边纵向到底，改善流域生态环境。

（三）生态农业：绿色转型添亮色

如何达成生态与发展之间的和解？古生村交出了合格答卷。以绿色发展为主题，以控制农业面源污染为抓手，围绕打造生态高效农业品牌，加快农业产业转型发展，推动农业全面升级、农村全面进步、农民全面发展，全方位助力洱海保护治理。

一是以生态农业为重点，打造特色品牌。创新开展“三禁四推”工作，禁止种植大蒜等大水大肥农作物、禁止使用高毒高残留农作物、禁止使用和销售化肥，推广绿色生态种植、推广有机肥代替化肥、推广绿色植保和病虫害生物防控、推广农用薄膜回收和秸秆综合利用。因地制宜调整产业结构，发展高原特色农业，在巩固提升湾桥水稻、烤烟、生态蔬菜种植等传统产业基础上，大力种植生态大米，使用精制有机肥，加强绿色防控，打造“古生”牌绿色有机产品。积极开展有机食品认证、绿色食品基地认证，打造“古生”牌粮油企业品，1220 亩农田被认定为绿色食品 A 级标准。扎实开展绿色生态农业生产技术培训，要求农户严格按照绿色产品操作规程进行田间管理，并实现精制有机肥使用的全覆盖，帮助农民转变发展方式和生产业态。探索建立农业可持续发展机制，努力构建从农田到餐桌的农产品质量安全全程监管体系。

二是以龙头企业为特点，引入发展活力。积极开展土地集中流转，培育新型农业经营主体，大力引进农业龙头企业开展适度规模经营，助力生产，深入推进一二三产业融合发展，发展高原特色农业，建设生态农产品基地，农户从传统的千家万户细碎化经营模式转变为获取租金和务工收入得经营模式，走出了一条发展绿色生态农业的“新路子”，在保护生态、保护洱海的同时，也鼓起了农民的“钱袋子”。引进云南尚龙米业有限公司，以订单形式发展“公司 + 基地 + 农户”的生产模式，由公司无偿提供种子、肥料、农药等农用物资和技术指导，农户负责按公司要求进行全程田间管理，收割后由公司全部进行收购；引进金沙农业科技公司，规划打造大理记忆乡愁田园综合体项目，打造以“花伴洱海 · 记忆乡愁”为主题的农文旅结合、景田村一体的现代农业综合体，所种植的绿色生态农产品主要通过线上销售和线下批发方式供应中高端客户；引进大理苍洱留香农业发展有限公司，开展水稻绿色有机种植，积极筹措投资建设农产品加工园区，打造“云粮 · 洱海留香”高原软香米品牌，依托古生村种植基地，助力打造古生乡愁小镇。

三是以农文旅结合为亮点，助推产业转型。“山海古生田园”，田是乡愁的重要寄托，农业是乡村的重要风景。在生态农业的基础上，古生村倾力打造新型乡村旅游模式。成立专业合作社，打造集观光农业、现代农业于一体的乡村旅游，植入民族特色生态休闲度假旅游、农业生态观光游、现代农庄、创意农业等新型业态，发展生态种植 1220 亩，大春种植绿色生态水稻，小春种植油菜，形成观光油菜花海；以村庄“七古”资源为载体,开展丰富多彩的民族文化展示展演活动,规划发展一批旅游商品展销店、特色餐饮经营店、民俗酒店客栈、民俗文化体验示范庭院、文化创意示范经营户、农村电商示范经营户等经营主体,努力实现农文旅产业融合发展,让古生村成为一个有过去、有未来,有温度、有乡愁的乡村旅游新亮点。

二、多点发力,传好文化续乡愁

“新农村建设一定要走符合农村实际的路子,遵循乡村自身发展规律,充分体现农村特点,注意乡土味道,保留乡村风貌,留得住青山绿水,记得住乡愁。”①习近平总书记多次在不同场合提到“乡愁”,乡愁是古生村的金字招牌,历史文化资源是古生的灵魂。古生村始终围绕民族文化这个血脉不动摇,按照“在开发中保护、在保护中传承”的发展思路,着力抓好民族传统文化的保护、传承和发展,努力把古生村打造成“千年文明和白族传统文化的展示区”,“乡愁”文化不断得到活化。

(一)深挖细掘,打出文化特色牌

编制村内重要节点景观营造和文化内涵提升方案,深度挖掘千年古村悠久历史文化和民间民族文化资源,加强对传统文化和民间民族文化资源深度开发和传承,挖掘与保护并重,延续乡村历史文脉,丰富乡村振兴精神内涵。

一是挖掘民间古技艺。加强对村内白族服饰、白族刺绣、绣花鞋加工、白族甲马、白族三道茶、草帽编制、白族彩绘、泥塑等具有民族性、艺术性和趣味性的传统工艺、民间手艺等非物质文化遗产的搜集、整理、研究和保护。对非物质文化遗产落实切实可行的保护利用措施;对具有地方特色的民间手工艺、传统手工艺等进行积极扶持,有序发展;不断规范工艺流程、提升工艺水平、整理工艺文化,提高包装工艺、打造工艺品牌,

---

①《习近平在云南考察工作时强调:坚决打好扶贫开发攻坚战》,www.gov.cn,2015-01-21。

使工艺文化成为乡村文化振兴和产业振兴的一个新亮点,使工艺产品收入成为农民增收致富的新渠道。

二是挖掘民间古传说。深入挖掘古生村洱海龙王段赤城的故事、放生节传说、托塔天王降龙治水患和降鼠精治鼠患的故事、回春阁观音菩萨与大理的传说等一大批富有教育意义和民族特色的民间故事和民间传说。对本村的村庄来历、本主故事、神话传说、民间故事、历史人物、龙文化传说等文化遗产进行收集整理、规范完善,发动村内文化名人编写古生村的相关文献书籍并编印成册。重要故事和传说在主要景点、寺观、集中活动场所进行碑刻,为广大村民和游客学习了解大理白族文化和民族风情提供宝贵资料。组建党员义务宣传队,利用和村民闲聊的方式,讲述村中古老的传说与故事。

三是挖掘民间古习俗。保护传承和发掘大理白族的节庆习俗、婚庆习俗,保护传承好白族传统的春节、中元节、清明节、火把节、端午节以及本主节、放生节、观音会、龙王庙会等节庆习俗;保护传承婚丧嫁娶等传统习俗;保护宗教祭祀礼仪,支持洞经古乐、大本曲唱诵、白族歌舞等文化艺术,积极发挥兴儒会、洞经会、莲池会、放生会等民间组织的文化传承作用,努力使优秀传统文化与现代先进文化融合,突出乡愁文化的厚重感。

(二)古貌保护,擦亮文化金招牌

古村风貌是乡愁记忆的重要元素,也是古生村历史文化民族风情的重要载体。为了保留并突出传统建筑特色,古生村坚持保护、整治两手抓,加大古院、古物、古树保护力度,保留千年古村的白族村落风貌。

一是修旧如旧,保持古村风貌。利用历史民族文化资源优势,积极完善传统村落的保护管理工作,制定《古生村保护管理办法》,明确古生村的保护范围、保护措施。重点抓好以"古建筑、古民居、古巷道、古树木、古传说、古习俗、古技艺"为主要内容的"七古"保护工作,延续乡村历史文脉,承载村庄乡愁记忆。大力完成古生村的古院落保护调查工作,对村内所有的传统民居进行摸底调查、分类保护,对7户有较深厚历史和民族文化底蕴的白族民居古院落进行挂牌保护和大门改造,使其保持历史风貌;对原貌保持较差的古民居进行整治修复,对丧失原使用功能需调整改造或有坍塌危险的房屋,进行重点整治或拆除后按历史风貌修复;聘请州市林业有害生物防治检疫局专家医治村内百年大青树,并设置保护基座,制作古榕树保护标识牌,注明古树品种、树龄、特征、历史、保护要求等内容,营造一个以古树为中心的休闲场所;对福海寺、凤鸣桥、古戏台、龙王庙、水晶宫等具有历史文化的文物古迹实施修旧如旧、消除火灾隐患等措施加以保护,拆除对文物古迹保护有影响的3户建筑;保持延续村庄巷道的原有走向,村庄巷道尽量保持原有的青石板、弹石路、饮马路等风格,保留历史痕迹和韵味;对老民居消防安全隐患进行排查和整改落实。

二是建新如故,开展风格整治。按照"保护古建、引导在建、规范未建、改造老建、打击违建"的工作思路,突出古生村少数民族生态文化村创建的白族文化特点。成立古生村保护建设管理促进会,以村内5个小组每组推荐一名热心村务、熟悉村情、有责任心的村民共同组成促进会成员,负责监督村内环境卫生、建筑风格、建筑秩序和协助处理村内其他各项日常事务;开展不协调民居建筑风格整治,对所有在建的建筑工程进行全面清理,按合法复工、部分不合法整改后复工、非法坚决拆除的要求进行分类处置;坚决制止和严肃查处村内违规建设行为,对新建的房屋,严把村民建房规划选址,严格审批和跟踪监管,实行村民建房"三到现场"制度,规范办理相关建房手续;委托设计部门完成村庄建设规划和整治控制规划,对农户建房无偿提供3—4套图纸,严格控制新建筑物的规划布局和建筑风格,控制12米的民居建筑高度,突出白族传统民居风格。

(三)活态传承,树立文化新品牌

古生村大力加强文化载体建设,促进文化活化利用。规划设定传统文化传承与展示专项工程,开展文化保护项目工程,系统推进文化的保护传承和展示利用工作,让传统文化真正活起来、火起来。

一是搭起平台,让文化展出来。打造极具感染力和魅力的乡愁文化艺术长廊,让文化上墙。充分利用村头村尾、村心主干道及环海路墙体,通过传统白族彩绘手法绘制“建设文明古生记住美丽乡愁”、“勤劳致富”、“人人节约家家有余”、社会主义核心价值观和公民基本道德规范等为主题的精美壁画,进行展示宣传,将艺术作品根植在田间地头和农舍、村庄,展示古生人的精神风貌,提高村民自豪感及责任感;打造乡愁小院,保留青瓦、白墙、淡墨画、大门、斜屋顶风格,保持古风古貌,展示白族特色手工艺品,留住“接地气”特色,对外来游客讲好古生故事;利用村内广场开展善行义举榜评选活动和中华传统美德宣传教育活动,开设“道德讲堂”,开展“话传统、忆乡愁”节日活动、各类志愿服务活动和周末文化演出活动,展示古生悠久的民族文化;利用学校平台,通过“民族文化进校园”活动,开展民族文化传承教育。

二是组建队伍,让文化传下来。充分发挥民间艺术队的优势,组建完善民间洞经古乐队、白族文艺队、文化艺术交流协会等文化组织,培育大批能够进行白族对歌、大本曲演唱、乐器伴奏以及文艺创作的队伍,妥善解决固定文化场所问题、配备完善基础设施。按照民间节气等习俗和文化旅游发展需要,积极开展活动,用乡音留住乡愁,古戏台成了传承白族文化和宣传政策的舞台,用白族大本曲来演唱宣传洱海保护和文明新风,已成为村里一道亮丽风景线。将有文化、有技艺的民间艺人作为弘扬民族文化的宝贵资源进行保护和利用,妥善解决他们的生活待遇和活动条件问题,使他们在传授技艺、弘扬文化、推动文化传承、促进旅游发展等方面发挥积极作用,以产业为依托,组织开展白族刺绣传承、泥塑彩绘传承等培训,实现民间传统工艺人才“传帮带”。开设民族文化、民族团结、白语教学等课程,进行民族歌舞、白族特色手工艺培训,使传统文化在静态保护和活态传承中得到更好发展。

三是融入发展,让文化活起来。采取群众喜闻乐见的方式,将文化融合在日常生活中,变“送文化”为“种文化”。制定村规民约,将历史文化和民族文化融入村规民约、民风民俗、生态保护、培育文明等方面,“乡愁”文化与乡风文明相得益彰,世代传承,古生村“乡愁”文化不断得到活化;围绕创建全国文明村、省级美丽乡村建设示范村的目标,倡导新风,凝心聚力;积极鼓励引导村民将民族语言、歌舞、生产技艺、节日庆典、婚丧习俗融入日常生活中,于细微之中身体力行传承民族记忆;举办本土节、放生节等民族节庆活动,丰富群众业余文化生活,增强乡村民族文化特色和吸引力。

三、共商共建,抓好治理固乡愁

古生村以党建引领村民自治试点,严格实行“一个党组织负责、一个团队落实”的责任体制,建立健全了“组织为龙头、党员作表率、干群齐参与”的工作机制,①探索建立了“一引领一示范一主体三共建”的美丽乡村建设机制,即:基层党组织引领,广大党员带头示范,村民群众担当主体,组织、党员、群众合力共建,有效激发各主体在乡村治理中的内生动力,积累了“支部带村、发展强村、道德润村、生态美村、平安护村、清廉正村”的乡村治理经验,打造共建共治共享的古生乡村善治格局,“乡愁”根基不断夯实。

(一)筑牢堡垒,组织引领强保障

“火车快不快,全靠车头带”,基层党组织是党全部工作和战斗力的基础,是落实党的路线方针政策和各项工作任务的战斗堡垒。支部引领是根本,基层党组织是党在基层的“神经末梢”,要把加强基层党组织建设作为第一要务。古生村以农村基层党组织建设为主线,树立“一切工作到支部”的鲜明导向,以党支部规范化建设为抓手,突出政治功能,提升组织能力,把农村基层那个党组织建成宣传党的主张、贯彻党的决定、

---

① 林静、陈红:《和谐风韵漫云岭》,《共产党员(河北)》2019 年第 22 期。

领导基层治理、团结动员群众、推动改革发展的坚强战斗堡垒。通过“五个强化”，扎实推进党支部规范化建设达标创建，组织力不断提升，团结带领村民代表会议、村民理事会、村民监事会、村庄规划建设管理促进会、老年协会、莲池会等村内组织，同心同向推进洱海保护治理、实施美丽乡村建设。

强化支部书记能力建设。深入实施“领头雁”工程，实施党组织带头人整体优化提升行动，定期分析研判党组织书记队伍，以村“两委”换届为契机选优配强带头人，探索村组后备力量培养途径，实施村干部能力素质和学历水平提升行动，通过考核奖惩、选优配强、专题讲座、网络学习、外派培训、实地观摩等方式，推动村组干部教育培训常态化、长效化。健全完善村干部“小微权力”清单，强化村组干部激励保障，树立先进典型，着力培养造就政治立场有定力、为民服务有情怀、勤政务实有本事、认真负责有担当、干事创业有办法、廉洁公道有口碑的“六有”支部书记。大力推进党组织书记通过法定程序担任村民委员会主任和集体经济组织、农民合作组织负责人，推行村“两委”班子成员交叉任职，不断提升党组织带头人引领发展、服务群众的能力和水平。

强化支委班子作用发挥。通过政策宣传、前景引领、组织引导、选聘下派等途径，加大从青年党员、转业军人、致富能手、外出务工经商人员、本乡本土大学毕业生中选出工作能力强、责任意识强的人员进入党支部班子，成为推动乡村振兴和建设“美丽乡愁”的主力军，不断完善工作制度，使各项工作有计划、有安排、有落实。

强化活动场所功能提升。按照“1＋6”模式(1 个党员活动场所融合村民议事场所、为民服务站、农民培训学校、文体活动中心、矛盾纠纷调解室、卫生计生服务站 6 个功能)，大力实施自然村党支部活动场所规范化建设。

强化基层服务平台拓展。开通行政村基层服务型党组织综合平台，并依托镇为民服务中心、村为民服务站、村民小组民事代办点，开展便捷的“三位一体”综合服务，让群众办事更加省心省力。

强化党员教育培训管理。把“两学一做”常态化制度化落实到“三会一课”，通过学习、培训、教育、管理提升党员素质，积极运用现代网络平台开展个人自学。

（二）建强队伍，党员示范树先锋

党员表率是关键。党员是构成党组织的“细胞”，要抓好党员队伍建设，从思想上、纪律上、作风上、能力上加强对党员的教育培养和管理，让党员不忘初心，勇担当善作为，带领群众谋发展。古生村创新实施“四项制度”，加强党员队伍建设，加强党员发展、教育、管理、监督、服务。严格标准程序。把整治标准放在首位，加大在青年农民、致富能手、外出务工人员、妇女中发展党员力度。深入实施“互联网＋党建”行动计划，丰富完善农村党员教育、管理的方式方法，实现党员培训全覆盖。党员在人居环境整治、扫黑除恶专项斗争、移风易俗、乡村治理等方面发挥着骨干作用，带头管理、带头宣传、带头示范、带头监督，冲在美丽乡村建设的最前线，架起了党群干群连心桥。

一是以党员责任清单促党员自觉。制定《湾桥镇农村党员责任清单》，要求广大党员自觉遵守党员教育管理制度，锻炼成为“四讲四有”合格党员，做到洱海保护治理“四带头”，并将党员落实责任情况纳入党员积分制严格考评。

二是以农村无职党员设岗定责制度促作用发挥。古生村党支部设立环保政策宣传岗、生态文明劝导岗、环境卫生巡护岗、入湖河道管护岗、村庄规划监督岗5个岗位，由党支部组织党员，结合各自特点特长、年龄结构认领岗位，并作出公开承诺，接受群众监督，使每一位农村党员都有岗有责。

三是以党员包片联户责任制度促宗旨落实。按照相互比邻、便于管理的原则，将2—3个村民小组划分为一个片区，由支委成员包片指导督促村民小组长和片区党员加强工作，以“1＋X”的方式，每名党员结对联系5至10户群众,由党支部79名党员分别联系全村439户群众,重点对从事生产经营、养殖加工、客栈餐饮服务的农户或业主进行结对联系。

四是以党员积分管理制度促管理效果。对全村党员落实党员责任、岗位责任和包片联户责任情况,实行季度评议、年度评星制度,对全村党员按一至五星开展星级等次评定。村党支部根据星级评定结果对党员进行奖惩。

(三)凝聚合力,村民自治夯根基

群众参与是基础,群众是实践的主体,群众路线是党的生命线和根本工作路线。古生村基层党组织尊重群众的主体地位,通过"四个引导",大力引导村民自己建、引导村民自己管、引导村民自己查、引导村民自己评,实施自然村村民自治试点,广泛发动群众、组织群众、造福群众,让村民唱主角、当主人,充分发挥村民群众担当主体作用,提升了村民的思想觉悟,激发了村民共建美丽家园的内生动力。村民在保护建设管理中受益,生态在保护建设管理中改善,实现了基层党建与生态保护、脱贫攻坚、乡村振兴、民族团结、基层治理共同推进。

引导村民自己建。通过召开户长会、村民大会,引导村民参与村庄规划编制、项目选址和项目建设等,激发群众参与的积极性,让村民真正成为美丽乡村建设者。

引导村民自己管。建立村民自治制度,成立运行村民代表会议、村民理事会和村民监事会,将有威望、能力强的党员和热心村务、熟悉村情、有责任心的村民共同组成"两会"成员,加强农村民族事务、治安保卫、民主调解等群众组织建设,①完善村规民约,形成村民自我管理、自我发展的长效机制,不断提高村民自治水平。根据自然村实际,在村民充分酝酿、讨论、修改完善的基础上,通过了《村民代表会议制度》《村民理事会章程》《村民监事会章程》《村规民约》《村庄环境卫生制度》和《客事

① 魏喆铭、吴晨倩:《"党建红"闪耀彩云之南》,《海峡通讯》2019年第11期。

从简管理制度》,健全村级“一事一议”、“四议两公开”、财务管理等制度,形成民事民议、民事民办、民事民管的多层级基层协商格局,有效提升了村级事务自我管理水平,村民心往一处想、劲往一处使,充分发挥主人翁精神,相互支持、相互帮助,遇事共商,充分调动起参与建设的积极性,筑牢全村团结发展、共同进步的基础。

引导村民自己查。由村内 5 个村民小组每组推荐 1 名热心村务、熟悉村情、有责任心的村民共同组成村庄保护建设管理促进会,负责监督村内环境卫生、建筑风格、建筑秩序和协助处理村内其他各项日常管理事务。

引导村民自己评。深入开展优良家风、书香育人、热心公益、孝老爱亲、洱海保护、诚实守信、勤劳致富七大类“文明家庭”创建和“十大寿星”评选活动;广泛开展“小手牵大手、环保一起走”、白族大本曲培训等宣传、文体活动,促进村民提升素质,培育文明和谐新风尚。

第二节　双廊样板

双廊村位于大理市东北端双廊镇境内,东连宾川鸡足山,南连南诏风情岛,西临洱海,北连上关镇。南距大理市挖色镇 12 千米,距大理市下关 60 千米。双廊村辖天生营(玉矶岛)、康海、双廊三个自然村。现有 12 个村民小组。全村农户 1321 户,农业人口 4208 人。所辖区域面积 2.2 平方千米。

千年来,“靠海吃海”的双廊村民捕鱼为生,少量的田地种植使得长期的温饱问题得不到解决,部分村民举家迁离。2010 年,大理至丽江铁路正式运行,给双廊带来了发展契机。2013 年大丽高速开通,双廊的神秘面纱被完全揭开。双廊凭借绝佳的苍洱风光和浓郁的古渔村文化吸引了大量游客,其发展潜力得到了政府的关注,大量的人才、资本以及旅游项目纷纷涌入,默默无闻的小渔村开始向“全国乡村旅游重点村”

转型。

在实施乡村振兴中,双廊村力求实现文化艺术及旅游产业的深度融合发展,通过自身“造血”、全面“活血”、内部“找血”、外部“输血”,努力探索乡村振兴的“双廊样板”,实现了从一小渔村到旅游胜地的嬗变,人言“大理风光在苍洱,苍洱风光在双廊”。2019 年 7 月,双廊被纳入首批全国乡村旅游重点村,2020 年 2 月被评为省级美丽村庄。截至目前,双廊村餐饮客栈 438 家,服务业 427 家,从业人员为 2900 余人,人均纯收入从 2013 年的 4870 元增长到 2020 年的 17300 元,增长了 255%。

一、规建并进,端稳生态“金饭碗”

2015 年 1 月,习近平总书记考察大理时作出“一定要把洱海保护好,让‘苍山不墨千秋画,洱海无弦万古琴’的自然美景永驻人间”的殷殷嘱托。双廊村牢记使命,秉承“绿水青山就是金山银山”的理念,在省州市党委、政府的坚强领导下,以洱海保护治理统领经济社会发展全局,以短期阵痛换取长远发展,让“看得见山,望得见水,留得住乡愁”成为双廊最鲜明的底色。

(一)靶向发力,除脏治乱展新颜

积极开展洱海流域环境综合整治,以洱海环湖截污工程建设为抓手,统筹实施洱海保护治理“七大行动”“八大攻坚”,打好蓝藻防控“组合拳”,下大力气解决“脏乱差”问题。坚持“标本兼治、综合治理、属地管理、部门联动、规范秩序、持续发展”的原则,求真务实,开拓创新,坚决打好洱海流域环境综合整治和白族村落风貌建设攻坚战,以时间换空间。

一是大力投资,筑牢“两污”坚实防线。采取“点、线、面有机结合”的管理措施和“土洋结合”的应急抢救模式,积极开展“四水收集”,快速推进化粪池建设,花大成本建立污水处理厂,全面构建“户收集、网输送、厂处理、塘净化”截污治污体系,设计处理量 5000 立方米的双廊下沉式再生水厂投入运行,实现生活污水全收集、全入网、全处理,确保每家每户污水自净。围绕实现污水收集处理全覆盖的目标,为确保村落污水收集精准到户,打好污水收集“最后一米”攻坚战,全面摸清污水收集排放处理情况,按照“因地制宜、土洋结合、雨污分流、四水全收”的要求,对村内已建污水收集管网系统跑、冒、漏情况进行认真梳理排查,对排水管网进行全面清淤疏通,保证雨季排水顺畅。高效推行市场化运作,确保每片区域保洁达标。提标扩面收取垃圾、泔水清运费,实现垃圾清运、滩地保洁、管网维护市场化运作。

二是重拳出击,减少流域“两违”现象。严厉打击违法经营,有效规范市场经营秩序。动员全村 354 户餐饮客栈经营户自行歇业 18 个月,拆除违章建筑,统一关停,统一改造,依法对环保设施不达标的客栈餐饮进行查封停业,对经营户进行复审复查,重新建档立卡备案。为巩固关停成果,保障社会稳定,成立餐饮客栈服务业监督巡查队,负责防火防盗及巩固关停成果;依法拆除违章建筑,建立健全建房管理长效机制,通过建立个人建房联审联批制度、专管员制度、巡查制度和严格执法管理制度,按照“管住当前,消化过去,规划未来”的原则,在双廊消除违章建筑,实现建设和经营秩序由“乱”到“治”。

三是提升改造,整治改善村容村貌。加快项目建设,完善基础设施配套是有效解决双廊问题和乱象的关键。按照“先地下后地上、先整治后规范、先基础后提升”的原则,重点实施“三线入地”项目,实现景区核心区所有管线入地,供电、供水、通信能力提升,有效改善景区空间景观;投资 4.3 亿元,全面完成复线路、主街道、重要景观节点和北入口游客服务中心、核心区提升改造,集镇供水设施及配套管线建设等项目;实施巷道及民居风格改造,恢复古渔村巷道肌理,改造异形建筑风格,保持古渔村整体古朴风貌;实施节点景观提升,打造主要节点景观,增加游客浏览休憩及当地群众休息活动空间,实现对古渔村整体风貌的修饰提升;建设新集贸市场,为当地群众提供农产品、牲畜产品交易场所,并带动集体经济发展壮大；实施农村综合改革项目，实行经济、政治、文化、社会“四位一体”项目，村里的水泥路和青石板路代替了原有的泥巴路，村民不再“雨天一身泥”。此外设立了村民休闲中心、议事中心、便民服务中心和红白理事场所。

（二）压实责任，强化管控筑防线

按照“市级统筹、镇级主责、村组主体、企业运作”的思路，立下“军令状”，挂出“作战图”，列出“时间表”，划定“纪律线”，层层压实责任，不见成效誓不罢休，不达目的决不收兵，吹响了打好洱海保护、环境整治和风貌提升攻坚战的号角。

一是推行河（湖）长制。有效推进河长制落实，确保每条沟渠监管到位。对沿湖四个村委会的71条入湖沟渠进行排查并建档立卡，建立入湖沟渠“沟渠长制”，挂牌公示，明确责任，加强监管，做到每条沟渠明确1名沟渠长、1名网格化管理员、1名日常清扫员，实现“一渠一档”“一渠一策”管理。严格节水管水，按照“计划用水、报批放水、分片供水、巡查管水”的要求，对灌溉片区进行巡查管控，确保每个片区精准用水、科学调度、合理放水。围绕“河畅、水清、岸绿、景美”的目标，以洱海保护治理为核心，全面加强水资源保护、水域岸线保护、水污染防治、水环境治理、水生态修复、执法监管，定期采样，提升水质。

二是加强网格化管理。原先建立的网格化管理上再进行细化，构建由双廊镇全体党政领导、洱海保护驻镇工作队、干部职工、综合执法大队、村“两委”和小组长等组成的大网格化队伍，对网格员进行分片包组包户，细化推进入户宣传、日常监护、排查整改等工作，严格执行定区域、定人员、定职责、定任务工作机制，有效织密“一张网”，坚持责任导向，严格按照责任网格化要求，层层落实责任，细化到户，责任到人，全面提升排查整改精细化、规范化水平，确保问题全发现、整改全清零。

三是推行“15934”网络化管理。州委书记亲自挂钩，州政府两位副州长分片联系;州环保局、州旅游局、州公安局、大理旅游度假区、市委政法委、市扶贫办等州市部门分别督促检查5个沿海村委会;按照“领导挂大网格、干部挂单元格、职工挂基本格”的方式,建立了双廊镇1个大网格、沿海村5个中网格、自然村9个小网格、村民小组34个单元格的“15934”网络化管理模式。

四是创新“四位一体”工作体系。在主街巷道口公示环保设施示意图,制作客栈、餐饮、巷道环保设施及周边环境卫生每日自检自查登记表,每条巷道推选一名环保巷长,每户经营户推选一名环保义工,公示片区网格员、滩管员及联系、监督电话,明确各自职责和义务,接受双向监督,构筑洱海流域保护“任务、监管、责任、宣传”四位一体的工作体系。

五是推行“五四三二一”综合管理模式。按照“五到位、四参与、三保洁、两收取、一制度”的综合管理模式,实施洱海流域环境综合整治。其中,“五到位”,即设施配套到位、管网覆盖到位、污水收集到位、违排封堵到位、维护监管到位;“四参与”,即政府引导、协会自律、客栈带头、群众参与;“三保洁”,即街面巷道保洁、洱海湖面保洁、洱海滩地保洁;“两收取”,即泔水收集费100%收取、垃圾处理费100%收取;“一制度”,即出台了环保设施监管巡查、奖惩考核等一套制度。

(三)同频共振,集聚力量焕生机

充分发动村“两委”、村民小组以及老年协会、客栈协会等各级各类组织的主人翁作用,进一步突出群众在洱海保护治理中的主体地位,建立有奖举报制度,形成“人人都是巡查员、人人都是监督员”的动态管理模式,努力营造人人关心、全民参与的社会氛围。

一是全民主动参与,守好洱海“三线”。按照大理市洱海生态环境保护“三线”划定方案,双廊村集中精力、全力以赴推进生态搬迁拆迁工作,在“三线”范围内实施湖滨缓冲带生态修复和湿地建设,致力于恢复洱海自然生态。严格遵循“生态优先、生态安全、整体规划、系统治理”的原则,围绕“净化入湖污染、提升洱海水质、确保水源安全、改善洱海生态”

的目标，大力推进生态廊道建设。湖进人退，拆房子给洱海腾地方，村民积极配合，主动退让，为有效削减入湖污染负荷和改善洱海水质，提高洱海生物多样性和洱海水生态系统的稳定性贡献双廊力量。

二是成立客栈协会，起好示范作用。突出社会组织行业自律作用，成立大理市客栈协会双廊客栈分会，发挥餐饮客栈协会行业自律和示范作用，经营业主积极投身“洱海保护我参与”等公益活动，在率先完善经营场所环保设施的同时，广泛宣传洱海保护的意义，在实现自我管理和自我监督的同时，引导外来游客和当地群众树立保护洱海、爱护环境的意识。压实经营户、动员农户落实“门前四包 + N”责任，推动各方从洱海保护的思想自觉向行动自觉转变，锲而不舍推进“三清洁”集中整治常态化，凝聚社会各界力量，形成全民参与洱海保护治理的浓厚氛围。

三是突出基层自治，构建治理格局。突出村级老年协会、莲池会等传统社会组织在基层自治中的作用，把泔水收集、垃圾清运费收取等工作交由老年协会运行，扩大社会化管理的参与面；突出共青团、妇联、工会等群众组织的作用，通过“小手牵大手”“巾帼志愿者洱海保护行动”等活动的开展，努力构建洱海保护和环境整治政府主导和社会参与的工作格局。

四是发挥领头作用，提升战斗能力。按照“能人治村”的思路，依法补选了在群众中影响好、能力突出、服务意识强的双廊村委会主任，提振村组干部干事创业的信心，提升了基层组织的凝聚力和战斗力。先后完成了环海截污 PPP 项目、双廊自来水厂（含水泵站）、农贸市场等征地任务，破解了近 5 年来“征地难、难征地”的困局。

二、聚焦发展，念好旅游“致富经”

双廊村牢固树立“绿水青山就是金山银山”的理念，以双廊艺术小镇建设为牵引，下活旅游转型升级“一盘棋”，聚焦聚力做好“洱海保护治理、基础设施建设、环境风貌整治、文化艺术挖掘、业态培植培育、智慧数字建设”六篇大文章，倾力打造生态双廊、宜居双廊、大美双廊、艺术双廊、多元双廊、智慧双廊，闯出一条生态、文化和旅游深度融合发展的新路子，不断提升高质量可持续发展含金量，为旅游转型升级按下了快进键，跑出了加速度。

（一）谋篇布局，构建发展大格局

在省、州、市党委的正确领导和倾力支持下，聚焦旅游高质量发展主题，紧扣“根、纲、形、骨、魂”五条主线，以洱海保护为“根”，筑牢绿色生态防线；以规划布局为“纲”，精心描绘发展蓝图；以环境风貌为“形”，全面提升“颜值”“气质”；以“建、管、运”一体化为“骨”，推动持续健康发展；以文化艺术为“魂”，引领加速转型升级。找准定位、发挥优势，大视野规划旅游产业发展，擘画旅游发展新蓝图。

一是提高站位抓谋划。立足比较优势，以“国际化、高端化、智慧化、特色化”为方向，主动融入全州乃至全省旅游产业发展大局，编制规划，倾力打造践行“绿水青山就是金山银山”理念的新样板、巩固拓展脱贫攻坚成果与乡村振兴有效衔接的新支点、旅游产业高质量转型升级的新标杆。以打造“三力”为牵引，将旅游转型升级作为双廊高质量发展的重要支撑，焕发向上的活力；聚焦项目建设、旅游革命、转型升级三轮驱动，强化经济发展实力；牢牢抓住“艺术”这条主线谋篇布局，增添独特魅力；秉持“彰显特色、打造产业、创新智慧、追求卓越”的理念，在实现风貌、管理、服务、业态和文化等“五大提升”上下功夫、做文章，打造新亮点、提升软实力、树立新标杆。

二是精准定位强布局。立足双廊优美自然风光、浓郁白族风情和深厚艺术底蕴的特色优势，以打造“艺术的双廊、全景的双廊、心寄的双廊、健康的双廊”为愿景，以建设绝美苍洱风光的生态走廊、浓郁白族风情的文化走廊、厚植多元艺术的艺术走廊、山海全域互动的发展走廊“四大走廊”为抓手，科学提出双廊艺术小镇“三步走”战略，擘画双廊可持续高质量发展蓝图。聚焦构建“大双廊”格局，以“三个综合”做好双廊艺术小镇这篇大文章。综合要素，整合自然景观、本土文化、当地艺术家和艺术业态四大资源要素，走好融合之路；综合布局，围绕艺术、文化、旅游三大产业板块总体布局，打造艺术品牌；综合联动，以双廊艺术小镇为核心，辐射带动洱海流域及周边区域联动发展，形成动力引擎。全力将双廊村打造成大滇西旅游环线上的靓丽名片、大理国际旅游名城的重要窗口，助力双廊世界一流艺术小镇的打造。

三是提升品位增质效。坚持以游客体验为中心、以游客需求为导向、以游客满意为标准，用心用情用力做好重点项目建设、旅游产业融合、精品线路打造大文章，挖掘文化内涵、优化旅游业态、提升旅游品位，将旅游产品强起来、旅游档次提起来、旅游品牌响起来，持续擦亮旅游“金名片”、增强旅游硬实力、提高旅游知名度。

（二）提质创优，擦亮高质金品牌

以深入推进旅游革命为契机，持续在优化旅游环境、提升旅游服务、强化旅游管理上下功夫，以旅游品质提升推动旅游产业高质量发展，增强游客的旅游获得感、幸福感和安全感，助力旅游产业快速发展。

一是完善配套化设施。聚焦补短板、夯基础，按照“先地下后地上、先整治后规范、先基础后提升”的原则，实施统供水、“三线”入地、湿地公园等项目，优化视廊景观。扎实推进游客服务中心、夜景灯光、旅游公厕、标识标牌等软硬件设施建设，完善旅游功能，提升旅游接待服务能力。实施岛依旁环线生态修复及绿化工程，形成“以苍洱风光为背景、花卉多肉为景观、临海街道为环路、海景民宿为体验”的网红打卡精品游览线路，打造重要景观节点。按照“一藏、二挡、三绿、四美、五必拆”的原则，完成经营户和农户店面门窗改造及风貌整改提升，新增绿化美化面积，实现环境风貌与自然人文统一协调、相得益彰，全力打造旅游环境新样板。

二是做实精细化管理。出台景区管理守则，推行景区管理街长制、巷道包保责任制和网格化管理责任制，提升精细化管理水平，构建共建共治共享的管理格局。借助综合执法大队、交警、市场监管等力量,大力整治交通和旅游市场秩序,常态化开展旅游购物、尾随兜售、明码标价等市场秩序联动整治,促进旅游产业持续健康发展。

三是深耕智慧化旅游。推进智慧化旅游设施建设,实现5G网络、免费Wi-Fi、光纤全覆盖。依托"一中心+N"应用模式,建成智慧化建设指挥中心,安防摄像头、环境监测、智慧酒店、智慧厕所、智慧停车场等全面接入"游云南"App,实现在线调度和智慧化管理,提升游客"说走就走、自由自在、全程无忧"的旅游体验,着力打造旅游管理新标杆。

四是提升优质化服务。以建设"文明双廊""满意双廊"为牵引,鼓励支持经营户积极引进高水平旅游经营管理团队和营销人才,更好满足游客多层次服务需求,真正让游客吃得放心、住得安心、行得顺心、游得舒心、购得称心、娱得开心,提高双廊旅游满意度和回头率。坚持"游客为本、服务至诚"理念,强化涉旅行业协会规范化建设,充分发挥餐饮与美食协会、客栈协会、个体私营经济协会双廊联络站示范引领和行业自律作用,开展优质服务培训并签订承诺书,建立"红黑榜"公示制度。多点布局游客咨询服务点,为游客提供咨询、调解等服务。健全游客投诉快速处置和"30天无理由退货"机制,持续增强游客的旅游获得感、幸福感和安全感,倾力打造旅游服务新优势。

(三)多点开花,释放产业新动能

根据区域特点和资源禀赋,以市场为导向,因地制宜,科学规划,积极开发特色化、差异化、多样化的乡村旅游产品,防止大拆大建、千村一面和城市化翻版、简单化复制,避免低水平同质化竞争,聚力打好旅游产业转型升级"组合拳",塑造旅游新品牌。

一是打造生态旅游产品。双廊面朝苍山洱海,拥有旖旎的湖光山色,自然环境良好,村域内空气清新、生态多样、气候宜人,是理想生态旅游度假胜地。充分发挥双廊村的自然环境和背靠山区的优势,依托沿海优良的旅游环境和山区丰富的生态农业、林业资源,做好双廊生态观光、生态养生、生态度假等产品的发展。

二是打造艺术文创产品。充分发挥双廊名人效应优势，搭建文化艺术展览空间和平台，发展本地文化形态的展览产业。通过深层挖掘双廊白族传统村落的文化内涵，借势艺术家资源，在北游客服务中心、双廊完小和双廊村戏台等公共空间建设文化艺术展览室、艺术家工作室；积极扶持发展不同特色的艺术民宿；定期举办文化艺术类节庆活动，打造有知名度的文化艺术节庆品牌。

三是打造古渔村体验旅游产品。充分依托双廊历史文化名镇的优势，发展古镇生活体验游，以和谐古朴的环境为背景，将红山景帝祠、正觉寺、飞燕寺、玉波阁、玉几庵、双廊魁星阁、毗舍古战场等历史古迹和悠久的古镇文化融入旅游活动中，利用双廊的古建筑、民居、街道、店铺、寺庙、园林来发展旅游，举办各类节庆活动，吸引旅游者前来体验古镇生活。

四是打造民俗文化体验旅游产品。充分发挥好双廊以白族文化和渔文化为主的人文旅游资源优势，做好双廊特色居住民俗、服饰民俗、饮食民俗、礼仪民俗、节令民俗、游艺民俗等的民俗文化游产品。打造白族传统民居展示院落，增加其知名度；建设渔文化展厅，展示渔船、渔具，以及洱海鱼类的介绍；依托双廊镇丰富多彩的民族文化资源，加大对白族歌舞、洞经古乐、赛龙舟等传统民俗文化的开发，结合南、北游客服务中心和农贸市场改造，包装舞台化的白族歌舞的表演项目，打造文化演艺类旅游产品，进一步满足游客对民俗文化旅游产品的兴趣和需求。

五是打造特色客栈体验产品。依托现有临山亲水的优渥自然条件，植入高端住宿业态及旅居业态，如精品酒店、设计师酒店、野奢酒店、半山酒店、艺术创意酒店等。营造慢生活的客栈文化生活，打造国际知名的休闲度假类旅游产品。同时，依托特色客栈，做好双廊骑行、客栈体验、摄影等旅游产品包装。

三、广开源路,打好人才“组合拳”

乡村振兴关键在人,人是乡村振兴的第一资源。双廊深入贯彻落实习近平总书记关于乡村振兴战略的重要论述,坚持把人才振兴放在乡村振兴的首要位置,牢固确立人才引领发展的战略地位,树牢全村人才工作“一盘棋”思想,念好“人才经”,下好“先手棋”,坚持党管人才。坚持“引、育、用、教”并重,突出优秀人才示范引领,用好村党总支书记和双廊本土艺术家这个“关键少数”,着力加强乡村人才队伍建设,打造人才工作新高地,为全面推进乡村振兴注入人才“活水”,坚定不移走以绿色为底色的高质量发展之路。

(一)盘活乡土人才,建强主力军

坚持把乡土人才资源最大限度地转化成优势,充分发挥乡土人才在带强产业发展、带动群众致富、带领技艺传承等“三带”方面的主力军作用,让乡土人才“破土”而出,在乡村振兴的大舞台上彰显价值、出力出彩。

一是吸引留住乡村振兴“引路人”。发挥乡贤能人智慧优势、资源优势,经个人自荐、村级推荐、镇级审核、市级联审途径,把思想有觉悟、社会有影响、事业有热心、心中有情怀的乡贤人才聘任名誉村长,聘期为一年,在任期内将积极参与村内规划建设,帮助找准致富路子,为村内重大决策和重要工作建言献策,带动社会力量广泛参与,促进乡村全面振兴,城乡融合发展。通过“先富带动后富”,实现“聘任一人、引领一群、带富一方”的目标。双廊村聘任杨丽萍为名誉村长,在助力双廊干事创业上进一步凝聚强大合力。

二是积极培育致富增收“带头人”。树牢“培育一名人才、带活一个产业、引领一批群众”的理念,按照“党总支 + 合作社 + 农户”的模式,在蚕桑种养殖、软籽石榴、沃柑、玫瑰、烤烟、生猪肉牛养殖等优势特色产业中,给予政策、资金、技术等方面的支持,实现村内有 5 名以上致富带头人,为促进乡村产业发展、带动群众致富增收、发展壮大乡村经济提供了强有力的人才支撑和带动效应,打造了一支"不走的乡村振兴工作队"。

三是挖掘用好乡村技艺"传承人"。充分发挥非遗传承人引领作用,倾情倾力做好"传帮带",形成一批白族彩绘、造船、刺绣等非遗传承人队伍,持续厚植非遗传承氛围,不断增强传承活力和后劲。全力支持双岛诗联、白族洞经音乐协会等文艺组织发展,接续培养具有双廊特色的文艺人才,壮大文艺人才队伍,打造诗书画、洞经音乐等白族文化艺术阵地。

四是盘活用好优秀乡村"实用人"。以农村产业发展和农民需求为导向,开展农民工法律知识、家政服务、花艺插花技术、手工扎染、保安服务以及果树种植和草药种植等技能培训和农村劳动力引导性培训,培训思想观念新、发展意识强、内生动力足的高素质农民,不断壮大乡村实用技能人才队伍。大力培育乡村建筑工匠,加强技能培训,推动全村建设"提颜值""增气质"。

(二)凝集旅游人才,打造新引擎

以双廊艺术小镇建设为牵引,充分发挥有视野、有情怀、有资源、有能力的餐饮客栈经营户投资主体这一宝贵人才资源,增强全村旅游人才效能和旅游行业人才集聚能力和"虹吸效应",为乡村振兴注入新动能、增添新引擎。

一是以党建凝聚人才。充分发挥餐饮客栈协会等非公经济党组织行业自律和先锋模范作用,评选党员经营示范户,引领带动全村餐饮客栈经营户发挥"主人翁"精神,积极融入支持参与洱海保护、旅游转型升级等重点工作,以实际行动在双廊村投资兴业、共谋发展,构建共建、共治、共享的双廊村发展格局,以党建引领为乡村振兴聚人、聚心、聚气、聚力。

二是以政策引导人才。统筹用好省州市镇旅游产业发展政策,动员民宿客栈参加州级星级评定,打造实体书店,评选双廊最美经营户、十大精品客栈、十大特色客栈,形成了一批高端酒店品牌,引导民宿客栈从单一的海景观光模式向生态观光、文化艺术和旅游服务深度融合的模式转型升级。

三是以产业吸引人才。大力发展文旅产业,全力推进以双廊艺术小镇建设为核心的旅游产业转型升级,以双廊艺术小镇核心区业态布局规划为引领,通过政府搭台、筑巢引凤,吸引更多的文化创意人才在双廊投资创业,主动融入全村产业发展大局,延伸文创产业链条,形成多点联动、全域布局的文化艺术产业格局,持续激活旅游转型升级新动力。

四是以环境留住人才。坚持人才服务环境与激发内生动力两手抓、两手硬,做好基础设施完善、市场环境优化、服务体系健全、行政效能提升大文章,持续优化提升旅游从业人员工作环境、生活环境和营商环境;以提升旅游服务管理质量为抓手,营造餐饮客栈经营户常态化组织从业人员外出参观学习培训的氛围,提高能力素质,激发内生动力,全力打造一支会经营、懂管理、高素质、专业化的旅游从业人员队伍,真正让旅游人才在双廊村安心、安居、安业。

(三)活用治理人才,锻造主心骨

乡村治理人才是乡村的"细胞",是乡村建设的"一线力量",人才队伍建设关系到乡村振兴战略的实施效果。加强乡村治理人才队伍建设,夯实乡村治理人才基础,为全面加快乡村治理现代化提供有力人才支撑,为乡村振兴激活一池春水。

一是突出用好村组干部资源。俗话说,"火车跑得快,全靠车头带",双廊村高度重视"两委"班子配备,以换届为契机,坚持"标准不降、视野放宽、双向选择"的原则,按照选优"领头人"、配强"好班子"、换出"新面貌"的标准,聚焦学历年龄"一升一降"和"两委"班子"双好双强"要求,突出"六个强化",力求实现组织意图与群众意愿高度统一。认真对照"一肩挑"、10%女性村委会主任、1 名 35 岁以下年轻干部、30%女性村委委员等标准要求,锻造"有政治定力、有干事能力、有群众引力、有发展活力”的村干部队伍。新选举的村党总支书记为村级治理能手和致富带头人，回引青年人才进入村“两委”班子。班子中有基层经验丰富的“老干部”，有敢干会干的致富带头人，有高学历、年轻化的生力军，结构大幅改善、战斗力明显增强，带动发展能力明显提升。坚持以基层党组织建设为主线，积极探索“党建＋N”模式，突出政治功能，提升组织力，把基层党组织建设成全面推进乡村振兴的坚强战斗堡垒，多措并举锻造一支在乡村振兴中信念过硬、政治过硬、责任过硬、能力过硬、作风过硬的村组干部队伍。

二是突出用好派驻干部资源。围绕建强村党组织、推进强村富民、提升治理水平、为民办事服务四大职责，充分发挥驻村干部“指导、把关、督促、协调、服务”作用，推动脱贫攻坚成果巩固、产业发展、美丽村庄、共同治理、培育人才、优化服务等工作，有效发挥驻村干部人脉广、视野宽等优势，以强经济、促发展、惠民生为落脚点，坚持因村施策、发挥优势、整合资源，有效拓宽村级经济发展渠道，不断提升群众满意度。

第三节　光明模式

漾濞彝族自治县苍山西镇光明村位于大理苍山西坡腹 AAAA 级风景名胜区石门关核心景区旁，距大理市 33 千米，距县城 20 千米，海拔在 1600—2200 米，属于山区、半山区，气候宜人，四季如春，森林覆盖率达 75%，总面积 15.73 平方千米，辖 7 个村民小组 304 户 1283 人，有彝、汉、白、傣、傈僳 5 个民族，少数民族人口占总人口的 65.04%。[①] 近年来，光明村作为全域旅游发展、美丽乡村建设、乡村振兴的“龙头村”，得益于得天独厚的区位、生态和民族文化优势，在经济、基础设施、产业、文化、群众基础等方面都取得了长足发展，为乡村振兴打下了坚实基础。根据大

① 冯咏、陈宣霖、李林義：《漾濞县光明村乡村振兴现状与发展路径调研》，《今日财富（中国知识产权）》2020 年第 12 期。

理州委、州政府的统一安排部署,光明村鸡茨坪自然村被列为州级五个乡村振兴重点试点村之一,光明村抓住鸡茨坪作为大理州乡村振兴重点试点村这一契机,探索出"光明模式"工作思路,巩固提升以核桃为主的支柱产业,大力发展乡村旅游,走生态发展之路,为农业转型、农村发展、农民增收找到了"金钥匙"。

一、产业"五入",户户奔小康

光明村依托得天独厚的自然、人文景观与乡村生态旅游相结合,紧扣农业生态旅游,结合核桃文化、民族文化及生态保护观念合理组织旅游开发与新农村建设关系,积极发展具有科考、探险、康体游乐、观光度假、农家乐休闲、民俗体验等多功能的特色生态旅游。光明村属于山区半山区,所以耕地以园地、林地为主,核桃种植成为支柱产业。[①] 在光明村党总支的引领下鸡茨坪村采取土地入股、核桃入社、产品入网、院子入景和劳力入园的"产业五入"模式,振兴乡村产业。

(一)核桃入社:系统推进传统产业

光明村以支部牵头,党员带动,充分利用古树核桃资源,由合作社统一管护、运营。实现核桃年产量达 800 多吨,销售干果收入 1300 多万元,人均核桃收入 1 万多元。为真正实现核桃产业提质增效,村党总支、村委会积极调整核桃产业结构,打破传统的发展模式,从单纯销售核桃干果向核桃资源开发转型、从核桃产业向乡村旅游发展延伸、从本地市场向县外市场拓展,以核桃带动入社经济发展、群众增收更加明显。2017 年,光明村 22 棵百年核桃树两年的果实采摘权由合作社在上海进行扶贫义拍,最终以 218.4 万元成交。同时,村里的 1320 株核桃树流转给公司经营,群众直接收益达 170 多万元。依托发展核桃产业,光明村

① 冯咏、陈宣霖、李林義:《漾濞县光明村乡村振兴现状与发展路径调研》,《今日财富(中国知识产权)》2020 年第 12 期。

集体经济收入突破 20 万元,真正让核桃树变成"摇钱树"。①

（二）院子入景:统筹促进绿色发展

光明村充分利用自然资源、核桃文化,以体验"原生态之旅"为主题,打开旧墙院,让各家各户的精致小景融入全村绿色生态大景,让村变美、让户变靓,有力推动打造了一批集休闲、度假、美食、民俗文化为一体的民俗客栈和农家乐,让游客领略"村在林中、房在树中、人在景中"的原生态美景,让村民在享受美景中增加收入。②

（三）劳力入园:巩固带动就业上岗

依靠公司带动,光明村已有 76 人到石门关公司务工,实现增收 180 多万元,已成立农家乐协会,共涌现出农家乐经营带头人 20 户,"春辉农家""果兴园"等一批农家乐发展势头良好,同时充分吸纳了当地及周边的泥石木匠、剩余劳动力等各类劳动力资源,使群众在家门口就实现了务工增收,也促进餐饮、民宿等第三产业发展。

（四）产品入网:综合激发电商活力

顺应信息社会潮流和新型消费方式,围绕"家家有网络、户户会电商"的工作目标,成立了电商服务培训中心,为农户提供政务、服务、旅游、技术等各类资讯,帮助解决销售、就业、创业中的困难问题。2018 年以来,光明村的电商销售额达 400 多万元,真正让"土货"变成"金货",有效节约了销售成本,还带动了群众致富增收。

（五）土地入股:全面达成合作共赢

聚焦土地资源优势,采取土地入股的方式,大力发展乡村旅游业。村内 42 户农户将承包期内的 150 多亩土地经营权以入股、出租和流转等形式转让给公司,收入达 400 多万元;部分农户将宅基地入股到企业,建设特色民居开办民宿,实现收入共赢,真正让土地"长出金子"。村民

---

① 李庚昌、熊贵才:《乡村振兴 里子面子一起新》,《中国民族报》2019 年 6 月 2 日。

② 李庚昌、熊贵才:《乡村振兴 里子面子一起新》,《中国民族报》,2019 年 6 月 2 日。

查洪祥把自家宅基地入股到石门关公司，由公司投资1000余万元建设民宿客栈，发展乡村民宿，双方实现共赢发展；村民龙梅斌将自家10余亩土地流转给石门关公司开发经营，单靠土地流转就实现收入80余万元。

二、人才“五中”，家家有技术

乡村振兴，人才是核心。在人才培养方面光明村探索出“教学中育、群众中培、企业中带、社会中引、项目中练”的“人才五中”培养帮带模式，为乡村振兴提供人才保障。

（一）教学中育：强基固本办好基础教育

人才培养，最基础还是要抓好教育。光明村从抓娃娃读书着力，把重视教育作为人才振兴基础性工作来抓。村内做到宣传到位、监督到位、奖励救助到位，在全村范围内营造出“上学光荣、供书光荣、成才光荣”的良好氛围，全村100多名适龄儿童入学率100%，从未出现辍学失学，也培养出一批优秀的大学学历以上人才。

（二）群众中培：就地取“才”发展内生动力

要实施农民素质优先提升工程。把优先提升农民素质作为坚持农民主体地位的本质要求，突出培养新型职业农民，积极开展职业技能培训和村民素质提升行动①，光明村组建了人才库，库内有刺绣、白族打跳、中草药、雕刻绘画、石匠木匠等各类人才30余人。2018年以来，已完成农村技能、农村劳动力、乡村旅游服务、农家菜烹饪等培训7期550余人次，还成立了创业导师团并聘请了15名创业导师，新培育出农家乐厨师9人、果木嫁接师80多人。村民朱道贤是中医药方面远近闻名的“土专家”，依托经办的“朱氏医家”资源基础，大力推进“朱氏中医院彝族特色

---

① 蒲实、孙文营：《实施乡村振兴战略背景下乡村人才建设政策研究》，《中国行政管理》2018年第11期。

医养"项目,带动培养中草药专业型、专家型人才,通过人才培养,更好地服务群众。

（三）社会中引:多方聚才输入新鲜血液

乡村振兴中,引才和引智很重要。为了助推乡村振兴步伐,光明村依托项目的开发与建设,为人才提供干事创业的舞台。光明村先后引进旅游开发、酒店经营管理、写生创作等人才近10人,吸引了吉小东、李俊洪等优秀企业家到村内投资开发,为光明村输入新鲜又有力的血液,带动光明村综合发展。不仅如此,光明村以乡情乡愁为纽带,用感情留人、用乡情动人,更要以事业聚人、以发展成人,鼓励大学生返乡创业,带动家乡发展。① 村民陈佳汝是大学毕业生,去年回乡创业,劝说父母拆掉了围墙,修建起凉亭,美化自家的小院子,自家的旅游业也搞得有声有色,接下来他准备开办民宿客栈和采摘园,增加游客在农家乐的体验项目,多渠道增收。

（四）企业中带:借助东风培育乡土人才

一个好汉三个帮,村子要发展,自身努力是关键,但外力支持同样必不可少。光明村引进了云上村庄农业旅游公司和景漾别苑,村党总支要求,在开发建设和运营管理中充分吸纳当地群众,参与其中务工的同时,学习新知识、新业务、新技能,实现了自身素质的进一步提升,目前已培养出酒店管理、导游、餐饮服务等各类人才20余人。村民查洪祥原本是一个地地道道的农民,现已培养成管理型人才,在公司担任副总经理。

（五）项目中练:实践育才造就实干人才

人才的成长离不开一定的发展环境、实践环境。乡村振兴所需要的各类人才,都必须在乡村经济发展、文明建设和社会治理的历史进程中逐步成长、成才。② 光明村的项目建设如火如荼,村党总支善于在项目中

---

① 宋鹤立、闫妍:《农民日报评论员:始终强化人才振兴硬支撑》,人民网2018年03月10日。

② 蒲实、孙文营:《实施乡村振兴战略背景下乡村人才建设政策研究》,《中国行政管理》2018年第11期。

培养锻炼人才。目前已培养出花卉种植、民居修缮、泥石木匠 20 余人。比如，村民张会兵跟来自四川的师傅学会了砌石墙的“硬功夫”，工程结束后，顺利出师的张会兵就把学到的技术用在自家房屋建设中。

三、文化“五牌”，处处有乡愁

光明村拥有大片核桃园，上万株古核桃树见证着光明村的发展。依托自然资源优势，深入挖掘文化内涵，光明村着力打好历史文化、核桃文化、民族文化、农耕文化和饮食文化“五张牌”，着力振兴文化，留住乡愁。①

（一）挖掘价值，打好历史文化牌

充分挖掘自身历史民俗文化，依托“中国最美田园”“国家级生态旅游文化村”“全国美丽乡村建设试点村”“云南省旅游特色村”等殊荣，大力发展乡村旅游业，着力讲好光明本土故事，让人领略独特的乡村风光。同时，进一步挖掘开发省级历史文化名城和商旅古道的资源价值，坚持在光明村讲漾濞故事，让人感受漾濞魅力。

（二）盘活资源，打好核桃文化牌

光明村古树核桃连片成林，是“首批中国重要农业文化遗产‘漾濞核桃—作物复合系统’遗产地”，古树核桃保护较为独特完整。为进一步保护好古树核桃资源，2019 年漾濞县制定了系列古树核桃资源保护措施，并采取科技手段，让每棵古树核桃都有了“身份证”。同时，大力开发古树核桃品牌价值，在光明村举办了 2019 年云南大理漾濞核桃节，叫响了光明“云上村庄”的名头，提升了漾濞核桃的知名度和美誉度。

（三）崇德向善，打好民族文化牌

从传统民族文化入手，以民族文化广场、民族文化长廊、民族团结示范家庭为切入点，以“三带、三会、三场”为载体，以实现“三美”为目标，扎

---

① 博达：《大理州：决战脱贫 决胜小康》，云南网 2020 年 06 月 12 日。

实推进省级民族示范村建设,着力打造全国民族团结进步示范典型,积极推动建设民族文化研习所,认真保护好传统民居、服饰、民歌等文化元素,充分挖掘彝、白、傣、傈僳等民族风情,打造“五个民族一家亲”文化品牌,为乡村振兴注入更为丰富的文化内涵。

(四)聚焦项目,打好农耕文化牌

依托农耕文化保存较为完整,具有鲜明文化优势的特点,积极开发农业休闲实践基地和观光体验项目,对酿酒坊、制油坊、冶炼坊等传统技艺进行了改道提升,对犁、杷、操等传统农业生产用具进行了广泛收集,积极推进村史馆建设,着力展示原始风貌,传承农耕文化,留住乡村记忆。

(五)突出特色,打好饮食文化牌

突出“核桃漾濞,养生天然”的优势,着力满足游人健康、绿色的养生需求,进一步做优做强美食产业,把虫草鸡、烤全羊、核桃宴、野生菌、甲甲虫、苦荞饼等彝家美食作为招待客人的独特宝贝,不仅吸引了游客的眼,满足了游客的胃,留住了游客的心,锁住了游客永久的记忆,更带动群众致富增收,群众在发展饮食产业中真正得到了实惠。

四、生态“五有”,山山守护好

光明村位于苍山西坡腹地,村党总支全面落实习近平总书记“两山”理论,秉承生态优先、绿色发展理念,着力强化生态文明建设,探索出一条“护山有队、管水有制、种田有标、植绿有责、保洁有约”的“五有”乡村治理之路,实现了人与自然和谐发展。

(一)护山有队:竭力保护绿色苍山

光明村组建护山队伍,坚持每天巡查,禁止在苍山保护区内放牧、砍伐,强化捕杀野生动物、私自挖矿取土、破坏资源、污染环境、毁林开垦等行为排查整治,切实保护好生物多样性,不让“青山”成“病山”、“资源”成“病源”。加强护山队伍管理,实行随机抽查、定期督查、动态管理,年底进行严格考核,对履职不到位的一律进行撤换。

（二）管水有制:加强管控绿色水源

光明村成立管水委员会,加强对村内水资源和集约节约用水管控,确保取用有度、管理规范、调度协调。坚持定期分析研判,加大对河流、水源及各种水利设施的管理,水源地范围内一律禁止种养殖行为,对破坏水源水岸和水利设施、乱排农残、乱倒垃圾等行为坚决予以制止,督促村民认真遵守管水制度,共同维护良好的生态环境。

（三）种田有标:持续促进绿色生产

制定了绿色种养殖标准,定期邀请农技专家对土壤和作物进行检测,确保农产品绿色、有机、生态、无公害,达到“三品一标”认证标准。大力提倡原生态生产管理模式,积极引导群众按传统方式进行种植养殖,禁止使用破坏性强的农药和化学肥料,有效防控农业面源污染,不断改善农业生态环境,切实维护好“舌尖上的安全”。

（四）植绿有责:全力强化绿色种植

光明村成立村级生态委员会,严守苍山保护红线,发动全村力量,强化对破坏村内林草灌木行为的整治,加强村内项目施工、农业种植、畜禽养殖监督,村内景点景区及相关项目建设严格执行“保护与设计并行、施工与环保同步”要求,造成损坏和破坏的及时平整清理、恢复原样。严格要求村民守好自家责任林、责任山、自留地,植绿护绿责任落实到村到组到户,全力做好生态环境保护工作,切实保护好青山绿水的自然生态。

（五）保洁有约:全面捍卫绿色环境

光明村成立环境卫生管理委员会,与垃圾清运公司合作,形成“户日常清扫、组定点收集、村定时清运”的常态化机制,在村内相关区域安放垃圾桶,按适度规模配备保洁员,定期巡查保洁,确保村干净户整洁。全面实行卫生费收缴制度,常住人口按 36 元/人/年收缴,公司企业和个体工商户按实际产生费用收缴。严禁村内酒店、餐馆、农户家庭使用一次性用品,教育引导群众落实“门前三包”制度,做好庭院房屋清洁工作,经常性开展卫生抽查，年底进行卫生评比，列入积分制管理。

五、组织“五联”，个个争先锋

组织振兴是乡村振兴的“牛鼻子”，乡村要发展，组织是关键，组织兴则乡村兴，组织强则乡村强。光明村把发挥党支部战斗堡垒和党员先锋模范作用作为乡村振兴的关键之举，坚持“思想联员、班子联责、发展联户、管理联动、服务联心”的理念，大力推进学习型、服务型基层组织建设。①

（一）思想联员：扭住“思想稳控”这个根本

光明村村党总支坚持思想建设“联党员”“联社员”“联群众”，把学习教育平台搭到生产一线、田间地头、农户家中，面对面言传身教、心与心倾情交流，以火塘会院坝会等广大群众喜闻乐见、易于理解的形式，把习近平新时代中国特色社会主义思想和党的路线、方针、政策根植到广大群众心中，教育引导群众时刻感党恩、听党话、跟党走，着力提升村党总支在人民群众心中的威望。广大群众把党总支作为最大的靠山，“有事找总支”成为广大村民的口头禅，心往一处想、劲往一处使，形成真心实意拥护党、热爱党的思想自觉和行动自觉。

（二）班子联责：聚焦“责任夯实”这个关键

压实村“两委”班子责任，以“党总支包村”“支委连片区”“班子带党员”“党员挂农户”等形式，做到每一名党员身上都有责任、肩上都有担子，帮助群众解决实际困难问题，协助做好群众工作，把群众的思想和力量凝聚到发展上来，引导群众主动参与、支持和推动发展。同时，规范党内政治生活，认真落实“三会一课”“主题党日”“积分评定”“微党课”等制度，充分发挥基层组织战斗堡垒作用和党员先锋模范作用，不断提升基层组织凝聚力、战斗力，涌现出了杨雪明等一批先锋带头人。

① 李文祥：《漾濞光明村 打造乡村振兴“大理样板”》，《大理日报》2019 年 05 月 09 日。

(三)发展联户:突出“干群一心”这个导向

长年来,光明村村党总支坚持以整村发展为动力,积极构建“党建+产业发展”“党建+脱贫攻坚”“党建+乡村振兴”“党员+农户”等工作模式,将党员群众与组织“捆绑”在一起,共同推动发展。立足村情实际,积极创新发展思路,充分发挥古树核桃、乡村旅游、民俗客栈等资源优势,着力发展壮大核桃产业、休闲旅游业、电商产业和其他优势特色产业,进一步做大做强村级集体经济,在有效巩固脱贫攻坚成果的同时,大力推进乡村振兴战略实施,党总支在引领群众加快发展过程中的“红色引擎”作用得到充分发挥。村内党员率先带头,急难险重之事“顶在前面、干在难处”,村内所有党员户主动悬挂“共产党员户”牌子,“农户有困难找挂钩党员、党员有困难找党总支”成为常态,实现了党员群众组织“一条心”、党员服务群众“零距离”。

(四)管理联动:围绕“创新治理”这个思路

光明村村党总支认真履行管理责任,充分发挥村委会、妇联、团支部、党小组等各类团体的积极作用,突出村民管理主体地位,创新乡村治理模式,加强乡村社会管理,有效维护了全村和谐稳定的社会秩序。坚持以规划为引领,成立了规划管理委员会,完成了光明村乡村振兴州级试点规划、鸡茨坪村民小组村庄规划等一批重点规划。同时,健全完善规划管理条约,要求规划区内不得擅自改变许可用地位置、改变土地用途、扩大建筑面积、占用公共区域,不得擅自构筑建设、肆意破坏生态环境、随意毁坏公共设施,各类建筑必须符合村庄规划,保证建筑布局错落有致、排布有度、和谐宜居。严格执行村规民约,深入推进移风易俗,切实规范客事办理,全面推进治理有效,村里有事大家议、你我有事大家帮,文明新风尚得以形成。

(五)服务联心:营造“贴心服务”这个氛围

光明村村党总支十分注重做好党员和群众的服务工作,在日常工作中不断深化党的群众路线,延伸服务触角,打通服务群众“最后一公尺”。

以"党建+政务""党建+服务"等多种形成,认真抓好村级党员服务站、便民服务站、文化服务站、发展服务站和卫生室等"四站一室"建设。设立服务专岗,列出服务清单,建立村民、党员服务微信群,积极推进服务、建设、发展和治理,基层组织服务发展、服务群众、服务民生、服务党员的作用得到充分发挥。群众办事不用再往返跑,不仅有效节约了行政成本,更增进了党和群众之间的感情,精心描绘出了"党建时时促振兴、村民户户心向党、乡间天天有欢笑"的幸福生活。

第四节　诺邓实践

诺邓村位于云龙县诺邓镇北部,距离县城 7 千米,国土面积 32 平方千米,全村耕地面积 2894 亩,林地面积 40015 亩,平均海拔 2160 米,分诺邓古村、牛舌坪、曙光和山后四个片区。诺邓村是唐代南诏时期遗留的滇西北地区年代最久远的村邑,被誉为"千年白族村",有丰富的历史文化资源,分别有道教文化、儒学文化、佛教文化、白族文化、山俗文化。在 2001 年 1 月被公布为云南省历史文化古村,2007 年被公布为中国历史文化名村,2013 年列入国家级传统村落保护名录。① 2020 年全村农业人 547 户 1987 人,经两年的精准施策,补齐短板,截至目前全村综合贫困发生率降为零,已全面消除绝对贫困,脱贫攻坚这场战役完美收官。随后,诺邓村接续发力,无缝衔接乡村振兴,将乡村振兴的冲锋号全面吹响,以文化为脉络,依靠其丰富文化资源发展壮大了文旅等产业,并以坚实的组织引领,并且取得了优秀的成绩。

一、培根铸魂,筑牢文化建设"压舱石"

党的十九届五中全会把"社会文明程度得到新提高"作为"十四五"

---

① 杨冰:《古村落保护与博物馆建设——以云南诺邓村为例》,《中国博物馆》2017 年第 3 期。

时期经济社会发展的主要目标之一。以乡村文化振兴推进乡村振兴，逐步消除乡村文化建设赤字，不仅是乡村振兴的本质特征和重要组成部分，还是提高乡村社会文明程度的重要途径。诺邓村历史文化遗产保护问题自 1999 年 3 月提出后，在历史文化名村保护、重点文物保护及创建一流特色小镇、创建 4A 级景区等工作上取得突破性的成效。

（一）强化保护，夯实文化根基

让文化兴起来，保护是关键。诺邓村是祖先留下来的宝贵遗产，要坚持“在保护中开发，在利用中保护”的原则，做好整体的规划布局，[①]加强组织的领导，同时要调动当地居民积极参与，为文化的传承与向新打下坚实基础。

一是建立家庭生态博物馆。建立杨黄德家庭生态博物馆和黄遐昌家庭生态博物馆，专门展示家中世代传承、收藏的民俗文物和一些反映诺邓村发展变迁历史的契约文件、实物资料等。除家庭博物馆以外，诺邓村 2016 年建成一座盐文化博物馆，以盐井原址为展出中心，辅以大量图片文字资料和一部分实物资料，包括一些生产工具、生活用具。这两种形式博物馆的建成，提高了经济收入，改善了村民的物质生活水平，促使村民更加重视传统文化，将其发扬光大，让古村落重获可持续发展的生命活力。

二是组建诺邓古村运营公司。诺邓古村管理所成立后，妥善整合目前各种已进驻诺邓的资源力量，也吸收新的资本进入，组建古村保护修缮开发运营公司。该公司股东由企业、诺邓村民、政府三大块组成，确定各自股份比例，根据股份和利益比例，发挥企业的主动性，调动村民的积极性。古村运营公司员工以古村村民为主，让股民既是股东也是员工，自己为自己打工，发挥村民的主体性作用。公司组建后，首先是把保护修缮开发交给公司，专业事情由专业团队负责，确保工作不走弯路。其

---

① 马米：《诺邓千年白族村的开发与保护》，《大理学院学报》2007 年第 1 期。

次是妥善做好古村开发中环境、旅游、服务、管理等各个方面的工作，提升品质，形成口碑，打造品牌。

三是充分调动和发挥村民的积极性和主动性。诺邓村民是诺邓保护开发的主体，要切实调动起、发挥好村民的积极性和主动性，使村民由被动参与变为主动参与。诺邓镇人民政府与诺邓古村管理所要选派群众工作经验丰富的干部，既发挥村委会的作用，又借助本地热心人士的力量，既坚持原则，也灵活变通，妥善处理工作中遇到的各种问题，做好做细做通群众工作。

（二）一脉相传，延续文化精髓

在我国社会转型时期，诺邓优秀传统文化传承发展受到了挑战。但21世纪后诺邓传统文化主体意识提升，逐步建立民族传统文化保护传承体系，面对挑战，屹立不倒，通过以下方式推动传统文化持续健康发展。

一是盐井文化的传承。诺邓盐井是古代云南最早的盐井，自汉朝开采以来至今历两千余年，所以研究诺邓就是研究中国古代盐文化。诺邓盐文化展示区设在诺邓盐井至盐局后贡爷院一带，主要以诺邓古村现有众多物质文化遗产为基础，创办盐文化博物馆。据不完全统计，诺邓古村目前散落在村民家庭中的古牌匾、字画、家具、古董等近1万件。将部分散落的家藏文物集中在盐文化博物馆进行展示，既有效地传承了传统物质文化遗产，又使之产生了良好的效益，是一举数得的好事。

二是诺邓火腿的传承。诺邓火腿因《舌尖上的中国》而家喻户晓，而诺邓火腿所以有特点，首先是腌制火腿的诺邓井盐含钾，其次是诺邓村特殊的环境气候。自明代浙江金华知州李瑞奇之子落籍诺邓将火腿加工工艺传承至今，诺邓火腿古来一直是知名品牌，现在更是“一腿难求”。要抓住品牌优势，与云南农业大学食品院等专业机构合作，对生产加工工艺进行研究，把诺邓火腿做大做强。要制定火腿的“诺邓标准”，做到全体村民就业，推进脱贫攻坚工作。

三是建筑文化的保存。诺邓的优秀传统文化在现存的古庙宇、古民居建筑上有完整的反映,最典型的可以从被省人民政府授于历史文化名村的诺邓村民居、庙宇、牌坊等古建筑中得到集中的体现。诺邓村编制完成《诺邓历史文化名村保护详细规划》和《诺邓景区旅游发展详细规划》,随后依法依规开展了相关工作,不仅避免外行与破坏性建设的干扰,而且还有优秀的规划和严格的管理。诺邓的规划与整治做到了讲科学、讲规矩、讲文化。

(三) 活化向新,拓宽发展路径

守望传承,向新而生。诺邓在保护基础上传承向新,在传承向新的过程中保护,积极发展文旅项目,让文化开出新的枝丫。

一是盐井文化特色项目。利用盐井、盐街、盐局、盐博物馆等设施开发井盐文化旅游项目,在遵守国家有关盐业管理规章制度的前提下,有规模、有序地重建盐井,恢复盐井原有风貌,迎合现代人在城市化进程中向往原生态生活方式的心理,将古村做成一个特色鲜明的复古旅游项目,并开发具有诺邓特色的盐产品和衍生产品。

二是民居民俗特色项目。要利用明清民居建筑开展民居民俗观光旅游项目,在列为观光院落的古民居中组织户主开展传统民俗活动,观光院落不进行客栈经营。要在保护、修缮、整治好现有明清建筑群基础上,充分挖掘诺邓明清民居建筑内涵和文化价值,依托民居充分展示传统民俗,让盐马古道重要集镇的繁荣再现。在这过程中,要特别注意文物保护,既要保护好目前几个博物馆的文物、资料,也要保护好每个家庭的文物,严防丢失和外流。要对确定为观光院落的农户进行外线客栈扶持,让其在风貌协调区以外的牛舌坪新区开展旅游民宿接待。

三是儒道文化特色项目。诺邓玉皇阁道教建筑群历史和文化底蕴深厚,要利用玉皇阁道教建筑群组织儒道文化旅游项目。诺邓村聘请相关专家学者及道教界人士对其进行研究和修缮,恢复玉皇阁大殿艺术雕塑,组织专业施工队伍施工,确保保存下玉皇阁的真实性、历史性和完整性。

二、融合发展,做好产业繁荣大文章

产业振兴是乡村振兴的重中之重。诺邓村立足古村土地资源少,不利于发展种植业、养殖业等特点,通过诺邓村“两委”、工作组认真分析研究,利用丰富的文化资源撬动产业发展,规划了诺邓古村片区以发展旅游服务业产为主、牛舌坪片区发展以火腿加工为主的特色产业基地,使全村产业结构进一步优化、布局进一步合理、效益进一步提升。

(一)文旅结合,驱动引擎

诺邓文旅资源丰厚,获有云南省旅游小镇、中国最具旅游价值古村落、中国景观村落、中国传统村落等数十个称号。在文旅方面,诺邓有以下优秀经验:

一是成立新型经济主体。积极谋划成立旅游专业合作社,成立了诺邓古村旅游产业发展协会,履行历史文化名村和文物保护单位的保护职责,宣传推介旅游产品、编制规划、申报项目、招商引资、执行景区基础建设、规范管理各类旅游服务、组织开展文化旅游活动。不断加大投入旅游产业扶持资金和旅游项目资金力度,扶持好产业大户,全面做好旅游振兴和旅游产业发展。认真落实产业小额扶贫信贷政策,切实解决农户发展产业资金短缺问题。

二是夯实旅游服务设施建设。其一,完成诺邓古村玉皇阁 AA 旅游厕所的新建和老停车场旅游厕所提升改造,并实施完成乡愁书院、观景台、景区标识标牌、美化亮化等旅游服务基础设施建设,极大提升了诺邓景区旅游硬件基础。其二,诺邓景区智慧化建设,完善景区通信基础设施,实现主要区域和景点的 4G 网络、Wi-Fi 全覆盖。其三,按照“一部手机游云南”工作任务和技术标准,完成地理信息、景区图片采集工作,制作景区名片数据,上传相关数据给平台并通过平台审核。其四,在诺邓景区优选标志性景点,建成五路视频流并成功推送给“一部手机游云南”平台。

三是开发诺邓古镇特色小镇项目。项目占地面积3平方千米,分诺邓古村、太极景观区、牛舌坪产业区三大功能区,年经营收入3.7亿元,净利润率达10.7%,回收期11年(含建设期2年)。围绕现有优势基础,以历史文化、盐井文化、宗教文化为源泉,以自然景观、人文景观为载体,以特色火腿产业为支撑,项目将深入挖掘诺邓丰富的旅游资源,构建完善的旅游服务和配套产业发展体系。利用良好的宏观环境,充分发挥区位、政策等有利条件,项目立足云南、定位全国、面向世界,努力打造成为国际知名、全国一流的文化特色小镇。

(二)特色火腿,打造品牌

随着《舌尖上的中国》的传播,诺邓村旅游业逐渐发展,诺邓火腿品牌的影响力日益扩大,市场容量巨大,具有广阔的发展前景。保证诺邓火腿品质质量,发展出一定的规模后开创出独一无二的品牌,逐步占领一定市场空间,具有非常重要的经济和社会意义。

一是成立科研工作站。2018年,结合柔性引才工程的实施,经云南省委组织部、省人社厅批准,云龙县在诺邓火腿食品厂建立“虞泓专家基层科研工作站”,以云南大学中草药生物研究所虞泓教授为主的专家团队,①深入开展诺邓火腿微生物多样性、宏基因组、宏转录组及不同干腌发酵时间诺邓火腿区系微生物分离培养与鉴定等研究工作。

二是落户沪滇合作项目。通过将沪滇合作项目诺邓村集体经济产业发展资金省民委资金30万元入股诺邓镇金腿商贸有限公司,涉及火腿加工7户10.95吨的产业补助。不仅提供岗位,解决村民务工问题,更是规范诺邓火腿等特色旅游产品加工和销售,发展壮大诺邓火腿品牌,并不断深挖诺邓文化,做好其他旅游产品开发。

三是采取“党支部+企业+合作社+示范户+农户”运作模式。以

① 段学兵、杨贵华:《云龙:一个“专家站”带富一批人》,《大理日报》2021年9月6日。

总投资4.36亿元的诺邓黑猪全产业链开发项目为载体，建设诺邓黑猪保种场、核心育种场、中转场及屠宰加工厂，辐射带动全县11个乡镇和5000多户农户发展诺邓黑猪生态养殖，着力打造集"基地、屠宰、加工、运输、销售"与体验、旅游于一体的诺邓火腿全产业链，实现一二三产业融合发展，加快提升诺邓火腿品牌，壮大诺邓火腿产业规模。目前，诺邓黑猪全产业链开发项目完成投资2.06亿元，保种场等主体工程已完工。

（三）种植养殖，赋能发展

诺邓以古村旅游为核心，不断辐射带动全村曙光、牛舌坪、山后三个片区的特色种养殖业发展，实现了诺邓村产业发展的"一核三带"目标。

一是依托新型经营主体引导带动。依托云龙县齐民农业科技有限公司、云龙诺邓老人冲毛驴养殖专业合作社、云龙红大车厘子种植专业合作社，积极发展以生态猪、肉牛、黑山羊、毛驴养殖以及车厘子、核桃等种植为主的特色产业，依托合作社发展增强抗风险能力，多渠道增加农户收入。特别是云龙县齐民农业科技有限公司车厘子600亩育苗基地和1500亩特色种植示范基地，吸纳本地群众就近务工，据统计，2016年以来共计支付务工工资318万元，同时农户以土地、劳动力、房屋、资金等方式入股，既发展了产业，又解决了就业，每年还有一笔稳定的务工收入，产业带动贫困群众脱贫致富作用进一步体现。

二是加强种养殖实用技能技术培训。重点培训生猪肉牛养殖、防疫、治病和核桃、车厘子、冬桃种植管理。种木技术培训结合乡情，因地制宜，将科学化模式延伸拓展到全乡各村，实现"以点带面，以面连片"的示范效应，让每一位劳动力都能在产业发展方面有一技之长。同时培养了两名种养殖方面的致富带头人，带头学技术，发挥标杆作用。

三是实施种养植业产业补助。诺邓村推进政策落实、任务落实、责任落实，加快构建有中国特色的绿色种植制度，实施了种养殖业产业补助。种植产业补助种类分别为泡核桃、重楼、花椒、麦地湾梨、玉米、优质稻、烤烟。养殖产业补助种类有诺邓黑猪仔猪和母猪、其他品种仔猪和母猪、仔山羊、牛犊、黑山羊、马、家禽。补助覆盖范围广,极大地提高了村民种植养殖的积极性。

三、群策群力,打实组织强基础

加强和改善党对“三农”工作的领导,是推进实施乡村振兴战略的政治保证。一直以来诺邓村建强村“两委”班子,把村党组织建设成为坚强的战斗堡垒,把党管农村工作的要求落到实处,并且把自治德治法治摆在更加突出的位置,以党建与“三治融合”引领乡村治理,打牢对于文化及其产业的保护与发展。

(一)加强领导,脚踏实地压实责任

一是选优配强班子。在日常工作中不断强化对后备干部传帮带,2016年选举产生的5名新一届村干部全部来自村级后备干部,同时全部是高中以上学历(大专3人),为推进全村工作奠定人才基础。在此基础上,着力衔接脱贫攻坚与乡村振兴两项重点工作,做好驻村工作队的职能转变,赋予第一书记新的职责和职能。成立乡村振兴领导小组和村级工作小组,逐渐形成脱贫攻坚与乡村振兴两项工作一套人马的延续性工作格局,统筹推进脱贫攻坚和乡村振兴工作,切实做好保护和发展古村落、文化等工作。

二是抓实“两学一做”学习教育。按照“两学一做”学习教育要求,村党总支结合实际开展党员“四个一”服务,即“一张笑脸、一声问候、一份满意、一个承诺”,组织古村党员志愿者开展“笑脸”服务活动,用心为游客排忧解难,用实际行动争做游客的知心人、贴心人、暖心人。

三是成立诺邓保护与发展工作领导小组。以县委书记段冬梅、县人民政府县长李郁华为组长成立诺邓保护与发展工作领导小组,领导小组下设云龙县诺邓古村保护与发展管理委员会,领导小组和管委会对古村的保护发展作全面系统的整体部署安排,统筹各单位各部门的力量和项目资金,通盘计划,整体考虑,把各方拧成一股绳,不再“八龙治水、各吹

各打",形成合力,使古村保护、利用、传承、发展工作长期化、制度化、整体化。诺邓古村保护与发展的主管部门有县住建局、县文体广旅局、县旅游委和诺邓镇人民政府,全面履行本部门职能职责,切实做好服务管理、行政审批、行政执法等相关工作;尤其是县住建局,要认真履行历史文化名村保护第一责任部门的职能。

四是成立古村保护专门机构,建立权责明晰、运转高效的管理机制。县人民政府设置专职的事业编制、权责明晰的工作机构诺邓古村保护管理所,管理所在诺邓古村保护与发展管理委员会直接领导下具体履行中国历史文化名村保护、全国重点文保单位保护、云南特色小镇创建及旅游景区管理的日常工作职能。诺邓古村管理所挂靠诺邓镇人民政府,工作地点设在诺邓历史文化名村核心保护区范围内。管理所所长由诺邓古村保护与发展管理委员会办公室主任兼任,管理所所长同时兼任诺邓镇人民政府副镇长;副所长由管委会办公室副主任兼任。要选调思想素质好、工作能力强、有群众基础,作风扎实、务实有担当的优秀干部担任管理所领导。

(二)"三治"并举,有机结合推进善治

自治属于村庄的范畴,法治属于国家的范畴,德治属于社会的范畴,这三种方式是互为补充、互相衔接、缺一不可的。① 诺邓村以自治为基础,以法治为根本,以德治为引领,建立健全现代乡村社会治理体制。

一是当家做主推进自治。诺邓村本着"农民的事让农民商量着办""让农民自己'说事、议事、主事'"的信念,在村党总支的领导下,通过制定切实可行的措施,突出群众主体,改变了村民等、靠、要的思想,增强了他们的主人翁意识。诺邓村村委会和诺邓古村遗产保护与旅游开发协会等村民自治组织,做好名村群众工作,动员、组织村民自觉保护与开发家乡,并依法对名村保护范围内从事工商经营的单位和个人的经营活动实施监管,搞好公共事业管理。

---

① 韩俊:《"三治"并举促乡村振兴》,人民网6月24日。

二是促进实效抓牢法治。诺邓深入开展“法律进乡村”“七五普法”等宣传教育活动,引导干部群众遵法、学法、守法、用法,加强村民对古村落的保护意识。全村全面贯彻执行《中华人民共和国历史文化名城名镇名村保护条例》《云南省历史文化名城名镇名村保护条例》和《中华人民共和国文物法》等法律法规,在规划建设部门和文化部门指导下,切实做好诺邓历史文化保护规划区范围内所有人文和自然景观的保护工作,以保护建筑景观的原真性、古典型和古村风貌的完整性为第一要务,并切实做好诺邓古村物质文化遗产与非物质文化遗产的抢救、整理、保护工作。要积极向上争取国家扶持和帮助,积极申报世界文化遗产地。切实贯彻“在保护中利用、在开发中保护”的原则,加快诺邓古村基础设施建设。要依照云南省加快旅游产业发展战略要求,认真编制实施好《诺邓景区旅游详规》,合理开发诺邓旅游资源;认真做好群众工作,发动村民利用古村资源优势开发旅游产业及相关的加工产业,发展各类文化旅游项目;认真做好招商引资和旅游宣传促销工作,进一步扩大诺邓品牌影响,争取把诺邓景区建成国家 AAAAA 级景区,推动云龙旅游产业全面发展。

三是以民为主善施德治。开展“五好家庭”“卫生示范户”等评选表彰活动,建立以群众为主体的道德激励约束机制。同时,将自治与德治相结合,针对农村办客过于频繁且互相攀比的乱象,既用自治约束又用德治说服教育,摒弃陈规陋习,开展移风易俗,规定升学、参军、生日不准请客,迁居办客从简,倡导厚养薄葬;由村委会加大宣传、执行,客事办理必须向理事会申报并严控规模和标准。

第十章 乡村振兴的“大理路径”：主要成效

乡村振兴战略是党的十九大提出的一项重大战略，是关系全面建设社会主义现代化国家的全局性、历史性任务，是新时代“三农”工作总抓手，是实现全体人民共同富裕的必然选择。习近平总书记到云南考察时，专程走进湾桥镇古生村，强调要留得住青山绿水，记得住乡愁。在全面建成小康社会、大力推进乡村振兴的节点上，大理州采取系统性实施、协同式推进方略，进一步统筹谋划，有效衔接巩固拓展脱贫攻坚成果与推进乡村振兴，实施了“五大工程”以推进“五大振兴”。经过多年努力，大理州在全面推进乡村振兴、加快农业农村现代化方面取得了显著成效。一是巩固了脱贫攻坚的成果，实现了脱贫攻坚和乡村振兴的有效衔接；二是促进生态保护和经济发展协调同步，建设了“望得见山、看得见水、记得住乡愁”的美丽乡村；三是乡风文明得到极大改善，以文化振兴为突破口激发内生动力，保护传统文化拉动并辐射经济，实现了乡村文化繁荣；四是帮助村级发展了各种特色产业，定点帮扶落实到位，实现了产业兴旺；五是村党组织建设成为坚强的战斗堡垒，党管农村工作落到实处，健全的规章制度增强了村级班子的办事效能，建设了法治平安乡村。大理市按照党中央、国务院和省委、省政府关于实施乡村振兴战略的工作部署,对标全面建成小康社会目标,紧抓重点,实现了乡村振兴战略良好开局,展现了在新起点上深入实施乡村振兴战略的“大理路径”。

第一节 脱贫攻坚,筑好乡村振兴“根基石”

2018年《中共中央国务院关于实施乡村振兴战略的意见》指出,坚决打赢脱贫攻坚战是乡村振兴的前提和基础。脱贫攻坚战打响以来,大理州经过一系列的工作,与全国、全省同步取得了重大历史成就,实现全州贫困县、贫困乡镇和贫困村全部脱贫,在过渡期内巩固提升了脱贫攻坚成果,并探寻出脱贫攻坚和乡村振兴有效衔接之法,为最终实现乡村全面振兴打下了坚实基础。

一、“成效显”,脱贫攻坚全面胜利

大理全州脱贫攻坚实现高质量收官,脱贫摘帽的目标全面达成。不仅完善了基础设施建设,实现饮水安全、电网升级、道路通畅,而且在教育、医疗、社会保障方面的配套功能也逐渐完善,还有上海对大理重点贫困地区进行了对点帮扶。这些都是大理完成脱贫攻坚全面胜利的重要保障。

(一)决胜行动,脱贫摘帽目标达成

在2020年,11个贫困县实现全部脱帽,34个贫困乡镇、541个贫困村全部脱贫,累计减少贫困人口41.31万人,剩余的贫困人口全部达到“两不愁、三保障”标准。贫困地区农民人均可支配收入从2015年的8766元上升到2019年的12665元,年均增长9.81%,各族群众生活水平得到了前所未有的大幅提升。全州建档立卡110475户420995人中已稳定脱贫108082户413212人,剩余的2393户7783人已达到脱贫标准,贫困发生率降到0.28%,基本实现消除绝对贫困的目标。建档立卡贫困户人均纯收入从2015年的2796.05元增长到2020年的10737.51元,年

均增长29.26%。2019年省对州、县扶贫成效考核中全州为“好”，9个县为“好”，3个县市为“较好”。11个贫困县脱贫攻坚取得决定性胜利，全州脱贫攻坚高质量收官，为实施乡村振兴战略奠定了坚实的基础。

（二）完善基建，生活水平大幅提升

实施农村饮水安全工程和城乡统筹供水工程，全市512个自然村均实现了饮水安全保障，乡镇自来水供水设施覆盖率达100%，农村集中供水率达99.5%、农村自来水普及率达87%、农村供水保障率达95%，乡镇生活污水处理设施覆盖率达66.3%，水质达标率达到98.17%。

农村电网改造升级工程提速，基本实现城乡同网同价。全州1119个行政村（社区）达到100%通10千伏动力电，12159个自然村100%通380伏动力电。通过实施农网提升改造计划，全市111个行政村已通10千伏动力电、512个自然村已通380伏动力电。

村村寨寨连通了奔向小康的致富路。1151个行政村实现了100%通硬化路，50户以上的自然村100%通公路，行政村通客运班车率100%。通过实施农村公路建设工程，全市人口较少自然村均实现了通硬化路，512个自然村已有496个自然村实现进村入户道路畅通。

（三）保障完善，功能配套逐步健全

全州12县市均通过国家义务教育均衡发展评估验收，实施农村义务教育薄弱学校改造计划，投入了15398万元，涉及143所学校，改扩建校舍116栋78627平方米，投资1.8668亿元。

全面建立了基本医疗保障制度，基本公共卫生服务均等化扎实推进。覆盖城乡的社会救助体系基本建立。基层医疗卫生服务体系建设得到加强，乡镇卫生院和村卫生室条件改善，服务能力增强。2018年，完成11个未达标的村卫生室目标化建设。106所乡镇卫生院、1093个标准化村卫生室全部达标。

农村社会保障体系得到完善。城乡居民基本医疗保险制度、大病保险制度和基本养老保险制度统一完善，城乡居民基本养老保险参保

22.87万人,城乡居民基本医疗保险参保45.93万人,工伤保险参保7.29万人,生育保险参保7.06万人,失业保险参保7.16万人。

(四)协作帮扶,圆梦小康共同实现

沪滇协作落实到位。浦东新区安排19个镇、127个村(社区)、85个企业、15所学校、14家医院分别结对帮扶大理州34个贫困乡镇、153个深度贫困村、15所学校、15家医院,实现了大理贫困乡镇和深度贫困村、县级医院对口帮扶全覆盖。2016年以来,浦东新区加大财政资金投入,着力支持大理州的产业项目。截至当前,成功引进上海东方希望集团等8家上海企业帮助大理发展产业,重点发展特色种植和养殖业。建设扶贫车间带动贫困群众增收。目前已建立扶贫车间75个,吸纳3158人就业,其中贫困人口1523人。建设产业项目174个,带动贫困户17.5万人。2017年以来,浦东新区向大理州派出援滇挂职干部33人,成为云南省人数最多、力量最强的一支上海援滇干部队伍。

二、“成果固”,脱贫成果拓展巩固

大理在巩固脱贫攻坚成果上也有着显著的成效,在政策支持、扶贫资金和帮扶方面仍旧维持不断,完成了各种扶贫项目。政府高度重视,健全了防返贫机制,严格遵守“四不摘”要求。创新实施了具有大理特色的防止返贫致贫措施,及时对出现的问题进行了整改。

(一)巩固脱贫成效显著,扛起“硬担子”

通过发展产业、带动就业,90%以上有劳动能力和创业就业意愿的贫困人口获得产业扶贫和就业扶贫支持。贫困地区农民人均可支配收入从2015年的8766元上升到2019年的12665元,年均增长9.81%。4466户贫困户通过易地扶贫搬迁摆脱了“一方水土养活不了一方人”的困境。为巩固提升脱贫攻坚成果,保证扶贫资金投入力度不减,截至9月底,全州累计整合财政涉农资金24.38亿元,新增扶贫小额信贷30478户14.2亿元。安排了总投资32.04亿元的扶贫项目2533个,全部开工,

完工 2173 个,完工率 86%。9 个乡镇、114 个行政村已全部完成精准扶贫档案移交。鹤庆县共清理各类扶贫项目资产 13.26 亿元,其中公益性扶贫资产 8.07 亿元,经营性扶贫资产 0.93 亿元,扶持到户资产项目投入 4.24 亿元。

5 年来,大理充分利用教育部、央企挂钩帮扶及沪滇扶贫协作等宝贵资源,累计投入各类扶贫资金 443 亿元,完成易地扶贫搬迁 1.79 万人、农村危房改造 24.2 万户。

(二) 防止返贫机制健全,扣紧“责任链”

百日攻坚以来,紧紧围绕“上半年全面消除绝对贫困,下半年全面巩固脱贫成果,全面打赢打好脱贫攻坚收官之战,确保全州实现高质量脱贫”的年度目标,州级政府成立了主要领导牵头的 12 个作战小分队,各县市、乡镇、村定点定人定任务,对 12 县(市)剩余贫困人口脱贫、脱贫成果巩固和云龙县 2019 年新增易地扶贫搬迁集中安置点进行挂牌作战,全州形成了以上率下、作战到位、责任压实、工作有力推进的良好工作局面。建立防止返贫责任追溯机制,祥云县实现脱贫摘帽后严格按照“四个不摘”的要求加强帮扶力量,截至目前全县共下派驻村扶贫和乡村振兴工作队员 344 名,省、州、县 134 个单位挂包 136 个行政村(社区),5201 名干部职工结对帮扶全县 8943 户建档立卡贫困户。

(三) 返贫风险排查全面,严把“问题关”

大理创新实施了具有大理特色的防止返贫致贫“风险预警、快速反应、责任追溯”三项举措。建设了“云南省政府救助平台”,全州共收到群众通过“云南省政府救助平台”有效申请事项 4002 件,办结 2956 件,正在办理 1046 件。州、县(市)政府和有关部门坚决落实问题整改政治责任,对脱贫攻坚专项巡视“回头看”反馈的 20 个问题、2019 年脱贫攻坚成效考核反馈的 52 个问题、中央纪委对我省开展扶贫领域腐败和作风问题专项治理调研反馈的 24 个问题整改抓实抓细,已按相关要求基本完成整改。推进“两防一抓”工作,建立 5 项防止返贫机制,出台 11 项巩固措施,资助贫困学生144.6万人次、10.9亿元，建档立卡贫困人口基本医疗、大病保险和基本养老保险全覆盖，行政村通硬化道路、4G网络覆盖和自然村通动力电均达100%。制定了《云南省脱贫攻坚农村饮水安全评价细则》，每日掌握农村供水情况，做到饮水保障情况“户户清、村村清、全县清”。

三、“成绩稳”，乡村振兴精准衔接

大理在维持脱贫攻坚成效稳定的情况下，实施脱贫攻坚与乡村振兴的有效衔接。达到了政策措施稳定，实现农民通过产业发展、就业致富，对重点区域、重点人群实现了民政兜底。

（一）政策措施稳定实现“新保障”

保持帮扶措施、投入机制总体稳定。明确《大理市乡村公共服务岗位实施方案（试行）》《大理市村庄协管员岗位开发实施意见（试行）》《大理市建档立卡贫困户参加城乡居民基本养老保险帮扶实施方案》等文件的执行期限延长至2021年12月31日，保持了人社、教育、民政、卫健、医保、住建等扶贫政策的不变。延续脱贫攻坚形成的责任落实、政策措施、资金投入、合力攻坚、督查考评、能力提升“六大体系”。逐步调整延续了脱贫攻坚期内形成的农村危房改造、教育资助、医疗保障、扶贫小额信贷、产业发展、低保等扶贫政策，合理确定了政策标准，并逐步拓展到“边缘户”，做到了惠农政策的“特惠”与“普惠”有效衔接。

（二）产业帮扶致富开辟“新路子”

做好脱贫地区后续帮扶。建立健全市级面向困难群众的救助平台，建立健全简便、快速、精准的防止返贫监测和帮扶机制，对脱贫不稳定户、边缘易致贫户开展了常态化监测预警。做好了易地扶贫搬迁后续帮扶工作，加强了就业产业扶持、后续配套设施建设和社区管理服务。继续开展产业扶持，做大做强产业基地，持续扩展产业帮扶、利益联结全覆盖两项机制，建立健全了扶贫项目资产长效运行和监督管理机制。职业技能培训的实用性和精准性得到提升，提高了就业服务水平，完善了就业保障机制。

（三）民政兜底提高达到"新水平"

关注重点区域扶贫。坚持"精准"要求,在巩固全市10个乡镇和3个办事处脱贫攻坚成果的基础上,分类巩固提升重点区域扶贫成果。除已脱贫的11个贫困村外,对贫困面相对集中、基础设施薄弱、集体经济和产业发展落后的非贫困村进行了巩固提升,对与周边县交界地区结合的自然村以及偏远山区自然村实施巩固提升。

关注重点人群扶贫。做到了因人施策、精准巩固,重点聚焦在年人均纯收入5000元左右,且有返贫风险的脱贫人口和致贫风险的"边缘户",重点关注农村五保、低保、重病、残疾人、意外受灾等特殊家庭。健全了农村社会保障和救助制度,强化低保、特困人员救助供养、临时救助、残疾人帮扶等综合保障措施,切实保障了困难群众的基本生活。

第二节　生态建设,架好乡村振兴支撑点

大理州聚焦乡村生态振兴抓示范。依托农村现有资源,做好规划,兼顾经济效益和社会效益。传统产业进行了转型升级、生态环境得到了保护、加快推进了农村人居环境整治三年行动计划,促进生态保护和经济发展协调同步与良性互动。

一、生态保护强劲有力

大理的生态保护方面取得了显著成效,空气环境质量保持良好,优良天数接近100%。水环境治理实现了"河畅、水清、岸绿、景美"的河道景象初步显现。土壤污染防治年度工作按计划如期完成,全州生态环境质量整体稳中有升。

（一）保卫蓝天,空气环境质量保持良好

2016年空气质量平均优良天数比例达99.7%。2019年,大理州平均

优良天数比例 99.95%,12 个县(市)中,漾濞县年评价结果符合环境空气质量一级标准,其余 11 个县(市)年评价结果均符合环境空气质量二级标准。大理市优良天数比例 99.5%,其他 11 个县优良天数比例均为 100%。2020 年 6 月 5 日,大理白族自治州发布《2019 年大理州环境质量状况公报》,除大理市外,大理其他 11 县环境空气质量优良天数比例为 100%。

(二) 打造碧水,洱海保护治理取得胜利

水环境质量整体改善,大理州县级以上集中式饮用水水源首次达标率 100%,洱海水质实现全年 7 个月Ⅱ类、全湖不发生规模化蓝藻水华。全市洱海流域村庄构建了四层次、服务近 80 万人口的截污治污体系,建成 10 个污水处理厂、32 座村落污水处理设施、3400 千米污水收集和输送管网、10 万座农村化粪池,314 个库塘、2.39 万亩湿地,实现流域内管网配套全覆盖,"四水全收",全市农村生活污水治理率达 83.55%。健全五级河长制,完成 33 条主要入湖河道综合治理。

(三) 守护净土,生态环境质量取得突破

全州生态环境总体稳中向好。森林覆盖率达 60.81%,高于全省 1.5 个百分点。林木蓄积量达 1.07 亿立方米,湿地总面积近 91 万亩,位居全省第二。全州高等植物有 3643 种,野生动物有 495 种,州级以上自然保护区有 29 个,国家森林公园有 5 个。2019 年,大理州土壤污染防治年度工作按计划如期完成,未发生因耕地土壤污染导致农产品质量超标或因疑似污染地块(污染地块)再开发利用不当造成不良社会影响,大理州土壤环境质量总体稳定。

二、人居环境显著提升

大理的人居环境得到显著提升,示范县、示范乡镇、示范村庄不断涌现。农村"厕所革命"也保质完成,建成了五级联动的城乡一体化垃圾清运模式,污水处理实现"四水全收",环境长效管护机制也得到了健全完善。

（一）美丽乡村各级示范不断涌现

大理市被列为"全国农村人居环境改善试点市"，巍山县、鹤庆县被确定为省级农村人居环境整治示范县。截至目前，大理州建成省级新农村、美丽宜居示范村75个、美丽村庄20个、美丽庭院1393户。创建国家级生态文明示范县1个、国家级生态文明示范乡镇48个，省级生态文明建设示范县市7个，省级以上生态文明乡镇创建比例达87%。省级人居环境改善示范村5个，州级"三清洁"示范村5个，6个村入选中国美丽乡村百家范例。

（二）农村"厕所革命"保质完成

以城市品质提升"五大攻坚战"为抓手，拆除农村公厕196座、无害化卫生户厕1.26万座。2018—2020年全市新改建镇区公厕46座、行政村无害化卫生公厕291座、无害化卫生户厕12615座。截至目前全州共提升改建行政村村委会所在地公厕890座、农村无害化卫生户厕142289座。2018年以来累计改建乡镇镇区公厕360座、行政村村委会所在地公厕1266座、农村无害化卫生户厕200894座。新建农村公厕79座、旅游公厕11座，自然村、行政村公厕覆盖率达100%。

（三）农村生活垃圾治理全面提升

深入开展"三清洁"环境卫生整治活动，持续巩固"户清扫、组保洁、村收集、镇运输、市处理"五级联动的城乡一体化垃圾清运模式，13个乡镇(街道)、512个自然村均配备了必要的垃圾收运设施，农村生活垃圾处理设施覆盖率、村庄生活垃圾有效治理率均达100%。全州乡镇镇区垃圾处理设施覆盖率达98.98%，村庄垃圾有效治理率达96.12%，非正规垃圾堆放点的整治销号工作全面完成。

（四）农村生活污水处理有力有效

稳步推进生活污水处理设施建设，全州乡镇镇区生活污水处理设施覆盖率达54.08%。截至目前，全州共有52个乡镇实现生活污水处理设施覆盖，覆盖率53.06%；生活污水无乱排乱放的自然村比例达96.29%。全市镇区生活污水处理设施覆盖率达到100%，全市95%的行政村、84.2%的自然村实现生活污水收集或资源化利用,农村生活污水有效治理率达83.55%,基本消灭了乱排乱倒、乱泼乱倒问题。

(五)环境长效管护机制健全完善

建立完善公共设施管护机制的自然村比例为95.28%,将村庄环境整治要求纳入村规民约且执行到位的自然村比例为95.18%。强化了村庄规划编制管理,完成了“多规合一”实用性村庄规划编制阶段性任务,组建乡镇综合执法队,加强村庄规划管控。全市23株一级保护古树全部挂牌保护。建立农村人居环境整治成效“红黑榜”制度,累计发布6期农村人居环境整治成效“红黑榜”。

三、传统产业绿色转型

大理在传统农业发展方面进行了绿色转型,将农村三产融合,获得了国家农业绿色发展先行区的称号。农业面源污染负荷大幅缩减,污染防治效果明显。打造了农业绿色品牌,实现乡村绿色产业发展欣欣向荣。

(一)现代生态农业兴旺发展

以打造世界一流“洱海绿色食品品牌”为抓手,建立健全生态补偿机制,强力推进“三禁四推”,兑现了惠农奖补资金2.15亿元,推广商品有机肥6.8万吨,开展绿色生态种植20.8万亩。加大土地流转及农业招商力度,推进现代农业示范园、农村一二三产融合示范区建设,大力发展绿色水稻及“水稻+”综合种养、绿色烟叶、特色水果等产业,规范引导观光休闲农业、乡村旅游业发展,大理天赐蓝莓、陶然田舍、花语牧场等一大批集种植、加工、销售、旅游观光、采摘体验于一体的现代农业庄园新业态快速兴起,欧亚乳业、嘉士伯啤酒等一批企业蝉联全省绿色食品十强企业或二十佳创新企业。大理市先后荣获全国休闲农业与乡村旅游示范县、农村一二三产业融合发展先导区及国家农业绿色发展先行区称号。

(二)农业面源污染防治有效

持续巩固洱海流域含氮磷化肥清零禁售和高毒高残留农药禁售

禁用成果,全力实施有机肥替代化肥、病虫害绿色防控为主的绿色生态种植模式,2018 年实施 19.467 万亩、2019 年实施 26.162 万亩、2020 年实施 30 万亩。建成商品有机肥加工厂 2 座、畜禽粪便收集站 25 个,每年收集处理畜禽粪污 14 万吨以上,畜禽粪污综合利用率达 94.2%,累计推广使用商品有机肥 22.46 万吨。目前全州化肥农药利用率已达 40%。2020 年,化肥农药使用量分别为 102846 吨、2858 吨,分别比 2015 年减 43.35%、36.4%,农业面源污染负荷大幅削减。制定了《洱海流域种植业结构调整方案》,建立生态补偿机制,引导农户和新型农业经营主体积极调增蚕豆、豌豆、水果、中药材等低水肥作物种植,大蒜种植实现趋零,洱海流域绿色生态种植面积达 30 万亩。

(三)乡村绿色产业发展欣欣向荣

着力推动产业结构向开放型、创新型和高端化、信息化、绿色化转变,大理市列入国家促进信息消费试点城市。"五网"建设不断加快,依托资源和区位优势,大力发展高原特色农业、战略性新兴产业、绿色产业,推进绿色低碳循环经济,循环型工业、农业、服务体系不断完善,科学制定了水资源利用规划,坚持最严格的耕地保护和节约用地制度,切实加强矿产资源合理开发和综合利用。"十二五"期间,单位 GDP 能耗平均下降 4.3%,累计下降 21.49%,超额完成省下达的责任目标。2016 年全州三次产业比例为 21.1∶38.3∶40.6,结构进一步优化。2019 年,大理古城、喜洲古镇、双廊艺术小镇被命名为"云南省特色小镇"。2020 年末全市农村常住居民人均可支配收入达 18968 元,比 2017 年的 14609 元增加了 4359 元,增长了 29.8%。

第三节　弘扬文化,当好乡村振兴践行者

大理州以文化振兴为突破口激发内生动力,以"四聚焦"引领文化振

兴，深化了精神文明建设，繁荣发展了乡村文化，抓实了民族文化传承，开展了文化惠民活动。在传统文化保护、精神文明建设以及文化活动开展方面取得了成就。

一、传统保护成果丰硕

大理在传统保护方面取得了丰硕的成果，物质文化遗产和非物质文化遗产都得到了良好的保护。做到了文物保护有法可依和文物保护制度完善，取得了文物保护的丰硕成果。

（一）物质文化遗产得以全面保护

1. 文物保护有法可依

积极推进了文化传承建章立制工作，进一步加强了立法保护，《大理白族自治州非物质文化遗产保护条例》公布实施。通过法律法规宣传，一些企业主动要求开展文物调勘工作的积极性有所加强。如：大理颐老院、桃园水库、大理市智慧旅游公司综合体建设等项目业主方积极与文物部门对接，请求开展文物调勘工作。大力宣传《中华人民共和国文物保护法》，以通俗易懂的方式提高人民群众对文物保护重要性的认识。积极配合开展历史文化名城保护工作检查，参与《大理历史文化名城保护条例》修订。保护和开发历史文化传统村落，全州共有 130 个村庄入选中国传统村落，数量位居全省第一。

2. 文物保护制度完善

落实公示制度，截至 2021 年 7 月，全州完成了 1192 处文物保护单位、博物馆安全责任人公示牌的安装，明确了文物安全责任人。相关县市采取了一系列有效措施。如：剑川县成立了以分管副县长为组长、相关职能部门为成员单位的县文物安全工作领导小组，县人民政府还与各乡镇签订《年度考核责任书》，把文物保护工作列为重要考核内容。大理推进了不可移动文物普查和可移动文物普查，完成了全州 2225 项不可移动文物登录和 43 家国有文物收藏单位可移动文物登记汇总。云龙沘江古桥梁群、剑川县景风阁古建筑群、弥渡县五台大寺等相关项目列入了国家文物局项目库。

3. 文物保护成果丰硕

截至2020年9月,大理州共有全国重点文物保护单位31项、省级文物保护单位61项、州级文物保护单位168项。大理白族自治州人民政府公布第七批州级文物保护单位,共计52项,其中古遗址8项、古墓葬2项、古建筑22项、石窟寺及石刻2项、近现代重要史迹及代表性建筑16项、其他2项。经过多年努力,大理州的国家级重点文物保护单位维修率为90%,省级文物保护单位维修率为70%,州级文物保护单位修缮率为50%。全州重点文物保护单位修缮批复项目数10个,竣工验收项目数8个,消防安防防雷设施建设项目7个,验收5个。同时,全州12县市分别不同程度地公布了批次不等的县市级文物保护单位,共计326项。

(二) 非物质文化遗产得以全面保护

1. 非遗名录体系建成

大理文化生态保护实验区建设工作扎实开展,四级非遗项目和传承人总数位居全省前列,四级非遗名录体系基本建成。稳步推进非遗博物馆、保护传承基地建设。依托国家级、省级历史文化名镇、名村、传统村落建设非遗项目传习点,目前全州共有非物质文化遗产450项,非遗传承人1320人,非物质文化遗产保护示范基地4个,“中国民间艺术之乡”8个。推荐非遗项目14项,非遗代表性传承人136人。全市16个村入选中国传统村落名录,荣获全国非物质文化遗产保护工作先进集体称号。

2. 非遗项目得以传习

建立健全了民族文化传承的长效机制,完成了第六批省级非遗传承人的调查和申报材料制作、上报工作。组织开展非遗进校园展演。积极争取资金,实施白族大本曲抢救性记录保存工程,扶持刺绣、甲马、泥塑、白族三道茶、大本曲、扎染等一批非遗项目传承基地建设。大理市璞真白族扎染有限公司段银开评选为2019年“首席技师”,投资140余万元建成非遗传习所15个、展示中心1个,创作《情系洱海》《打赢洱海保护八大攻坚战》大本曲作品,展示新时代农民精神面貌。

二、乡风文明显著提升

大理的乡风文明得到显著提升,农村思想文化阵地建设得以加强,农村公共文化设施得到完善。文明创建评比活动中取得了不俗的成绩,健康文明的生活方式逐渐深入人心,乡村移风易俗得到良好推进。

(一)文化阵地建设得以加强

以社会主义核心价值观为引领,加强农村思想文化阵地建设,完善农村公共文化设施,传承弘扬农村优秀民族民间文化。建成11个乡镇文化站及农民文化大院、31个社区文化活动中心、111个村级文化室、142个农家书屋,全面实施免费开放;深入开展“2131”农村电影放映工程,建成11个乡镇服务点、142个村级和社区基层服务点,建设普及率100%。3年来,全州11个贫困县的301个村纳入了贫困地区百县万村综合文化服务中心建设,共争取项目资金7826万元,整合资金1941.56万元,累计投入资金9767.56万元。截至目前,全州完成文化活动广场建设面积181513.23平方米,活动室建设面积24475.41平方米,搭建戏台205个,配置文化体育广播器材198套,有232个示范点投入使用。

(二)文明创建评比成效彰显

加强文明村镇创建,截至2020年底,全州成功创建15个全国文明村镇、80个省级文明村,县级及以上文明村和乡镇占比达71%。持续开展文明村镇、文明家庭、新时代“十星级文明户”创建活动,县级及以上文明村和乡镇占比达65.6%,永平县城、巍山县城、剑川县城被命名为第四届云南省文明城市,宾川县城、洱源县城通过省级文明城市复核。宾川县金牛镇罗官村入选首批全国村级“乡风文明建设”优秀典型案例。农村客事数量和农民客事支出均压缩了近四成左右。在全州1425个基层党组织实施基层党建与民族团结进步“双推进”,加快推进12个世居少数民族特色示范村建设。大理市喜洲镇、漾濞县光明村、鹤庆县西邑村分别入选全国乡村治理示范乡镇、示范村。

(三) 移风易俗观念深入人心

积极倡导健康文明生活方式,引导群众摒弃落后习俗,移风易俗、敦风化俗。坚持自治、法治、德治相结合,整治封建迷信等突出问题,涵养文明乡风,营造守望相助、崇德向善的文明风尚。持续推进移风易俗弘扬时代新风行动,重点整治农村客事大操大办、赌博、人情攀比、铺张浪费、厚葬薄养、封建迷信等陈规陋习,培育绿色低碳、勤俭节约、文明健康的良好社会风尚。全面深化殡葬改革工作,农村人口火化率达到30%。以移风易俗、客事从简为抓手,以"爱心超市"为平台,扎实推进乡风文明建设。红白喜事大操大办、铺张浪费、盲目攀比等现象明显减少。宾川县金牛镇罗官村入选首批全国村"乡风文明建设"优秀典型案例。

三、乡村文化生活异彩纷呈

大理的文化生活异彩纷呈,其文化宣传向观众呈现了多元共融的民族优秀传统文化。文化服务中心示范点工程建设规范,丰富多彩的文化活动和层出不穷的文艺作品展现了村民的精神文化生活。

(一) 文化宣传落实到位

以传承技艺为导向,抓实非遗文化进校园进社区活动。以服务群众为宗旨,举办了"大理文化生态保护实验区2019年'非遗进校园'启动仪式——走进大理大学"专场展览展演活动,来自全州8个县市的170多名非遗传承人通过歌舞乐展演和传统技艺活态展示,向观众集中呈现了大理多元共融的民族优秀传统文化,活动的网络直播点击量逾3万。

(二) 示范工程建设规范

实施贫困地区"百县万村"文化服务中心示范点建设工程,实施了三批村级(社区)示范点工程建设。至2020年,全州共有乡镇文化站110个,村级文化室1152个,州、县、乡、村各级文化活动广场1500余个,全州村级综合文化服务中心覆盖率达100%，实现行政村（社区）全覆盖。

（三）文化活动丰富多彩

举办第25届“银河工程”文艺赛演，组织开展5场以上的以“我们的中国梦”为主题的文化下乡活动。全市各类民间传统歌舞表演队伍达1500支，各类文艺展演、歌会、龙舟比赛等群众文化活动常态开展。全州积极组织开展了“三下乡”“文化大篷车”“送戏下乡”“文艺轻骑兵”“洱海保护治理及流域转型发展宣传文艺演出”等5000余场文化惠民演出活动，不断丰富人民群众的精神文化生活。

（四）文艺创作层出不穷

以举办农民丰收节为契机，形成了南涧无量山樱花节等农文旅深度融合的传统文化节日。将传统文化融入艺术创作之中，潜心创作推出大型白剧《榆城圣母》《书记扶贫到我家》等155个剧目，举办了“2019年大理三月街民族节白族大本曲展演”，来自全州的7支队伍，在白族大本曲代表性传承人的带领下，共完成了14场活态展演，现场观众累计达6200多人。

第四节　优化产业，用好乡村振兴“新引擎”

大理州聚焦乡村产业振兴促转型。以打造世界一流“绿色食品牌”为切入点，开辟出了一条产业兴旺、脱贫致富的新路径。通过优化产业布局、扶持新兴产业、发展特色产业和绿色农业实现产业振兴，为乡村振兴开启新篇。

一、结构“优”：产业布局实现优化

大理的产业布局实现优化，农业种植结构进行了合理调整，种植布局进行了优化，绿色生态种植模式形成。乡村旅游产业布局也实现了优化，发展了特色乡村文旅康养产业。

（一）农业产业结构合理优化

2021年粮食播种面积20.95万亩，比2017年下降37.46%，预计总产103324吨，比2017年下降38.75%；蔬菜播种面积7.45万亩，水果种植面积3.95万亩，中药材及花卉种植面积稳中有增，花卉2.68万亩，中药材4.9万亩。受洱海保护影响及禁养限养区的划定，畜禽产业迅猛下降，2021年生猪出栏24.6万头，牛存栏1.41万头，活家禽出栏245万羽，分别比2017年初下降19.08%、48.35%、19.14%。实施粮改饲6.2万亩，减少籽粒玉米种植5万亩，建成核桃、蔬菜、特色水果、中药材等特色经济作物1388.4万亩，“水稻+”稻鱼综合种养目前完成4000亩。

（二）绿色生态种植模式形成

按绿色生态种植要求优化种植布局，不再种植以大蒜为主的大水大肥农作物，关停搬迁禁养区内规模养殖场，推行适度规模集中养殖，推广绿色生态渔业。逐步扩大豆类、麦类、马铃薯、油菜、牧草、中药材、水果及园林苗圃等低肥水作物种植，2018年大蒜种植面积减少10.18万亩。着力抓实绿色种植基地建设，2019年小春已种植绿色蚕豆、大麦、油菜、马铃薯、蔬菜等作物22.25万亩，大春已种植绿色水稻、玉米、马铃薯、蔬菜和有机烟等18.3万亩，发展水果、中药材、花卉（苗木）、苜蓿等多年生作物5.75万亩。推行大春水稻、玉米—小春蚕豆、油菜或大春烤烟—豌豆轮作模式。

（三）乡村文旅产业布局优化

重点发展了健康养生、休闲观光、文化体验、生态漫步等四大乡村文旅康养产业。乡村健康养生产业重点布局在海西坝区大理镇、银桥镇、湾桥镇、喜洲镇和上关镇靠近洱海的村落。乡村休闲度假观光产业重点布局在双廊镇、挖色镇、海东镇和太邑乡。乡村休闲农业观光产业重点布局在大理镇、银桥镇、湾桥镇与凤仪镇部分村落。乡村民俗文化体验重点布局在喜洲镇、大理镇和太和办。乡村生态漫步产业重点布局在太和办、大理镇、银桥镇、湾桥镇、喜洲镇和上关镇部分靠近苍山的村落。以打造世界一流健康生活目的地为目标,形成一带协同的“一带四圈”环洱海乡村文旅康养产业布局。

二、三产“兴”:新兴产业得到扶持

大理的第一、二、三产业得到了扶持,从2016年到2021年三产的融合度逐年提高,新型农业经营主体壮大,且产业发展中科技支撑能力显著提升,从量和质上发展了新兴产业。

(一)三产融合度逐年提高

一是传统产业粮、油、豆、菜、烤烟种植面积稳定,畜禽规模养殖向洱海流域外转移,新兴产业花、果、药不断渗透,全市土地经营权流转面积为9.42万亩,比2017年新增2.47万亩,开展适度规模化经营的新型经营主体已达208家。二是以卷烟、乳制品、啤酒及生物药业为主的农产品加工业产能稳步提升,2021年全市农产品加工现价总产值预计实现135亿元(含烟草和个体),比2017年增长14.4%。以环洱海精品旅游圈和全域旅游为重点,培育国家、省、州级休闲农业与乡村旅游示范园、示范企业27个,全州休闲农业经营主体达1551个,年接待1316万人次。2020年,全州农产品加工产值达897.86亿元(含烟草及初加工),休闲农业和乡村旅游优势进一步彰显,休闲农业实现营业收入21.14亿元,接待人次1244.3万人次,大理逐渐成为令人向往的健康生活目的地。

(二)新型农业经营主体壮大

大理市涉农企业达600多家,其中:累计培育州级以上重点龙头企业47家(现有44户,预计增加3户),比2017年增加8户;累计培育州级以上示范社22个(预计数),比2017年增加2户;累计培育州级以上示范家庭农场10个,比2017年增加6个。2021年龙头企业销售收入达104亿元,比2017年增长40.86%。经营主体带动农户32万户(含周边地区),年带动农户增收总额7.5亿元。按照“大产业、新主体、新平台”思路,州、县市每年投入1亿元以上专项资金,扶持发展新型农业经营主体,目前累计培育州级以上农业产业化龙头企业260户(国家级6户、省级93户、州级161户),现代农业庄园64个,农村专业合作社6302户,家庭农场5264户。培育新型职业农民13906人、农业"小巨人"8户,发展农产品加工规模以上企业122户。

(三)科技支撑能力显著提升

大理市与中国农业科学院、上海交通大学、云南农业大学等国内外知名科研院所、高等院校建立紧密的科技合作关系,建立工作站。大力推广有机肥替代化肥、绿色防控等生态种植技术,农业服务支撑体系进一步强化,重点区域主导品种、主推技术入户率达到100%。建设112个"益农社",覆盖111个村委会。实施"互联网+",着力构建现代农业发展体系,目前州级农村电子商务公共服务平台建成运营,全州高原特色农产品和农资线上线下融合、"进城"与"下乡"双向流通新格局基本形成。农产品加工产值达813.7亿元(含烟草及初加工),休闲农业和乡村旅游优势进一步彰显,农村电子商务快速发展。

三、品牌"亮":现代农业成为典范

大理发展了现代农业,并成为典范。农业生产以绿色发展为引领,农业基础设施进一步完善,创建了绿色食品品牌,农产品质量稳步提升,农业标准化示范园区建立,农业扶贫模式进行了创新升级。

(一)绿色农业发展初见成效

农业基础设施进一步完善。累计建成高标准农业面积18.32万亩,比2017年增加1.42万亩。设施农业面积进一步扩大。累计建成高效节水灌溉(滴、喷灌及管灌)面积近8.74万亩,比2017年增加1.2万亩。建成占地170亩的现代化规模生猪养殖基地1个,建成10000多平方米智能玻璃温室2座。农业机械化水平进一步提高。耕种收综合机械化率达53.1%,比2017年增加1.3个百分点。

以绿色发展为引领,以2019年荣获全国第二批农业绿色发展先行区称号为驱动,扎实推进农业绿色发展先行区建设,实现洱海流域大蒜零种植、含氮磷化肥清零禁售、高毒高残留农药禁售禁用,调减大水大肥作物种植面积,扩大水稻、油菜等环境友好型作物种植面积,持续削减农业面源污染,花、果、药特色产业规模不断扩大。巩固关停搬迁禁养区43家规模养殖场成果,推行适度规模集中养殖,支持奶牛产业转移发展,全市建成7个畜禽粪便收集站。2018年以来,全市累计推广绿色生态种植面积26.8万亩(不含烤烟)、发展低水肥作物种植46.59万亩、累计收集畜禽粪便31万吨,推广使用商品有机肥11.59万吨,实现2020年肥料使用量比2018年减少73.3%,推广绿色防控56.87万亩次、统防统治68.58万亩次,实现2020年农药使用量比2018年减少49.3%,发展稻田综合种养渔业生态健康养殖9400亩。秸秆、农膜、畜禽粪污利用率分别达87%、80.5%、93%。与云南省粮食产业集团有限公司签署《大理市洱海流域绿色种植基地项目》,开展万亩绿色种植基地项目建设,推广“水稻+”模式,推进全市有机化种植进程。

（二）“绿色食品”牌创建有序推进

一是农产品质量稳步提升。截至目前,定量检测样品合格率99.73%,快速检测样品合格率99.33%。二是开展“三品一标”农产品申报认证。大理市“三品一标”累计认证191个,2017年至今认证159个,有效期内认证129个。三是品牌效应进一步显现。下关沱茶(集团)股份有限公司连续两年荣获云南省绿色食品“10大名茶”第二名,云南欧亚乳业有限公司、嘉士伯(中国)啤酒工贸有限公司连续三年荣获云南省绿色食品“10强企业”,云南皇氏来思尔乳业有限公司连续三年荣获云南省绿色食品“20佳创新企业”;13家经营主体获2019年大理州绿色食品“5大名品”和绿色食品“5强企业”“5佳创新企业”称号。四是建立农产品销售市场体系。多个电商交易平台建成,畅通产、供、销渠道;通过宣传与营销,大理特色生态农产品在国内外市场具有较高的知名度和美誉度。

建设了农业标准化示范园区、示范基地，创建了云南特色农产品优势区5个。宾川县、弥渡县、剑川县、祥云县分别建成国家级和省级出口食品农产品质量安全示范区。累计获云南名牌农产品73个，中国驰名商标13件，地理标志证明商标25个，国家地理标志保护产品9个，中华老字号企业1家，云南老字号企业6家，云南省"10大名品"8个，云南省绿色食品"10强企业"2户，云南省绿色食品"20佳创新企业"3户。年内4个产品荣获云南省"10大名品"，2户企业荣获云南省绿色食品"10强企业"，1户企业荣获云南省绿色食品"20佳创新企业"，综合排名全省第3位。

（三）农业扶贫模式创新升级

2018年，全州新增特色水果、中药材、高山生态茶、花卉等特色经济作物8.61万亩，累计达1397万亩，综合产值达259.35亿元，增长13.78%。截至2019年底，全州特色种养业、林产业、农产品加工业等产业覆盖贫困户10.1万户共38.56万人，实现对有产业发展能力的建档立卡贫困户全覆盖。累计创建全国"一村一品"示范村镇11个，升级专业村112个、专业乡镇13个，州级专业村79个，县级专业村54个，"三品一标"认证产品906个。弥渡正大50万头生猪全产业链项目、鹤庆正邦30万头生猪养殖项目等一批重大产业项目建成投产，永平东方希望100万头生猪养殖、剑川来思尔7000头奶牛养殖项目顺利推进。漾濞、永平、云龙三县成为百万亩核桃产业大县，宾川县建成30万亩特色水果产业基地，弥渡、祥云两县成为全省重要的外销和出口蔬菜产区，优势特色产业呈现量效齐增的良好势头。宾川县水果产业和永平县核桃产业、弥渡县蔬菜产业和巍山县肉牛产业分别列入省级"一县一业"示范县、特色县。州级统筹发展了核桃、蔬菜（含食用菌）、水果、中药材、乳业及牛肉、生猪6个特色优势重点产业，县级聚焦发展了具有区域特色优势的"一县一业"。宾川县探索出"党支部＋龙头企业+贫困户"的产业扶贫模式,推动高原特色现代农业快速发展;弥渡县立足传统生猪养殖,探索创新"党组织+龙头企业+金融机构+合作社+贫困户"的产业扶贫模式,打造了年产50万头生猪的正大生猪扶贫全产业链。

第五节　强化治理,奏响乡村振兴"和谐曲"

大理乡村振兴以基层社会治理为切入口,推进党组织领导的自治、法治、德治相结合的工作机制,加强农村干部队伍和专业人才队伍建设。持续实施乡风文明培育行动,推进农村移风易俗。扎实开展平安乡村和法治乡村建设,使农村更加和谐稳定。共建共治共享的社会治理体系不断健全,治理水平大幅提升。

一、吹好凝聚"集结号",党组织建设提质增效

大理州以政治建设为统领,认真践行新时代党的组织路线,实施"乡村治理"工程,推进组织振兴。农村基层党组织政治功能和组织力得到了全面增强,为全州决胜全面小康、决战脱贫攻坚、全面推进乡村振兴筑牢了"红色堡垒"。

(一)基层党组织建设抓实抓紧

整顿提升软弱涣散基层党组织31个,打造市级基层党建示范点39个,规范化创建达标584个党组织,巩固提升522个村民小组活动场所。全市村(社区)党组织书记和村(居)民委员会主任"一肩挑"比例达42.96%。实施农村"领头雁"培养工程,开展农村党组织书记分析研判,实施了"百名讲师上讲台、千堂党课进基层、万名党员进党校"工程,按照"四分类、五评定、六应用"实施党员积分管理,建设了一只作风过硬、富有战斗力的农村基层党员干部队伍,不断夯实党在农村的组织基础,为乡村振兴战略的推进提供坚强的组织保障。全面推行"党员中心户"制

度,继续推进党建网络与社会治理网格"一体化",构建了"镇党委—村党总支—村民小组党支部—党员中心户—普通农户"网格化管理和服务格局。把支部建到网格、任务落到网格、民心聚到网格,组织有能力的党员参与志愿服务,引导广大党员群众主承担服务事项,形成党组织引领、全民参与的为民服务格局。推进"双整百千"四级联创和基层党支部规范化创建。示范创建1个示范镇、2个达标镇、4个示范村、54个达标村、386个规范化党支部。以抓党建促脱贫攻坚,基层组织建设得到加强,农村基层治理能力和管理水平明显提高,党群干群关系更加密切,党在农村的执政基础更加稳固。

(二) 党员先锋模范作用充分发挥

深入推进农村"领头雁"培养工程,回引142名农村优秀人才,储备农村优秀人才426名;投资1100万元实施22个扶持壮大村级集体经济项目,持续壮大村集体经济;扎实开展村级"两委"换届工作,推行巡察监督与审计监督,完成111个行政村及全部自然村的财务审计工作,加强调研摸排,有序推进换届工作,逐步配优配强基层"两委"班子,目前全市行政村村党总支书记和村委会主任"一肩挑"32人,比例达32%,涌现出"云南省优秀共产党员"张理南、"全省百名好支书"杨春霞等先进典型。广大党员主动结对帮扶贫困户,通过党员结对帮扶、爱心基金救助等途径,帮助贫困群众解决实际困难。有帮带能力的党员至少结对帮扶1户建档立卡贫困户,帮助贫困群众解决发展难题。州级"四班子"主要领导带头,州级党员领导干部挂钩5个深度贫困乡镇,州级、县级党员领导干部挂钩153个深度贫困村,县级党员领导干部和乡镇党政班子成员挂钩505个与周边州市交界地区结合部自然村。实施各级党组织书记遍访贫困对象行动,州委书记、州长遍访脱贫攻坚任务重的乡镇,县委书记、县长遍访贫困村,乡镇党委书记、乡镇长和村党组织书记、村委会主任遍访贫困户。

(三) 农业农村工作领导全面加强

一是将大理市人民政府扶贫开发办公室重组为大理市乡村振兴局,

各乡镇(街道)扶贫开发办公室更名为乡村振兴办公室,确保了乡村振兴工作有工作机构、工作人员,确保了工作有人管、有人抓、有人干、见成效。二是调整充实了大理市委农村工作领导小组,成立了巩固脱贫攻坚成果同乡村振兴有效衔接工作领导小组,成立大理洱海海西国家级乡村振兴示范园创建工作协调指导组及7个工作专班,全面推进乡村振兴工作。三是加强基层乡村振兴工作力量,选派17名干部到乡镇(街道)挂职,持续向乡村振兴重点村和原建档立卡贫困村选派驻村第一书记及驻村工作队员57名。四是加强乡村振兴调研培训。市委、市政府领导亲自抓乡村振兴工作,多次召开会议、组织多次调研,并将乡村振兴作为2021年“万名党员进党校”和市镇村组干部培训的必修课,组织全市800名副科级及以上领导干部专题学习了乡村振兴、基层治理等方面的内容,实现了全市干部对乡村振兴工作的认识再提高、能力再提升。

二、厚培精神“营养土”,精神文明建设不断推进

大理州积极培育和践行社会主义核心价值观,以乡风文明建设助推乡村振兴,坚持以人为本、创建为民、创建惠民,深入扎实地开展群众性精神文明创建工作。广泛开展理想信念教育,深入实施公民道德建设工程,大力弘扬中华优秀传统文化,深化群众性精神文明创建活动,为决战脱贫攻坚、决胜全面小康,推动大理高质量可持续发展提供了坚强思想保证和强大精神动力。

(一)示范工作稳步推进

大理深入开展了中国梦和社会主义核心价值观宣传教育,大力弘扬了中华民族传统美德。持续开展文明村镇、文明家庭、新时代“十星级文明户”创建活动,县级及以上文明村和乡镇占比达65.6%。永平县城、巍山县城、剑川县城被命名为第四届云南省文明城市,宾川县城、洱源县城通过省级文明城市复核。宾川县金牛镇罗官村入选首批全国村级“乡风文明建设”优秀典型案例。全力推进民族团结进步示范建设,在全州

1425个基层党组织实施基层党建与民族团结进步“双推进”，加快推进12个世居少数民族特色示范村建设。大理市喜洲镇、漾濞县光明村、鹤庆县西邑村分别入选全国乡村治理示范乡镇、示范村。

（二）移风易俗深入开展

党政倡导推动与基层群众自治相结合，以成立农村红白理事会为抓手，将党委、政府的主张转化为了广大人民群众的自觉行动。倡导婚事新办、丧事简办，除结婚、丧事和自建房三种客事外，其他事项不得以任何方式请客或变相请客，有效遏制农村客事办理中名目种类多、请客范围广、铺张浪费大等不良现象，破除一些陈规陋习。以移风易俗、客事从简为抓手，以“爱心超市”为平台，扎实推进了乡风文明建设，客事大操大办、铺张浪费、盲目攀比的现象明显减少，农村客事数量和农民客事支出均压缩了近四成左右。公安、交警、城管等部门对不文明的闹婚行为进行了整治和处罚，使不文明闹婚行为也得到了有效遏制。

（三）优秀文化全面传承

走进白族村寨，随处可见照壁上的“清白传家”“百忍家风”“琴鹤家声”“青莲遗风”等家风、家训。大理州纪委监委、州委宣传部结合领导干部警示教育和家风教育“三个一”系列活动，以白族民居照壁上的家风文化为切入点，充分挖掘历代先贤、各少数民族、革命先辈、先进模范家风家教故事。引导群众挖掘、传承、弘扬优秀的家风家训，积极开展了寻找好家风好家训活动，评选出了大理10大好家风好家训。具有大理特色的花灯、白剧、大本曲、打歌、跳菜等民族民间艺术得到很好的保护传承。大理扎染、剑川木雕、鹤庆银器等非遗文化得到保护传承。以举办农民丰收节为契机，形成了南涧无量山樱花节等农文旅深度融合的传统文化节日。建立健全了传统文化保护和发展体系，全州共有国家级文物保护单位25项，居全省首位；共有国家和省级历史文化名城、镇、村22个，中国传统村落127个；列入国家、省、州、县四级非物质文化遗产名录的共有328项，被命名的各级传承人有944人，非物质文化遗产项目和代表性传承人数量均位居全省前列;有文化部命名的“中国民间艺术之乡”8个。

三、守好治安“责任田”,平安乡村建设有序推进

大理州上下紧紧围绕平安法治大理建设的目标要求,积极推动平安乡村建设各项工作有序开展,为乡村振兴营造了安全稳定的政治社会环境。久久为功,持续发力,平安乡村法治建设成果丰硕,社会治安持续向好,社会治理体系不断健全,人民群众安全感满意度大幅提升。

(一)平安创建工作质效增强

十年来,大理始终坚持党建引领、政治引领平安大理建设主线,以强有力组织保障推动平安大理建设取得实效;坚持和发展新时代“枫桥经验”,探索建立“金花网格员”“金花调解室”“阿鹏调解室”“博士调解室”“金花姐姐未成年人检察工作室”等开展矛盾纠纷排查化解,全州法院共设立乡村诉讼服务站(点)628个。深入开展“平安县市”“平安乡镇(街道)”“平安学校”“平安家庭”等系列平安创建活动。严格落实命案责任督导和追究制度,压实源头防控责任,命案发案率逐年下降。建立了群众安全感、满意度分析报告制度并实行领导分片挂包责任制,积极回应人民群众对安全和稳定的新期盼,人民群众安全感满意度逐年提高,2021年全州人民群众安全感满意度达96%,人民群众对政法队伍执法满意率达96.37%,两项指标均高于全省平均水平。

(二)乡村法治文化深入人心

加强乡村治安综合治理,推进法治文化进农村。大理在乡村广泛开展法治教育活动,营造自觉学法、懂法、用法、守法的良好氛围,坚持运用法治思维和法治方式解决矛盾和问题。村“两委”班子集中学法每年不少于4次,参学率达100%,村民代表集中学法每年不少于2次,参学率达80%以上,有学法记录。集中开展发法治宣传教育,每年不少于4次,受教育群众覆盖面达90%以上。不断丰富村法治文化,加强村法治文化

阵地建设,利用农家书屋、广场公园、老年活动中心等公共活动场所打造法治文化阵地,定期更新法治宣传内容,每年不少于6期。深入开展《民法典》宣传,加强法律咨询服务,畅通信访渠道,有效调解群众纠纷矛盾,年内化解涉农信访133件,调处矛盾纠纷1.2万件;深入推进民主法治示范村创建,上末、乐和、乌栖、文阁、喜洲5个村成功命名州级民主法治村。

(三)乡村治安水平持续提高

建立了完善的立体化社会治安防控体系,提升了平安建设能力和水平,努力使影响社会治安的问题得到有效防范、化解、管控,乡村治安实现发案少、秩序好、社会稳定、群众满意的目标。全面开展了农村扫黑除恶专项斗争,采取强有力的措施,依法重点整治群众反映强烈、问题比较突出的地区、行业和领域,聚焦"十类"黑恶犯罪,善用法治综合治理,依法严惩涉黑涉恶各类违法犯罪。筑牢农村道路交通安全、消防安全、视频监控"三张网",实施了村警务室、村庄重要节点治安摄像头全覆盖工程,强化农村道路交通安全管理及农村消防安全管理,建成8支乡镇政府专职队、7支企业单位专职消防队,配备消防员78人,配备车辆34辆、消防水泵17台。加强了农村安全稳定风险防范处置、禁毒及农村食品安全等工作,严打侵害农民切身利益的突出违法犯罪活动。

第十一章　乡愁中国："大理路径"的理论价值

当前我国乡村振兴战略的实施,在一定程度上是推进乡村实现现代化的过程。因而,各地在落实乡村振兴实践过程中,基本也都是以现代化为基本取向。诚然,致力于推进乡村现代化,可以在一定程度上提高和改善农村生产生活水平,助推乡村振兴。但是,我们需要认识到现代化具有双重性。一方面,它以现代技术、工业文明和城镇化为发展引擎,致力于提高和改善社会生产力水平和生产方式,进而满足人们的物质需求;另一方面,现代化在"不可逆的时间结构"中,以资本逻辑为中轴向传统结构发起单向度冲击[①],在实践维度上表现为传统的文化生态、文化价值和文化认同在现代化的冲击下日益式微。我们需要乡村的现代化,但在这一过程中应如何对待乡村传统文化和价值,这是乡村振兴理论研究和实践过程中需要面对的重要课题。对此,云南大理将"乡愁文化"作为平衡现代和传统的基本尺度,逐步形成了一条以"记得住乡愁"为核心理念的乡村振兴道路,为乡村振兴的路径选择提供了新的思考进路,具有

① 夏银平、何衍林:《从时间叙事到空间叙事:人类命运共同体对全球现代性的话语重构》,《理论与改革》2021 年第 4 期。

较强的启示和理论价值。①

第一节　乡愁中国：一个理论命题

从历史上看，乡土中国是中国社会的传统底色。从现实来看，中国乡村社会正在经历着“现代化浪潮”的冲击，“乡土中国”的传统印记在不断褪色。在此过程中，乡村社会发生着剧烈变迁。一方面，乡村社会物质环境不断改变，现代化程度不断提升；另一方面乡村文化逐渐衰退，乡村人口不断外流。换言之，虽然乡村的物质生活环境不断改善，但乡村的精神文化却逐渐式微。这也导致长期生活在乡土社会中的人们逐渐失去了在现实社会中的心灵依归，并引发一种强烈的“身份认同”危机，进而出现“缅怀过去”“向往传统”等乡愁情绪。这种产生于个体的乡愁情绪凝结成一种社会意志时，形成一种“乡愁中国”的独特表达。

一、乡愁中国的基本概念

“乡愁中国”与中国传统语境中的乡愁意蕴有所联系，亦有所区别。中国传统语境中的乡愁可以归纳为一种对家乡的思念、眷恋和缅怀，突出的是个体内生的一种情绪、情感或者情结，如李白的“举头望明月，低头思故乡”，王维的“独在异乡为异客，每逢佳节倍思亲”等等。这种乡愁往往生发于个人与故土的空间割裂当中。此时，个体的乡愁表现为对故人、故乡和故土文化的眷恋。“乡愁中国”与中国传统语境中的乡愁有共通之处，即包含个人对故土的眷恋，但“乡愁中国”更为强调的是转型中国的社会状态，它所呈现出的是“乡土中国”的一种现代转型，是人们对现代化所造成的客观事实的主观反思，也是对传统中国的一种怀念。因此，从此种意义上而言，乡愁中国包含双重含义。

① 黄振华、陈梓清：《记得住乡愁：乡村振兴的路径选择——基于云南大理的实践和思考》，《党政研究》2022 年第 2 期。

一是对于现代化的反思。在韦伯看来,现代化的推进代表着工具理性压制价值理性,同时破坏了个体的创造性和自主性,"我们这个时代的宿命,便是一切终极而最崇高的价值,已自公共领域隐没"[①]。吉登斯则从地域联系的角度分析了现代性,他认为"我们进入了全球性的文化和信息环境之中,这意味着熟悉性与地域性不再像从前那样始终联系在一起了"[②],换言之,现代性打破了传统社会的"地方性",割裂了传统社会的联结网络。新中国成立后,尤其是改革开放以来,我国现代化建设不断推进,并长期坚持以经济建设为中心,不断推动物质文明的迭代更新,无形当中忽视或者弱化了精神文明的发展,这势必会导致发展的相对失衡。在这种失衡状态下,农村社会呈现出一种特别现象:一方面是国家持续加大三农支出,乡村社会的物质生活环境在不断改善;另一方面是乡土文化持续衰败、乡土人才不断流失,"空心村落"[③]和"过疏村落"[④]越发严重,而且可以预见在未来相当一段时期内,这些问题有很大可能会延续甚至加剧。

二是对于传统中国生活方式和价值观念的一种怀念。伴随着现代化建设的推进,乡土中国的社会格局逐渐瓦解,并由此带来了现代生活与历史记忆的内在断裂。我们可以看到,当代乡村、农民及乡土文化在以一种残缺的形式出现,人们在现代化的侵袭下失去了固守家园的信心,传统的文化观念似乎也失去了指引个体生存的功能价值,人们迫不得已背井离乡寻求新的生活和价值观。然而,传统一直以来都是经验的累积,其宗旨即为后世服务,因为由上一代人累积下来的传统是为了指导下一代人去应付人生道路所可能发生的问题。文化本来就是传统,不论哪一个社会,绝不会没有传统的,这在乡土社会尤为重要。[⑤] 因此,当

---

① [德]马克斯·韦伯:《学术与政治》,钱永祥译,广西师范大学出版社 2010 年版,第 193 页。

② [英]安东尼·吉登斯:《现代性的后果》,田禾译,译林出版社 2011 年版,第 124 页。

③ 刘彦随等:《中国农村空心化的地理学研究与整治实践》,《地理学报》2009 年第 10 期。

④ 田毅鹏:《乡村"过疏化"背景下城乡一体化的两难》,《浙江学刊》2011 年第 5 期。

⑤ 费孝通:《乡土中国》,生活·读书·新知三联书店 1985 年版,第 51 页。

现代性强势解构传统的时候,也是在否定前人总结的经验,而这些经验之所以流传下来,是经过自然选择的,是利于人类生存的,反观那些消极的传统经验则会在自然选择中被淘汰。当前,人们在享受现代化带来的文明与进步的同时,其内心也承受着文化和价值冲突带来的焦虑与担忧,进而引发了一种对于现在和未来的迷惘。这是由于现代化建设改变了乡土社会的历史运行模式,进而对人们长久以来形成的生活习惯、行为规范、思维定势等都产生了强烈冲击,并加剧了人们“物质生活”与“精神生活”的相对失衡。在这种失衡状态下,人们难以适应社会转型的节奏,进而产生“何以安身”的乡愁情绪。

二、乡愁中国的基本特征

乡愁中国是对中国现实社会的一种基本把握,是乡土中国在现代化进程中的一种抽象反映,它具有双重特征。

一是时代性。乡愁虽然是一种自古以来就存在的,产生于任何离乡之人的脑海中的情感,但是如果将其置于自工业文明诞生以来的现代社会,它就有了时代特征。这是因为乡愁既属于历史,也属于现代。在差异化的社会历史背景之下,人们面临的乡愁也有着特定的时代指向性。当今,我们所处的是一个以速度和变化取胜的时代。在这一时代,由现代性催生的各种关系和观念冲击着一切固定的古老关系以及与其对应素被尊崇的观念,但这种新生的关系和观念被固定下来之后,又显得陈旧。因此,波德莱尔认为现代性就是过渡、短暂和偶然。[①] 在此过程中,人们对于当今飞速发展的“现代化”与“城市化”有一种“强烈的生命体

① [法]波德莱尔:《现代性》,《波德莱尔美学论文集》,郭宏安译,人民文学出版社 1987 年版,第 485 页。

验”①和一种“文化身份模糊”以及由此产生的“被放逐的巨大失落和酸楚”②,进而引发了在现代社会当中何以安身的主观体验。在此,乡愁不仅蕴含着对传统的怀念,也是当前我国社会基本矛盾的深度映射,其反映了人们对于美好生活的向往,也凸显出人们对现代化的反思与未来发展的思考。

二是普遍性。乡愁的普遍性体现在当前社会普遍存在的乡愁现象,这种乡愁现象突破了城乡二元结构,即不仅城市人有乡愁,农村人也有乡愁。虽然离乡怀乡者自古有之,但无论在广度还是深度上,都无法与现代社会相较。这是因为在传统的乡愁语境中,人们面临的社会环境基本没有变化,即乡土社会的格局没有被打破,此时人们产生的乡愁主要指的是离家的游子对故乡的怀念,更多的是一种个人的行为和感受。而“乡愁中国”强调的是一种状态,在这种状态下,现代化渗透进乡村社会的各个角落,瓦解了传统的乡土中国格局及其内生的乡村文化秩序。此时人们面临的乡愁是一种时空割裂的特定产物,是对社会现实问题的一种抽象化反映。这种社会现实问题即为现代化对乡村社会的全面改造,在这种改造下人们长期以来赖以生存的乡土格局被撼动,赖以遵循的文化秩序被打破。由于宏观环境的改变,单纯的农业经济活动已无法充分支持农民的生活支出,人们不得已采取进城务工或者改变农业职业的方式来谋求新的生存渠道。因此,可以说在“乡愁中国”状态之下,人们的“离家”是一种普遍的被动选择,而传统语境中的乡愁的产生更多出于一种主动的个人选择。

第二节　乡愁中国:现代化进程中的乡土褪色

从历史上看,乡土中国是中国社会的传统底色,城乡中国则是中国

① 李河:《从根系式生存到漂泊式生存——中国城市化进程的生存论解读》,《求是学刊》2018年第2期。

② 种海峰:《当代中国文化乡愁的历史生成与现实消弭》,《天府新论》2008年第4期。

社会未来发展的目标，现代化则是实现这一目标的必然路径。在现代化过程中，“乡土中国”传统社会格局必然解体，人们的价值观念和思维模式也会受到冲击。这是因为现代化是一把“双刃剑”，其在给人们带来先进和财富的同时，也会改造和解构着乡土中国的物质环境和文化价值，具体而言主要表现在以下三个方面。

一、城镇化改变乡土底色

乡土是中国社会的根脉，乡村是国家发展的基石。然而伴随着中国城镇化进程的加速，乡村正在被城市所吞噬，中国社会的“乡土底色”也在逐渐褪色。

其一，城镇化建设改变了乡村的原景原貌。当前，促使人们产生乡愁的诱因有很多，但家乡的物质环境改变无疑是诱发乡愁的首要因素。物质环境是乡愁存在的基础条件，也是乡愁存在的关键要素，乡愁存在的物质要素一旦遭到破坏，其重建和修复会面临着多重困难，这是由乡愁的特殊性所决定的。在乡土中国，故乡的原景原貌即乡愁生存的物质环境。在此，故乡的原物质文明可以迸发出强大的精神力量，承载了个人的浓浓乡愁，形成特定的“故乡情结”，并影响着人们的日常行为和道德传统。诚然，当前的乡村现代化建设有促进乡村发展的一面，如乡村现代化建设为乡村提供了良好的交通、电力、网络等物质条件，改善了人们的居住和出行环境等。但与此同时，乡村现代化建设过程中也出现了自然环境的破坏、文物古迹的损毁、祖屋祠堂渐渐消逝等一系列问题，这是对乡土底色的破坏。而随着这些蕴含着人们乡土记忆的物质要件的逐渐消失，由此引来的是人们对于过去美好记忆的向往与现代生活的惆怅。

其二，城镇化建设割裂了个人与家乡的联系。伴随着城镇化建设广泛推进，乡村社会正在面临全面失守。在一定意义上而言，当代的城镇化建设是把“家”连根拔起的过程，是把“家乡”变成“故乡”的过程。传统时期,人们虽然也有迁徙,但往往是出于国家干预、自然条件、战争等因素,人们并没有大范围的自主迁徙活动。而反观现代城镇化过程,就是农民离开乡村或者把乡村变为城市的过程。在此过程中,人们面临着巨大失落和焦虑。这是因为“叶落归根”是每一个漂泊异乡的人的执念。那么“根”是什么?“根”是事物存在和发展的基础和前提。对于中国人而言,“根”就是家,就是故土。家在哪里,中国人的“根”就在哪里。而城镇化建设迫使人们离开家,离开故土,也就慢慢远离了人们生存所需的“精神之根”。离开乡村的人们在形式上住进了楼房,生活上也更加安逸舒适,但随之而来的是他们在精神上的空虚,有一种灵魂无处安放的漂泊与孤独感。这恰恰是因为这些远离家乡的人们在精神上处于“无根”状态,因为他们知道随着城镇化的推进,“家乡”已经变成了“故乡”,这意味着一种其与家乡的根源上的断裂,因而在现实中也就产生了“何以安身”的思绪。

二、工业化冲击乡土文化

伴随着中国现代化建设的推进,工业文明逐渐挤压了农业文明的生存空间,进而冲击了乡土文化的生存根基。

一方面,作为工业文明的代表的机器化大生产逐渐替代了农业文明中的传统生产方式。这意味着农业文明逐渐失去了赖以生存的物质生产载体。在传统社会当中,农业是乡村发展的经济命脉,铁犁牛耕是农业生产中最基本也最重要的生产形式。在这种传统的生产过程中,有多个生产环节需要人们互相协作才可以完成。在协作过程中,人们会自觉地遵循互惠原则,互帮互助以完成生产活动。在此,人们的生存是相互依存的,彼此是互相需要的,因而互助成为乡土社会的重要生存方式。然而,在工业化浪潮的冲击下,以机械化、技术化等为代表的现代化生产方式逐渐取代了传统方式,生产效率大幅提高,人们的生存独立性也得到大幅度增强。与此同时,被取代的还有人们在传统时期农业生产中的那种直接的、面对面的协作、交流与沟通。当冰冷的机械化生产普及乡村社会的时候,由此带来的是人与人之间的距离被拉远,那种根植于土地之上的互助互惠、相互依存等农耕情结逐渐消逝。

另一方面,在现代化发展进程中,城市化与工业化往往是相伴而行的。人们对于城市文明的追求也就成为对现代文明的追求。而农民对于城市文明的追求最为显著的表现即为离开农村,涌入城市。于是出现了户口在农村,生活在城市的"农民工"。"农民工"是我国城镇化进程中的特殊产物。在城市化进程中,传统农民受到工业文明的冲击,不得不离开抚育自己的土地,前往城市寻求生计。而农民与土地是天然捆绑在一起的,离开了土地,农民也就失去了安身立命的生存根基。与此同时,虽然农民工在人身上离开了土地进入了城市,但其身份依然是农民而非市民。此时,他既不是传统意义上的农民,又非现代意义上的市民,于是农民对于自己的身份就陷入了认同危机。这种身份认同危机促使农民游离于城市和乡村之间,找不到自己的现实依归。同时,"农民工"脱离了传统的农耕生活,转而卷入到城市建设当中。这代表着他们的生产自主性的一种丧失或者降低,因为他们受制于市场化的劳动需求,难以自主决定劳动生产。在这种工业文明的冲击之下,农业文明的生存空间越来越小,人们的农耕情结和乡愁情结也就越来越重。

三、市场化解构乡土价值

改革开放以来,我国经济发展十分迅速,人们的物质生活不断改善。但伴随着市场经济的全面渗透,传统的农耕经济逐渐瓦解。与此同时,裹挟在市场经济当中的消费主义、功利主义等迅猛涌入乡村,解构了传统社会当中的乡土价值。

第一,消费主义干扰了人们的价值选择。市场化作为现代化的重要标志,已经渗透到社会的每一处角落。在城市当中,第二、第三产业是经济发展的支柱。而第二、第三产业蓬勃发展也对应着市民旺盛的物质和文化生活需求,由此带来的是城市生活的消费主义特性。同样,在市场的侵袭下,农村也充斥着消费主义文化。一方面是因为农村社会日益卷入到市场化的大环境之中,难以避免会受到市场观念的影响;另一方面,是大量的农民涌入城市,这些农民在城市长期生活,因而受到城市生活方式和生活理念的影响,在其回乡之后,引起了农村的消费之风。诚然,消费主义在一定程度上刺激了乡村经济社会的发展。但我们却需要警惕无限制的消费主义,尤其是伴随着电子支付、线上销售、网络借贷、直播带货等虚拟交易平台和技术的发展,甚至在农村社会也出现了“超前消费”的局面。诚然,经过多年的发展,我国农村经济已经有了长足的进步。但是乡村毕竟与城市不同,城乡之间的差距仍然十分巨大,乡村的总体经济水平仍然较低。在乡村生产力水平尚未达到等比消费能力的情况下,对城市中的消费之风在农村的这种盛行并不能保持乐观,尤其需要警惕这种消费主义借助于网络游戏、手机直播等方式在农村儿童群体之中的蔓延,这种消费现象对于乡村未来的发展无疑是致命的打击。

第二,功利主义侵袭了人们的价值观念。与价值选择对应的是价值观念,而观念是影响行为选择的重要甚至是唯一指引。在市场化环境中充斥着商业、物质、享乐等价值观念。建立在极端信任技术基础之上的人们,尤其依赖于经济学中的功利主义来为自我的行为寻找根据。在城市中,人口的高度集聚带来的却是空间上的“陌生社会”,尽管人们常在城市中的某个公共空间中擦肩而过,但彼此从来都是陌生的存在。反观乡土社会之中,人口相对稀少,但却是一种“熟人社会”,人与人之间带有一种自然的亲切感。城市的繁华与人际的淡漠体现了现代都市生活的内在张力。人际间的交往往往围绕着阶层、金钱、利益、权力(利)等等。因而当人们穿行在水泥钢筋铸就的城市中常常感到疲惫与迷茫,一些人进而开始怀念乡村。因为“城市是水泥的、理性的、计算的、消费的、陌生的、分解的、契约的、交换价值的。乡村是泥土的、情感的、含混的、生产的、熟悉的、整体的、血缘的、使用价值的。”①然而，当市场化深入渗透至乡村之后，功利主义也逐渐成了乡村社会当中的“行为法则”。此时，追逐物质利益以满足自我需要，追求自我富裕而非共同富裕成为乡村人压倒一切的生活目标，经济能力一度成为乡村生活中的强势话语。在这种功利主义价值观念的强力驱使下，个人主义逐渐抬头，实用主义盛行一时，自私观念与功利心态在乡村呈现出非理性膨胀，“一切向钱看”成为一些人所信奉和坚持的唯一价值准则。② 在此过程中，农民日益沉溺于物质追求，其精神世界渐渐荒芜，而物质与精神发展的失调使得人们无法在乡村社会找到家园感和归属感，进而丧失了独立性和自主性，失去了自我表达的机会和自信。

第三节　乡愁文化：传统中国的当代价值

乡愁中国是中国现代化过程中的必然产物，其与乡土中国有所区别，但也带有乡土中国的“传统底色”。这些“传统底色”在中国现代化进程中并未消逝，而是以乡愁为表现形式继续影响和形塑着中国的现代化进程，并以其特有的功能规制着中国社会的转型和发展。

一、乡愁是增进文化自信的重要基础

其一，乡愁是增强文化自信的历史资源。乡愁在本质上而言属于中华优秀传统文化范畴，而中国优秀传统文化即是我国文化自信的历史根基。正如习近平总书记所言：“中国有坚定的道路自信、理论自信、制度自信，其本质是建立在5000多年文明传承基础上的文化自信。”③我们的发展不能背弃历史，忘却记忆。因为我们当前的生活并非只是从现代开

① 张柠：《土地的黄昏》，东方出版社2005年版，第18页。

② 赵霞：《传统乡村文化的秩序危机与价值重建》，《中国农村观察》2011年第3期。

③ 习近平：《在庆祝中国共产党成立95周年大会上的讲话》，《人民日报》2016年7月2日。

始,而是所有历史和时间参与的集合。正如马克思所言:“人们自己创造自己的历史,但是他们并不是随心所欲地创造,并不是在他们自己选定的条件下创造,而是在直接碰到的、既定的、从过去承继下来的条件下创造。”①乡愁作为一种联系过去、现在与未来的精神纽带,其本身也带有中华优秀传统文化的属性,因而乡愁也是我们坚定文化自信的重要资源。

其二,乡愁是促进文化认同的历史记忆。认同是确立价值和意义并将它们与现代自我的形成联系在一起的行为与过程。查尔斯·泰勒从“我是谁?”来讨论认同。他认为认同是一种框架和视界,在其中人们获得方向感、确定性和意义。他指出,“分解性的、个别的自我,其认同是由记忆构成的。像任何时代的人一样,他也只能在自我叙述中发现认同”②。简言之,记忆建构自我,记忆实现认同。

乡愁是人们精神世界中的特有记忆,其中蕴含着对自我及其存在的物质世界的特有认知并构成认同的基础。换言之,乡愁代表着个人对自我、社会及国家的认同。乡愁的个人认同是对自我在家庭中的存在的认同与肯定,这为自我建构提供了基础;乡愁的社会认同是对故乡的认同,认同故乡的价值观念与文化秩序,并为维持这一秩序贡献力量;乡愁的国家认同源自家国情怀,在这一维度,家和国是紧密联系在一起的,呈现出家国一体的特点,这也是认同中国道路的历史起点。

二、乡愁是推进乡村振兴的重要资源

其一,乡愁是乡村振兴重要的文化资源。如前所述,乡愁属于中华优秀传统文化,其本身又反映着现实问题。这使得乡愁既有传统文化的历史意蕴又具有时代特色。一方面,乡村文化振兴需要挖掘并保护包括乡愁文化在内的中华优秀传统文化。这些优秀传统文化并非虚幻的存

---

①《马克思恩格斯文集》第2卷,人民出版社2009年版,第470—471页。

② [加]查尔斯·泰勒:《自我的根源:现代认同的形成》,韩震等译,译林出版社2001年版,第37页。

在，而是与人们生活息息相关，包括与人们生产生活紧密联系的民风民俗、时令节气、优良家风等等。在此，乡村文化振兴需要吸收传统智慧，弘扬传统美德，并将其运用到乡村善治与文化传承当中。另一方面，记得住乡愁是乡村振兴的内在要求。乡村振兴需要关注人的需求，而人的需求包含物质需求与精神需求。在现代化急剧扩张的时代，人的物质需求不断得到满足，而人的精神需求的满足却往往滞后于人的物质需求的满足。人们的生活虽然逐渐步入现代化，但是人的文化记忆却难以融入现代化。人的心灵不可能被物质所简单地填充，更不可能沉溺于物质世界而无法自拔。而乡愁正是我们在急剧的现代化进程中，保留乡土价值、伦理精神与历史情怀的重要象征。因此，记得住乡愁自然成为乡村振兴的内在要求。

其二，乡愁是乡村振兴重要的经济资源。一方面，乡愁本身可以成为一种经济资源。乡愁可以具象化为每一地方的特色产业或行业。如地方戏剧、舞蹈、饮食、服装等等。这些具象化的产业往往蕴含着一个地方的乡愁，如柳州螺蛳粉、桂林米粉、沙县小吃等均成为拉动当地经济发展的特色产业。另一方面，乡愁可以为经济发展吸引或留住人才。人是一种客观的存在，也是一种文化的存在。而文化在特定的时空中呈现出特定的文化形态，这种文化形态成型之后渐渐沉淀为一种文化记忆，这种文化记忆依托于特定场域，在特定场域中潜移默化地影响着人的心理活动，进而影响人们的行为选择。在乡村振兴进程中，乡愁萦绕在人的脑海，并时刻影响着人的心理和行为。在乡愁文化的感召下，人们更愿意投身于乡村振兴，并在乡村振兴过程中不断取得获得感与幸福感。正如习近平总书记所言：“每个地方都有让大家留念的东西，不要小看这种幸福感，因为这种幸福感能留得住人。”①

① 黄桂花等：《总书记带来温暖和感动》，《贵州都市报》2014 年 3 月 8 日。

三、乡愁是实现乡村善治的历史根基

习近平总书记指出："要治理好今天的中国，需要对我国历史和传统文化有深入了解，也需要对我国古代治国理政的探索和智慧进行积极总结。"①这是因为"我国今天的国家治理体系，是在我国历史传承、文化传统、经济社会发展的基础上长期发展、渐进改进、内生性演化的结果"②。乡村治理是我国国家治理体系的重要组成部分，同样需要根植于中国历史文化土壤，从传统治理资源中吸收营养。而乡愁当中的家规家训、族规祖训、村规民约等内容就包含着丰富的传统治理资源，可以为实现乡村善治提供历史借鉴，具体而言：

第一，以家规家训为核心的家户治理。基本单元具有不可再分性，按照这个定义，家户应当是中国传统社会中的基础性治理单元。③ 那么作为根植于家庭血缘本体的规则体系——家规家训，即成为人一生当中最先接受的社会规则。家规家训的价值在于通过训诫和教导对个人的观念、行为等产生强烈影响，进而指导和规范个人行为，维护家庭秩序。从人的成长历程来看，如果能在其成长发育时期，在道德方面对其进行规范和指导，那么当其踏入社会之后，也会自觉遵守自幼形成的道德行为规范。此外，家户是因血缘关系而产生的治理单元，而血缘关系本就是一种人与人相互依赖且具有次序性的关系。④ 在这种关系下，成员因血缘关系的次序性而构成长幼有序、亲疏有别的伦理关系。这种伦理关

---

① 习近平：《解决中国的问题只能在中国大地上探寻适合自己的道路和办法》，http://www.xinhuanet.com//politics/2014—10/13/c_1112807354. htm。

② 习近平：《改进完善国家治理体系我们有主张有定力》，《人民日报(海外版)》2014 年 2 月 18 日。

③ 黄振华、常飞：《家户与宗族：国家基础性治理单元的辨识及其逻辑——基于"深度中国调查"材料的分析》，《华中师范大学学报(人文社会科学版)》2021 年第 4 期。

④ 徐勇、杨海龙：《历史政治学视角下的血缘道德王国——以周王朝的政治理想与悖论为例》，《云南社会科学》2019 年第 4 期。

系规定着家户成员的身份与地位，由此为家户自治提供了秩序基础。①

第二，以族规祖训为原则的宗族治理。宗族是中国历史上存在时间最长、流布最普遍的社会组织，拥有的民众之广泛为其他任何社会组织所不能比拟。② 宗族是家庭的扩大，族规也是在家规的基础上强化宗族治理秩序。因为家族关系的特殊性，族规祖训与家规家训类似，同样建立在血缘基础之上，同时以家规为基石，形塑着乡村社会。族规祖训强调男性是一家之主，形成“夫为妻纲”“父为子纲”这种基于父系血缘生成的一种尊老、敬老的规则和规范，并将这种规范通过家长、族长及其代表的权威表现出来。在宗族中，一旦遇到违反族规祖训的行为，族长可对违规行为进行惩戒。对于宗族成员而言，自从出生就接受着家规和族规的训化，并且通过祭祖、上谱等仪式强化个体的规则意识，将遵守规则变成一种自觉行为。③

第三，以村规民约为规范的村落治理。村规民约是乡村社会秩序得以维系的基本社会规范。在“皇权不下县”的传统社会当中，乡规民约在一定程度上可以被视为古代社会中的民间法。这种民间法存在于伦理、礼制当中，作用于民事调整和社会规范，而这种调整和规范，正是中国古代维护乡土社会运行秩序的重要依据。相对于家规和族规，乡规民约缺乏正式有效的组织体制践行它的伦理价值和规约意义。因为它没有固定的活动场所，也没有完整的组织架构。通常只是在规约制定出来并公布于众后，由该社会组织的成员共同遵照执行便是。只是在有人违反规约或遇到重大问题时，该组织的全体成员才可能聚在一起，共同商讨应对的办法。④ 但这不能否认它在传统中国乡村社会治理的作用。这是因为家规和族规更偏向于内部

① 黄振华、常飞：《家户与宗族：国家基础性治理单元的辨识及其逻辑——基于“深度中国调查”材料的分析》，《华中师范大学学报(人文社会科学版)》2021 年第 4 期。

② 冯尔康：《中国宗族社会》，浙江人民出版社 1994 年版，第 27 页。

③ 白雪娇：《规则自觉：探索村民自治基本单元的制度基础》，《山东社会科学》2016 年第 7 期。

④ 董建辉：《明清乡约：理论演进与实践发展》，厦门大学出版社 2008 年版，第 29 页。

自治,强调的是家族秩序,而村规民约强调的是村落秩序,三者的结合共同组成了乡村治理的完整格局。

第四节　记得住乡愁:乡愁中国的路径选择

乡土中国是中国实现现代化过程中不可抛弃的历史底色,而乡愁中国则是中国实现现代化进程中的不可逾越的历史阶段。因而,记得住乡愁理应成为中国实现现代化的一个重要标尺。那么如何在现代化进程中"记得住乡愁",这是需要我们深入思考的问题。笔者认为,"记得住乡愁"不是单一地保护乡愁,还应将其融入中国的现代化进程,使其成为中国现代化进程的促进力量。

一、合理定位城镇化建设,保护乡愁底色

城镇化是当前中国现代化发展的主要趋势,也是实现城乡中国发展目标的重要路径。但是,城镇化不能以牺牲乡村为代价,在推进城镇化的过程中需要考虑乡村实际,有所选择地推进城镇化。

一是要正确认识城镇化建设。我们需要明确城镇化建设是为了提升乡村发展水平,改善乡村生活条件,而非简单地把乡村变为城市。乡村是中国的根脉,是国家发展的基石。然而,中国长期实行的城乡二元体制,将乡村视为城市发展的资源补给。这使得乡村资源大量流失,并造成乡村发展的长期滞后。而且伴随着城镇化建设的加速,这种城乡二元结构进一步失衡。对此,我们需要认识到依靠外力的城镇化建设固然能够在短时间内改善乡村面貌,但却难以激发乡村发展内生动力。而且在此过程中一旦造成或加剧了乡村的消逝,会给国家的长期发展埋下隐患。因为相较于城市,乡村才是国家发展的稳定器和蓄水池。因此,我们需要改变或者反思以城市为中心,将农村视为边缘的城镇化建设方向。因为通过城市化的方式固然提高了人们的物质生活水平,但却明显

忽略了城市化进程中人的价值和尊严本位。而且，在此过程中，人是被城市化将其从乡土世界中剥离开来，以一种被动的方式进入到现代化的城市之中，其结果往往是乡土文化的缺失，甚至会造成国家发展根脉的缓慢断裂。因此，我们需要重新思考和定位城镇化建设，根据地方实际有所选择地推进城镇化建设，而非以复制城市的方式推进城镇化。大理在推进城镇化的过程中就考虑到了地方实际，顺应村庄发展规律，分类推进城镇化建设。对于靠近城市，适宜接收城市发展红利的地区，稳步推进城镇化；对于偏远山区则以保护为主，并未采用“一刀切”的方式推进城镇化。

二是要正确推进城镇化建设。其一，在推进城镇化建设过程中要注意保护乡村原有风貌。前文已述，乡村的原景原貌是乡愁的重要物质载体。因此，城镇化建设要尽量避免破坏乡村的原有风貌，留住“有形乡愁”。当然，保护乡村原有风貌并非原封不动，而是要在坚持整体保护原则的基础上，以改善村民生产生活为导向，对村庄原有风貌进行合理改善或复原。合理的城镇化建设即是在保护乡村整体风貌的前提下，通过改善乡村基础设施（如改善水利、交通、电力等条件），在保留乡村风貌的同时提升村民生产生活水平。其二，在推进城镇化建设过程中要注意保护自然环境。现在人们面临的乡愁问题在很大程度上就是一种人与自然关系不和谐的体现。自改革开放以来，中国城镇化建设加速推进，经济快速发展。但与此同时，自然环境也遭到了破坏，并引发了诸多环境污染问题，进而影响了人们的身体健康。对此，我们需要明确城镇化建设不能以破坏自然为代价，需要走一条人与自然和谐共生的城镇化建设道路。大理在推进城镇化建设的过程中就强调了对乡村风貌和自然环境的保护，既改善了乡村的生产生活条件，又保护了绿水青山，实现了人与自然和谐共生的城镇化格局，在提升人们生活质量的同时，最大程度上留住了乡愁。

二、大力发展乡村产业,挖掘乡愁经济价值

留住乡愁不能简单地保护乡愁,更需要挖掘乡愁的经济价值,将乡愁融入乡村的产业发展过程中,使其成为支持乡村发展内生动力。

首先,要持续发展传统农业。当代社会,工业化已经辐射到农村各个角落。在很多地方,将工厂建设在农村似乎成为一种优质选项。而且随着地方经济发展,这种情况有逐渐蔓延的趋势。然而,我们必须清晰地认识到农业是乡村发展的支柱产业,也是乡愁存续的重要基础。千百年来,土地不仅是是人们赖以生存的经济基础,更是人们寻找生存意义的情感归宿。在费孝通看来,“中国社会从基层上看是乡土性的,乡土性是中国重要特征。对于农民而言,‘土’是他们的命根”①。因此,在漫长的农耕历史中,人们形成了对土地难以割舍的乡土情怀。它不仅包含着人对土地的经济依附,更包含人们对田园生活的向往,对于血缘、地缘以及和谐社会秩序的怀念,对于互惠互助的人际关系的珍惜,对淳朴善良的德性的认识,而这正是乡愁的魅力所在。大理在乡村振兴过程中紧紧围绕“记得住乡愁”的发展理念,高度重视发展传统产业,打牢乡愁记忆的传统根基。

其次,要持续发展传统特色产业。对于中国社会而言,乡愁不仅具有普遍性,而且具有特殊性,每一个地方都有具有地方特色的乡愁。而这种地方特色也赋予乡愁以特定的经济价值。比如地方戏剧、舞蹈、饮食、服装、特色农产品等等。这些具有地方特色的传统产业不仅蕴含着一个地方的乡愁,还是推动当地经济发展的重要引擎,如柳州螺蛳粉、桂林米粉、沙县小吃等等。而且这些传统产业通常具有悠久的历史,市场识别度和大众认可度也较高,因而持续发展这些特色产业即是在有效挖掘乡愁的经济价值。例如,大理依托本土资源,积极发展核桃、水果、乳

① 费孝通:《乡土中国》,生活·读书·新知三联书店1985年版,第1—5页。

牛、蔬菜等特色产业，并将特色产业与乡愁文化有机融合，通过多方渠道拓宽产业销售渠道，多措并举提升特色产业品牌效应，有效推动了特色产业持续发展。

最后，鼓励发展乡愁文旅。近年来，我国旅游业发展迅猛，乡愁文旅即是其中的新兴产业。乡愁文旅迎合了人们的乡愁情结，而乡愁文旅市场的繁荣即是人们对乡愁中国的肯定表达。与旺盛的文旅需求相对应，我国历史文化悠久，旅游资源丰富，在发展乡愁文旅方面拥有得天独厚的条件。对此，各地应当充分挖掘当地丰富的乡愁文化资源（如古城、古镇、古村等），通过激活乡愁文旅，发展乡愁经济。同时，在经济效益的有效驱动下，人们不仅能够自觉认同"乡愁文化"，也可以自觉采取"留住乡愁"实际行动。例如，大理市喜洲镇周城村依托区位优势以及历史传统，将白族扎染艺术文化融入乡村旅游产业发展全过程，有效促进了当地人民的经济收入，人们也更有动力参与乡愁文化的保护和传承。

三、扎实推进乡村善治，发挥乡愁治理功效

乡愁是存在于人们脑海的一种观念，而观念具有影响甚至支配行为的能量。因此，我们可以将乡愁融入乡村善治过程之中，发挥乡愁治理功效。

一是要挖掘乡愁记忆，培育乡村公共精神。在农村社会，受市场功利观念的影响，人们的行为动机趋向于获取利益，对于村庄治理等公共事务参与性较低。究其原因在于人们公共精神的缺乏或低迷。在这种情况下，生活在同一区域的人们彼此之间更容易产生利益纠纷，进而影响农村社会的稳定发展。因此培育乡村公共精神是制衡人们功利观念有效举措。而挖掘乡愁记忆即是培育乡村公共精神有效途径。这是因为乡愁记忆通常是由共同的习俗和相同的价值观念等所组成。因此，挖掘乡愁记忆就是挖掘村民长久以来形成的习俗和价值观念，如传统节

日、传统习俗等等,通过挖掘这些乡愁记忆可以唤醒人们彼此之间关系密切、守望相助的历史记忆,进而培育起人们的公共精神,促使其减少功利行为,主动参与到村庄公共建设中来。大理在乡村振兴过程中,通过保护传统节日,弘扬传统美德着力培育乡村公共精神。此外,大理还通过移风易俗等举措改良传统习俗中的铺张浪费等不良习惯,提升了乡风文明水平。

二是发挥乡贤引领作用,提升乡村治理绩效。在费孝通看来,传统中国的乡村治理是一种皇权和绅权共同作用的“双轨政治”①。秦晖则用“国权不下县,县下唯宗族,宗族皆自治,自治靠伦理,伦理造乡绅”②来形容传统乡村的社会治理。由此可见,具备一定知识和能力的乡村贤能在乡村治理过程中扮演着重要角色。在当代社会,虽然乡村的传统底色在慢慢褪色,但无论社会如何变迁,乡土中国的传统底色依然影响甚至支配着人们的思维模式和行为惯习。尤其是在市场化观念日益侵袭乡村世界的当下社会,我们更加需要发挥乡贤在乡村治理中的独特作用。发挥乡贤治理效能,需要挖掘乡村人才,而乡愁则是吸引乡贤参与乡村治理的重要导引。在乡愁精神的感召下,乡贤更加愿意投身到乡村治理过程中,助推乡村发展。大理在推进乡村振兴过程中,以乡愁为纽带吸引致富能手、退伍军人、退休教师等乡贤参与到乡村治理过程中,有效促进了乡村的善治和发展。

三是要挖掘乡愁治理资源,推动实现乡村善治。如前所述,乡愁蕴含着传统治理智慧,如家规家训、族规祖训、村规民约等。这些传统治理智慧是推进乡村善治的重要资源。因为这些传统规范是组成乡愁记忆的重要部分,而乡愁记忆作为一种精神力量,深刻影响着人们的日常行为与价值选择。对此,我们可以挖掘这些乡愁治理资源,将其应用到村

① 费孝通:《乡土中国》,生活·读书·新知三联书店 1985 年版,第 274—292 页。

② 秦晖:《传统十论》,东方出版社 2014 年版,第 8 页。

庄治理当中。比如在传统时期，“礼”和“孝”是乡村治理的重要依据，那么在当代中国，我们就可以对以礼、孝为代表的传统治理规则进行合理扬弃，摒除封建的纲常礼教部分，继承发扬优质治理传统，促使人们在日常行为实现自我规范。这就要求我们一方面要借鉴传统家规家训、族规祖训等治理传统，实现乡愁治理规则的再造，另一方面又要注意这些规则的再造应与社会主义核心价值观保持一致，这样既可以对这些规则进行指导，又可以推动社会主义核心价值观落脚乡土大地，促使个体重拾乡愁记忆，由此铸牢国家治理的乡村根基。大理在推进乡村治理过程中积极挖掘乡愁治理资源，在制订村规民约的过程中融入了传统家规家训、族规祖训的优良要素，将传统惯习以及人们普遍认可的价值准则纳入到现行的村规民约之中，使得行为规范更加贴合人们的历史传统和行为惯习，由此有效提升了乡村治理效能。

结 语

习近平总书记曾指出，“现代化不是单选题”，“一个国家的发展道路，只能由这个国家的人民，依据自己的历史传承、文化传统、经济社会发展水平来决定”。[①] 我们在遵循人类社会发展规律的同时，中国有自己的现代化发展道路。在中国道路上，我们所追求的是在物质、生态、文化、精神等多个方面实现“现代性”与“乡土性”的历史和解。其核心是利用多元开放、辩证接纳的思维对待传统，从而实现促进人类自由、平等和全面发展的历史性承诺。大理的实践告诉我们，传统和现代并非对立的，我们在现代化建设过程中可以保留传统，并使其成为现代发展的助力。大理以“记得住乡愁”为发展理念，着力推动乡村振兴，在推进乡村经济发展的同时最大程度上保留了乡村的生态风貌和文化底蕴，形成了观照乡村主体性的乡村振兴之路，探索并开发了我国乡村振兴的新路径，为其他地区的乡村振兴及乡村现代化建设提供了有益借鉴。

---

① 习近平：《论坚持推动构建人类命运共同体》，中央文献出版社 2018 年版，第 316—317 页。

后　记

本书得以完稿,得到了各方人士的积极推动和大力支持。

2020年8月,大理州人民政府、华中师范大学、大理大学三方共同建设成立"大理乡愁研究院"。大理乡愁研究院是为贯彻落实习近平总书记在大理考察时的重要指示精神,深化推进有关乡愁理论和实践研究而建立的专门性研究机构。大理乡愁文化保护与乡村振兴实践经验总结是大理乡愁研究院的重要研究任务,并在研究院成立不久后提上研究日程。在华中师范大学和大理州人民政府的支持下,大理乡愁研究院组织成立了专题研究团队,围绕上述问题开展了专题调查和研究。本书即为此项研究的最终成果。

在课题研究开展过程中,华中师范大学政治学部部长、大理乡愁研究院院长徐勇教授对研究主题和框架进行了多次指导,华中师范大学陈军亚教授在研究立项、调研协调、研究思路等方面提供了诸多支持。2020年至2021年间,课题组先后数次前往大理州及所辖县区开展实地调查,大理州人大副主任李跃兴、大理市人大副主任张晋芬以及大理州农业农村局、乡村振兴局等相关部门领导对调研活动给予了大力支持。课题组的调研范围涵盖了大理州所辖8个县(市)的13个典型村庄,具体包括:大理市湾桥镇古生村、双廊镇双廊村、喜洲镇周城村、大理镇南五里桥村,弥渡县红岩镇古城村、密祉镇永和村,巍山县东莲花村,剑川县沙溪镇寺登村,漾濞县苍山西镇光明村,洱源县凤羽镇佛堂村,鹤庆县草海镇新华村,云龙县诺邓镇诺邓村、龙下登村。通过实地走访、交流座谈、文献整理等方式搜集了大量第一手的调查资料,为本研究积累了丰富的案例资料和素材。

本书的撰写,由华中师范大学政治学部、中国农村研究院黄振华副教授总体统筹和具体负责。在深入开展田野调查和系统梳理文献资料的基础上,黄振华副教授提出了全书的总体框架和详细写作提纲,黄振华、常飞、杨瑞、张海超、陈梓清、吴石涛、陶恒、肖甜、谈乡阁、徐卫士、沈凯丽、王小桥、王俊平、张雨晴共同参与完成了相关章节的写作和修改,并由黄振华副教授对全书进行了最后的统稿和定稿。在书稿编校出版过程中,江苏人民出版社陈俊阳编辑付出了极大的心力,在此致以衷心的感谢。

本书是对云南大理乡村振兴路径的一个初步思考。我们希望,本书的价值不仅局限于云南大理,而且能为其他地方的乡村振兴实践提供一些借鉴和参考。由于能力所限,本书在写作过程中也难免有错漏之处,恳请各位读者批评指正!

本书作者

2022 年 10 月 15 日